Über den Autor:

Philippe Gigantès, geboren 1923 in Griechenland, begann seine abwechslungsreiche berufliche Laufbahn im Zweiten Weltkrieg als Offizier der britischen Royal Navy. Nach dem Krieg arbeitete er als Korrespondent für den *Observer*, dabei wurde er 1950 in Korea als mutmaßlicher Spion verhaftet und gefoltert. Als Angestellter der Vereinten Nationen stand er im Dienst König Konstantins von Griechenland. Später war er 15 Jahre lang Mitglied des kanadischen Senats sowie Assistent und Berater des kanadischen Premierministers Trudeau. Außerdem ist er Professor für Geschichte und bekleidete das Amt eines Universitätsdekans. Er hat bereits dreizehn Bücher veröffentlicht.

Philippe Gigantès

Eine kurze Geschichte der Welt

Alles, was man wissen muss

Ins Deutsche übertragen von
Sylvia Strasser

BASTEI LÜBBE TASCHENBUCH
Band 64200

1. Auflage: Januar 2004
2. Auflage: April 2004
3. Auflage: September 2004
4. Auflage: November 2005

Vollständige Taschenbuchausgabe

Bastei Lübbe Taschenbücher
in der Verlagsgruppe Lübbe

Deutsche Erstveröffentlichung
Titel der Originalausgabe:
Power & Greed. A Short History of the World
Copyright © 2002 by Philippe Gigantès
Published by arrangement with Constable & Robinson Ltd.
Dieses Werk wurde vermittelt durch
die Literarische Agentur Thomas Schlück GmbH, 30827 Garbsen
Copyright © für die deutschsprachige Ausgabe 2004 by
Verlagsgruppe Lübbe GmbH & Co. KG,
Bergisch Gladbach
Titelbild: ZEFA/Guy Grenier
Einbandgestaltung: Gisela Kullowatz
Satz: Textverarbeitung Garbe, Köln
Druck und Verarbeitung: Ebner & Spiegel, Ulm
Printed in Germany
ISBN-13: 978-3-404-64200-7 (ab 01.01.2007)
ISBN-10: 3-404-64200-7

Sie finden uns im Internet unter
www.luebbe.de

Der Preis dieses Bandes versteht sich einschließlich
der gesetzlichen Mehrwertsteuer.

Zum Andenken an meinen brillanten, warmherzigen, liebevollen Bruder Terry, dessen größter Wunsch es war, dass ich dieses Buch schreibe.

INHALT

Danksagung 9

Vorwort 11

I   DIE REGELN GESELLSCHAFTLICHER
    ORDNUNG 15
    1 Moses (ca. 14.–13. Jh. v. Chr.) 16
    2 Solon (ca. 640–560 v. Chr.) 23
    3 Platon (427–347 v. Chr.) 36
    4 Jesus (ca. 5/1 v. Chr.–30/33 n. Chr.) 49
    5 Brahmanismus, Buddha, Laotse, Konfuzius,
       Mohammed (3102 v. Chr.–632 n. Chr.) 56

II   DIE GROSSEN AKQUISITOREN 77
    6 Der Niedergang des Römischen Reichs
       (1. Jahrhundert n. Chr.) 78
    7 Das Byzantinische Reich (6. Jahrhundert) 93
    8 Der Einfall der Muslime in Europa
       (711–1683) 103
    9 Die Kreuzzüge (1095–1204) 115
   10 Die Eroberung Lateinamerikas
       (16. Jahrhundert) 129
   11 Die Geburt des Protestantismus
       (1517–1610) 146

12	Wo die Sonne, die niemals unterging, schließlich doch unterging (1783–1865)	160
13	Die Französische Revolution und ihre Folgen (1789–1821)	174
14	Prometheus und die Pax Britannica (19. Jahrhundert)	189
15	Das Jahrhundert der Weltkriege (20. Jahrhundert)	206
16	Das globale Dorf (Der Weg ins 21. Jahrhundert)	224

Nachwort 247

Anhang: Eine ernüchternde Chronologie 250

Anmerkungen und Quellen 253

Bibliografie 265

Register 273

DANKSAGUNG

Ich danke meiner Tochter Claire, die dafür sorgte, dass ich dieses Buch schrieb, und die es während seiner Entstehung mit den wachsamen Augen der professionellen Redakteurin betreute.

John Saunders und Adrienne Farrell Jackson haben den Text auf seine Korrektheit hin, was Fakten, Grammatik, Syntax, Wortwahl oder Form betrifft, überprüft. Ich kann ihnen gar nicht genug dafür danken.

Danken möchte ich auch meiner Tochter Eve-Marie, die als Rechtsanwältin aus juristischer Sicht klärte, ob die Recherchen gründlich genug und die Schlussfolgerungen fundiert waren.

Mein besonderer Dank aber gilt David Blomfield, der das Buch für den Verlag zur Veröffentlichung vorbereitete. Er ist einfach perfekt. Man kann jedem Autor nur wünschen, dass sein Werk von ihm bearbeitet wird.

VORWORT

Dies ist ganz bewusst ein dünnes Buch geworden.

Ein Stein fliegt durch eine Schaufensterscheibe. Tränengasschwaden wehen durch die Straßen. Polizisten mit Schlagstöcken und Schutzschilden gehen gegen zumeist jugendliche Demonstranten vor, die Plakate schwenken, auf denen sie die Habgier der multinationalen Konzerne anprangern. In einem First-Class-Hotel diskutieren Herren in dreitausend Euro teuren Anzügen über die Welt und den Wohlstand und die Macht. Ihre Welt. Ihren Wohlstand. Ihre Macht.

Von dieser Macht, der Macht des Menschen, handelt das vorliegende Buch. Es ist keine Geschichte der menschlichen Zivilisation oder des menschlichen Wissens, und dennoch soll der Versuch unternommen werden zu erklären, warum die Geschichte so und nicht anders ablief, der Versuch auch, die historisch konsequente Abfolge der Ereignisse aufzuzeigen und mächtige Männer und Frauen, oftmals schillernde Figuren, die ihre Zeit geprägt haben und unsere noch immer beeinflussen, näher zu betrachten.

Der Mensch, gleichgültig welcher Kultur er angehört, hat immer schon die Befriedigung von fünf Grundbedürfnissen angestrebt: Sicherheit, Obdach, Nahrung, Sex (zum Vergnügen oder zur Fortpflanzung) und das Ausdrücken der eigenen Persönlichkeit. Dabei schränkt die Gesellschaft mithilfe von Regeln und Gesetzen die Freiheit des Einzelnen bei der Verfolgung seiner privaten Interessen ein, um eine Auflösung aller Ordnung zu verhindern.

Eine ganze Reihe von Denkern hat sich mit dem Konflikt zwischen der Freiheit des Individuums und den Regeln der Gesellschaft zur Einschränkung dieser Freiheit befasst. Zu ihren bedeutendsten Vertretern gehören Moses, Solon, Platon, Jesus, Mohammed, Laotse, Konfuzius, die Begründer des Brahmanismus und Buddha. Die von ihnen festgelegten Regeln fanden eine größere Anhängerschaft als alle anderen, und ihre Lehren haben die Menschheit am nachhaltigsten beeinflusst. Von ihnen handelt der erste Teil dieses Buchs.

Der zweite Teil befasst sich mit jenen, die gegen die Regeln sozialer Verantwortung verstoßen oder sie ganz außer Acht lassen. Ich möchte sie die »großen Akquisitoren« nennen, eine eigene, vom lateinischen *acquirere* – »erwerben, sich verschaffen« – abgeleitete Wortschöpfung. Die großen Akquisitoren sind unersättlich in ihrer Gier und daher eine Gefahr für die gesellschaftliche Ordnung. Sie sind Schöpfer und Zerstörer in einer Person. So haben wir ihnen zum Beispiel die industrielle Revolution, die Eisenbahn und das serienmäßig hergestellte Auto zu verdanken. Man kann sie mit dem ranghöchsten Tier in einem Löwenrudel vergleichen. Gilt es Beute zu machen, dann leistet das Rudel die ganze Arbeit; der Anführer jedoch bekommt – im wahrsten Sinn des Wortes – den Löwenanteil, er hat Anspruch auf alle Weibchen, und sein Brüllen ist für die anderen Gesetz. Der ranghöchste Löwe zeichnet sich durch Macht und Gier aus.

Kein Instrument ist zur Befriedigung unserer Bedürfnisse besser geeignet als Macht. Aber nur sehr wenige Menschen wissen, wie man Macht gewinnt und sie behält. Es hat immer schon die unterschiedlichsten Formen von Macht gegeben: mehr Sklaven oder mehr Nutztiere, mehr Geld oder mehr Land als andere zu besitzen, mehr Untertanen zu haben, die besteuert werden können, oder mehr Anhänger, die sich zu einem neuen Glauben bekehren oder in einen Eroberungsfeldzug führen lassen. Die großen Akquisitoren versuchen die Freiheit, ihre Begierden zu stillen, gegen eine Gesellschaft durchzusetzen, die auf Ordnung und somit auf Regeln angewiesen ist. Genau dies ist das Thema dieses Buchs: der Krieg der großen Akquisitoren gegen die Gesellschaft – ein Krieg, der den Lauf der Geschichte oft maßgeblich beeinflusst.

In Anbetracht der Kürze des Textes kann das Thema nur anhand einer willkürlichen Auswahl von Ereignissen veranschaulicht werden. Ich habe mich dabei bewusst auf die Geschichte der westlichen Welt beschränkt, weil sie die beutegierigsten Eroberer hervorgebracht hat und deshalb eine größere Anzahl gut dokumentierter Fallstudien bietet, und nicht etwa, weil ich den Westen für bedeutender als seine östlichen und südlichen Nachbarn halte.

Ebenso selektiv bin ich bei der Auswahl der großen Akquisitoren verfahren. Ich hätte zum Beispiel ein Kapitel über Augustus anstatt über Agrippina schreiben können. Augustus, der erste römische Kaiser, setzte seinen absoluten Machtanspruch durch, was zwangsläufig zur Korruption in allen Bereichen führte. Augustus war ein hervorragender Heerführer und ein guter Verwalter. Er war aber auch ein außergewöhnlich fader Mensch. Es macht zweifellos mehr Spaß, Agrippina zu studieren als Augustus.

Und es gibt keine Regel, die besagt, Geschichte müsse langweilig sein.

P. G.

I

DIE REGELN GESELLSCHAFTLICHER ORDNUNG

1

MOSES

(ca. 14.–13. Jh. v. Chr.)

Der kurze, immens bedeutsame Text, der uns als Offenbarung Gottes an Moses überliefert wurde, ist bekannt als die Zehn Gebote. Ähnliche Gesetzessammlungen kennen wir zwar auch von anderen, wie etwa dem babylonischen König Hammurapi, in der westlichen Welt jedoch werden die Gebote unweigerlich mit Moses assoziiert.

Der Sage nach wurde Moses als neugeborenes Kind in einem Weidenkorb auf dem Nil ausgesetzt. Eine ägyptische Prinzessin fand ihn und nahm ihn an Kindes statt an. Er wuchs in einem prächtigen Palast auf, entdeckte irgendwie seine Verwandtschaft zu den Juden und führte schließlich die jüdischen Stämme aus der ägyptischen Knechtschaft.

Ist Moses eine geschichtliche Gestalt? Sind ihm, wer immer er gewesen sein mochte, die Zehn Gebote von Gott diktiert worden, oder haben andere sie zusammengetragen und einer mythischen Figur namens Moses zugeschrieben? Bei den Antworten auf diese wichtigen Glaubensfragen geht es um religiöse Gefühle, die respektiert werden sollten. Wie die Antworten auch lauten mögen: Gehen wir einmal davon aus, dass Moses die ersten fünf Bücher der Bibel, wenn schon nicht geschrieben, so doch zumindest inspiriert hat.

Wir *nehmen an*, dass die Zehn Gebote im 14. Jahrhundert v. Chr. entstanden sein dürften. Eine genaue Datierung ist, wie bei allen Angaben zu Moses, nicht möglich. Zwar gehen die Ansichten darüber, in welcher Reihenfolge die einzelnen Gebote genannt werden und ob es wirklich zehn oder vielleicht mehr oder weniger sind, im Judentum, in der katholischen und in der lutherischen Kirche auseinander, doch sind sich alle einig, was den Inhalt betrifft. Komprimiert und in modernes Deutsch übertragen lauten die Zehn Gebote[1]*:

1. *Ich bin der Herr, dein Gott. Du sollst keine anderen Götter neben mir haben. Du sollst dir kein Bildnis von mir machen, es nicht anbeten und ihm nicht dienen. Wenn du mir nicht gehorchst, werde ich dich und deine Nachkommen vier Generationen lang strafen.*
2. *Du sollst den Namen des Herrn, deines Gottes, nicht missbrauchen.*
3. *Sechs Tage sollst du arbeiten, aber am siebten Tag sollst du ruhen, und deine Familie, deine Gäste, deine Knechte und Mägde und dein Vieh sollen ebenfalls ruhen.*
4. *Du sollst deinen Vater und deine Mutter ehren. Kümmere dich um sie, damit sich deine Kinder später auch um dich kümmern.*
5. *Du sollst nicht morden.***
6. *Du sollst nicht ehebrechen.*
7. *Du sollst nicht stehlen.*
8. *Du sollst kein falsches Zeugnis ablegen wider deinen Nächsten.*
9. *Du sollst deines Nächsten Haus nicht begehren.*
10. *Du sollst deines Nächsten Frau nicht begehren, auch nicht seine Knechte und Mägde, seinen Ochsen und seinen Esel oder irgendwelche anderen Dinge.*

---

* Die mit Ziffern gekennzeichneten Fußnoten werden im Anhang unter »Anmerkungen und Quellen« erläutert.

** Das Verb der zur Zeit der Entstehung der christlichen Kirchen maßgeblichen griechischen Übersetzung kann sowohl »töten« als auch »morden« bedeuten. Wie wir noch sehen werden, billigte der Gott des Alten Testaments durchaus das Töten von Feinden und sogar von Juden, wenn sie gegen seine Gebote verstießen.

Wunderbar knapp und präzise hat Moses festgelegt, welche Verhaltensweisen der Gesellschaft schaden und deshalb zu unterlassen sind. Zugleich zeigt er auf, was der Einzelne tun kann, um seinen Teil zur Sicherung der menschlichen Grundbedürfnisse – Nahrung, Obdach, Schutz und Sex – zu leisten: nicht stehlen, nicht morden, nicht ehebrechen. Dem Ausdruck der eigenen Persönlichkeit setzt er Grenzen, indem er fordert, man solle niemanden verleumden, den Namen Gottes nicht missbrauchen, und, wichtiger noch, weder die Existenz Gottes noch seine Gebote leugnen. Er nennt ganz klar die Ursache für die verwerflichen Verhaltensweisen, die er zu unterbinden sucht, nämlich Habgier oder Begehrlichkeit: »Du sollst weder die Frau noch die Sklaven, weder das Haus noch die Tiere deines Nächsten begehren.« Er führt das Prinzip der sozialen Sicherheit ein – »kümmert euch um die Alten« – und nimmt mit der Forderung nach einem Ruhetag pro Woche die Regelung gesetzlicher Feiertage vorweg.

Die Zehn Gebote sind eine fantastische Auswahl von Verhaltensmaßregeln für das Zusammenleben in einer Gesellschaft und bilden die Grundlage für die modernen Gesetzessammlungen der westlichen Welt.

Moses hat die Gebote weiter ausgearbeitet. In einem längeren Abschnitt der Septuaginta*, hier ebenfalls in komprimierter, moderner Fassung wiedergegeben, legt er die Grenzen sexuellen Vergnügens fest:

---

* Als Septuaginta wird die unter Ptolemaios II. Philadelphos (308-246 v. Chr.) angefertigte Übersetzung des Alten Testaments, einer Sammlung hebräischer und aramäischer Texte, ins Griechische bezeichnet. Die für die Septuaginta übersetzten hebräischen Texte stammten aus dem 3. Jh. v. Chr. und waren älter als die ältesten derzeit bekannten hebräischen Handschriften, die möglicherweise ursprünglich Übersetzungen der Septuaginta waren.

Du sollst in deinem Hause einer Frau samt ihrer Tochter Blöße nicht aufdecken. Du sollst auch deiner Frau Schwester nicht nehmen neben ihr, damit sie nicht eifersüchtig werden. Du sollst nicht bei deines Nächsten Frau liegen. Du sollst dich nicht selbst befriedigen. Ein Mann soll nicht bei Knaben liegen und auch bei keinem Tier. Auch keine Frau soll mit einem Tier verkehren.[2]

Wir dürfen nicht vergessen, dass die Lebenserwartung damals bedeutend geringer war als heute. Sie dürfte etwa 35 Jahre betragen haben, Jahre, in denen die Testosteronproduktion am höchsten ist. Es war also sehr gut möglich, eine Tante zu haben, die nicht älter als 15 war. In einem Gespräch, das Moses mit Gott über die genannten Verbote führt, sagt der Herr, alle diese Dinge seien bei den anderen in Palästina lebenden Völkern durchaus üblich, jenen Völkern, die hinzuschlachten er den Juden gestattet: »... so sollst du alles, was männlich (in der Stadt) ist, mit des Schwertes Schärfe schlagen.«[3]

Moses ergänzte alle seine Gebote. Gewinnsucht, das Anhäufen von Reichtümern und das Streben nach Macht dürften nicht zur Unterdrückung der Armen führen, forderte er.[4] Das Land, das die Reichen erwarben, müsse in regelmäßigen Abständen an jene zurückgegeben werden, die, um ihre Schulden bei den Reichen bezahlen zu können, zum Verkauf gezwungen gewesen waren.[5]

Traten Probleme auf, suchte Moses das Gespräch mit Gott und berichtete den Juden anschließend davon. Er erzählte ihnen, welche Strafen Gott für den Fall vorgesehen habe, dass sie seine Gebote missachteten. Es waren in der Tat furchtbare Strafen. Die Erde tat sich auf und verschlang jeden, der sich dem Herrn oder seinem Sprachrohr Moses widersetzte.[6] Einmal ertappte Moses die Juden dabei, wie sie nackt um die goldene Statue eines Kalbes tanzten und sie anbeteten. Da befahl er den

Leviten, den Tempeldienern, die Tänzer zu töten. 3 000 verloren ihr Leben.[7]

Die Angst vor Strafe vermochte die Juden indes nicht davon abzuhalten, sich immer mehr zu bereichern. Die großen Akquisitoren gingen besonders rücksichtslos vor. Der Prophet Jesaja schreibt: »Weh denen, die ein Haus an das andere ziehen und einen Acker zum andern bringen, bis (…) dass sie allein das Land besitzen! (…) Weh (denen), die Gewalt üben am Recht der Elenden unter meinem Volk, dass die Witwen ihr Raub und die Waisen ihre Beute sein müssen!«[8]

Als die Babylonier Jerusalem belagerten, entließen die reichen Juden die ärmeren, die sie versklavt hatten, in die Freiheit, weil sie hofften, Gott dadurch gnädig zu stimmen. Nachdem die Belagerung aufgehoben worden war, fingen sie die Freigelassenen wieder ein und versklavten sie aufs Neue.

Der fortwährende, erbarmungslose Kampf gegen die anderen Stämme, die Palästina ebenfalls für sich beanspruchten, war nicht dazu angetan, die Juden Mitleid, Rücksichtnahme, den Verzicht auf Plünderung und Vergewaltigung zu lehren. Damit keine Missverständnisse aufkommen: Die Eroberung Palästinas war für die Juden ein heiliger Krieg, der ihnen von Gott befohlen worden war[9], ein Dschihad, wie die Muslime sagen. Moses schickte 12 000 Juden in die Schlacht gegen die Midianiter und ließ alle erwachsenen Männer töten. Die jüdischen Truppen kehrten mit ihrem Beutegut zurück, unter ihm Frauen und Kinder. Zwar hatte Moses gesagt: »Du sollst deinen Nächsten lieben wie dich selbst«[10], doch das schien sich nur auf die jüdischen Nächsten zu beziehen. Er ordnete nämlich an, alle midianitischen Knaben und auch jene Frauen, die keine Jungfrauen mehr waren, zu töten.[11] Die jungfräulichen Mädchen stellte er seinen Soldaten zur Verfügung. Moses' unmittelbarer Nachfolger Josua ließ in jeder Stadt, die er einnahm, sämtliche Männer, Frauen und Kinder töten.[12]

Abraham sei der Erste gewesen, dem der Allmächtige offenbart habe, dass es nur einen Gott gebe, sagte Moses. In einem patriarchalischen Stammesverband wie jenem, in dem Abraham lebte, machte die Vorstellung eines einzigen patriarchalischen Gottes, der über seine Kinder herrscht, durchaus Sinn. Moses ging aber noch weiter. Er erzählte seinen Anhängern, *wie* Gott das Universum erschaffen habe. Verglichen mit dem damaligen allgemeinen Wissensstand, zeugen seine Anschauungen von unglaublichem Scharfsinn. Gott, so lehrte er, habe erst den Himmel erschaffen, dann die Erde; dann habe er das Wasser vom Land geteilt, die Pflanzen geschaffen, danach die Tiere im Meer und nach ihnen jene, die aus dem Wasser ans Land kamen, dann die Vögel und die Tiere, die auf dem Festland lebten, dann die Säugetiere und zu guter Letzt den Menschen. Diese Reihenfolge stimmt mehr oder weniger mit dem überein, was die Paläontologie, die Lehre von den Lebewesen vergangener Erdzeitalter, heute über die Entstehung der einzelnen Arten weiß. Woher konnte Moses das wissen?

Es bleibt das Bild eines vielschichtigen Mannes, der seine abgerissenen, aufsässigen, unersättlichen Stammesgenossen aus der Knechtschaft und nach einem langen Marsch, auf dem sie Hunger, Durst und Feinde besiegen, ins fruchtbare Gelobte Land führt, das Gott seinem auserwählten Volk, den Juden, versprochen hat.[13] Und trotz dieses gigantischen Kraftakts ist Moses noch imstande, eine Gesetzessammlung von dauerhafter Gültigkeit, eine Theorie über die Entstehung des Universums, den korrekten Ablauf der Evolution auf unserem Planeten und obendrein die revolutionäre Idee eines einzigen Gottes, der das Universum und alles in ihm schuf, auszuarbeiten.[14]

Die Menschen haben lange nach den Ursachen für das, was mit ihnen und rings um sie herum geschah, geforscht. Der Polytheismus lieferte ihnen eine Antwort, indem er jedem Lebensbereich, jedem Phänomen eine bestimmte Gottheit zuordnete, also einen Gott für den Regen und einen für den Donner, einen für den Wind und einen für die Ernte und so weiter. Die These, dass eine einzige Gottheit für alles verantwortlich war, stellte einen gewaltigen Fortschritt für die damalige Gedankenwelt dar, postulierte sie doch *einen* Plan *einer* höheren Macht. Die Ursachenforschung hätte sich sehr viel schwieriger gestaltet, wenn man von einer Vielzahl Götter ausgegangen wäre, von denen jeder seine eigenen Absichten verfolgte. Der Monotheismus vereinfachte die Sache erheblich: Es genügte, den Plan eines einzigen Gottes verstehen zu lernen.

Die erste Frage, die sich einem dabei stellt, dürfte die nach dem Warum gewesen sein. Bei den Griechen führte diese Frage zu weiteren: Wann? Wie? Wer? Ist Gott die Antwort auf alles, was wir nicht verstehen? Und wenn nicht: Wie erklären wir, was um uns herum ist? Ist es vollkommen? Verändert es sich? Die Einführung des Monotheismus durch Moses war der erste Schritt einer Reihe bahnbrechender Erkenntnisse.

Fassen wir noch einmal zusammen: Moses stellte Gesetze auf, die er als von Gott kommend ausgab, um der Ausbeutung durch die großen Akquisitoren einen Riegel vorzuschieben. Wer gegen diese Gesetze verstoße, sagte er, werde hart von Gott bestraft werden. Doch die Drohung wirkte nicht immer, weil viele Akquisitoren offensichtlich ohne Strafe davonkamen, obwohl sie sich maßlos bereichert, die Armen unterdrückt und den Zusammenhalt der Gesellschaft gefährdet hatten.

Wie wir im nächsten Kapitel sehen werden, ging der Athener Solon einen anderen Weg. Er stärkte mit seinen Gesetzesreformen die Rechte der Armen, sodass sie sich gegen die Reichen zur Wehr setzen konnten.

2

SOLON

(ca. 640–560 v. Chr.)

Gott wird in Solons Gesetzen nirgends erwähnt. Die Griechen hatten zu seiner Zeit nicht viel übrig für Götter. Ihre geistigen Führer forschten lieber in den Bereichen der Wissenschaften und der Philosophie.

Etwa 200 Jahre vor Solon hatten die Griechen eine umwälzende Erfindung gemacht: den Vokal. Bis dahin hatte kein Alphabet Vokale besessen. Das bedeutete, dass beispielsweise nur ein Phönizier wusste, wie ein geschriebenes phönizisches Wort ausgesprochen wurde. Nehmen wir zum Beispiel die Buchstaben KSTN. Werden sie »Kasten« oder »Kosten« oder »Kisten« ausgesprochen? Stellen Sie sich vor, Sie sind fremd in einem Land und möchten diese Sprache lesen! Die Griechen übernahmen das phönizische Alphabet und fügten Vokale hinzu. Das ermöglichte es ihnen, Wörter aus anderen Sprachen zu transkribieren und ihre Aussprache und Bedeutung zu erlernen. Vermutlich legten sie Glossare an und erwarben sich auf diese Weise Fremdsprachenkenntnisse, was erheblich zu ihrer wirtschaftlichen Vormachtstellung im Mittelmeerraum beitrug.

Auch die geografische Lage begünstigte die Ausdehnung ihrer Handelsbeziehungen. Die zahlreichen griechischen Inseln in der Ägäis lagen nicht weit voneinander entfernt: Rudernd konnte man sie innerhalb eines Tages erreichen, was in der damaligen Zeit, als die Segeltechniken noch nicht sehr weit entwickelt waren, von großem Vorteil war. Die Griechen nutzten ihre Inseln als Zwischenstopps auf dem Weg zu ihren Nachbarn: den Phrygern, den Paphlagoniern, den Lydern, den Mysern, den Kappadokiern und den Kilikiern auf dem Gebiet der heutigen Türkei; den Babyloniern im heutigen Irak; den Phöniziern und den Juden im heutigen Libanon und Israel; den Ägyptern in Afrika und den Skythen rings um das Schwarze Meer.

Die griechischen Händler begingen geistigen Diebstahl. Sie brachten Ideen und Erkenntnisse anderer Völker von ihren Fahrten zurück und entwickelten sie weiter. Der renommierte Humanist John Burnet schreibt:

> Wir vergessen oft, in was für einer unglaublich kurzen Zeit sie die Grundsätze festlegten, an denen sich die wissenschaftliche Forschung bis heute orientiert. Zu Beginn des 6. Jahrhunderts v. Chr. hatten die Griechen das Maßsystem von den Ägyptern übernommen – mehr konnten sie nicht von ihnen lernen. 100 Jahre später fußt das Studium arithmetischer und geometrischer Reihen, der Planimetrie sowie der Elemente harmonischer Funktionen auf einer soliden wissenschaftlichen Basis. Wiederum ein Jahrhundert später kamen die Stereometrie und die sphärische Geometrie hinzu und bald darauf Kegelschnitte (Parabel, Ellipse) und Kreissegmente. Von den Babyloniern lernten die Griechen mittelbar oder unmittelbar, dass manche Himmelsphänomene zyklisch wiederkehren und daher voraussagbar sind. Es dauerte nur fünfzig Jahre, bis sie herausfanden, dass die Erde frei im Raum schwebt, und dieser Entdeckung folgte alsbald jene von ihrer sphärischen Gestalt.

Aber auch auf anderen Gebieten leisteten sie Großartiges. Sie erkannten zum Beispiel den Zusammenhang zwischen Herztätigkeit und Blutkreislauf. Sie bemühten sich darüber hinaus, immer eine rationale Erklärung für ihre Beobachtungen zu liefern, und sie waren sich durchaus bewusst, dass für jede Hypothese der Nachweis erbracht werden musste und sie erst dann Gültigkeit hatte, wenn sie in allen Punkten bewiesen war. Noch heute geht die Wissenschaft nach dieser Methode vor.

Vielen gelten die Leistungen der alten Griechen als ein Wunder des Intellekts.[1]

Etwa zu Solons Lebzeiten nahm dieses »Wunder des Intellekts« seinen Anfang. Dies mag mit ein Grund sein für seine Bereitschaft, das Traditionelle infrage zu stellen, und für seine Bevorzugung der Vernunft vor dem Gefühl. *Meden agan* – alles in Maßen –, lautete sein Motto. Solon war vielleicht der bedeutendste Gesetzgeber aller Zeiten. Seine Denkweise prägt die demokratischen Systeme der westlichen Zivilisation bis zum heutigen Tag. So sind die amerikanische Demokratie und die parlamentarische Demokratie nach britischem Vorbild seine geistigen Kinder. Die Ähnlichkeit der von ihm vor 2 600 Jahren festgelegten Grundordnung mit effektiven demokratischen Verfassungen unserer Zeit ist wirklich verblüffend. Solon verstand die menschliche Natur wie kein anderer und trug dem in seiner Gesetzgebung Rechnung.

Die Götter waren zu Solons Zeiten bereits völlig in Verruf geraten, was das Verdienst von Homer und Hesiod[2] gewesen war. Die beiden Dichter beschrieben die meisten griechischen Gottheiten als Ehebrecher, Mörder, Diebe, Lügner, Betrüger, als neidische, eifersüchtige, rachsüchtige Wesen – kurzum: als nicht besonders liebenswerte Menschen. Auch wenn die Götter im Bewusstsein des Volkes weiterlebten – die führenden griechischen Denker schlossen sich der Meinung des Philosophen Xenophanes von Kolophon (570–484 v. Chr.) an, der zu dem Schluss gelangt war, dass es nur einen Gott gebe: das Universum selbst. Hatte vielleicht ein griechischer Händler Moses'

These vom Monotheismus aus Palästina nach Griechenland zurückgebracht?

Solon stammte aus der vornehmsten der Athener Adelsfamilien. Nachdem sein Vater das Vermögen der Familie durchgebracht hatte, verdiente sich Solon als kleiner Schiffseigner seinen Lebensunterhalt. Zusammen mit Bias von Priene, Chilon aus Sparta, Kleobulos aus Lindos, Periandros von Korinth, Pittakos aus Mytilene und Thales von Milet, der das Wasser als Urstoff aller Dinge betrachtete, galt er in der Antike als einer der Sieben Weisen und als Begründer der attischen Demokratie.

Während seiner Aufenthalte in der Heimat berichtete er ausführlich über seine Reiseerlebnisse, und man schätzte das ausgezeichnete Urteilsvermögen, das er sich im Umgang mit fremden Völkern erworben hatte. Solon war aber auch ein tapferer Krieger. Er war großzügig und mitfühlend und hielt nichts von dem unter seinesgleichen üblichen Verfahren, jene, die ihre Schulden nicht bezahlen konnten, zu versklaven oder in die Sklaverei zu verkaufen.

Der athenische Adel hatte alles fruchtbare Land unter sich aufgeteilt. Bestellt wurde es von Bauern, die mit einem kleinen Anteil an der Ernte entlohnt wurden. Fiel die Ernte schlecht aus, konnte der Bauer seine Familie nicht ernähren. Er war gezwungen, sich Geld vom Grundbesitzer zu leihen, zu unbarmherzigen Konditionen: War der Schuldner nicht imstande, das Darlehen zurückzuzahlen, gerieten er, seine Familie und seine Nachkommen in die Schuldknechtschaft. Dafür genügten schon zwei schlechte Ernten hintereinander. Versklavte Familien konnten auseinander gerissen und getrennt verkauft werden, auch an Herren in weit entfernten Ländern.

Ende des 7. Jahrhunderts v. Chr. gärte es in Athen, und zwar nicht nur unter den Bauern und Arbeitern, die ihre Muskelkraft an die Reichen vermieteten, sondern auch unter denjenigen Wohlhabenden, die nicht dem Geburtsadel, der Klasse der *Eu-*

patriden, angehörten. Grund für die allgemeine Unzufriedenheit war, dass der Adel die alleinige Macht im Staat ausübte, das Heer und die Gerichtsbarkeit kontrollierte. Es gab keine Gesetzessammlung: Die *Eupatriden* erfanden Gesetze je nach Bedarf und persönlichem Nutzen und trugen sie vor Richtern vor, die aus derselben Schicht stammten wie sie selbst.

Um 624 v. Chr., als sich die Lage zugespitzt hatte und ein Aufstand loszubrechen drohte, beauftragten die Adligen einen der ihren mit der Aufzeichnung des geltenden Rechts. Drakons Strafgesetze sahen die Todesstrafe selbst für geringe Vergehen vor. Auf die Frage, weshalb seine Strafen so streng seien, antwortete Drakon, selbst leichtere Verstöße verdienten es, mit dem Tod bestraft zu werden, und er bedauere, dass es für schwerere Verbrechen keine härtere Strafe gebe. So sprechen wir auch heute noch von »drakonischen Strafen« oder »drakonischer Strenge«, wenn wir übertriebene Härte meinen. Drakons Reformen vermochten jedoch keine dauerhafte Lösung herbeizuführen. Im Jahr 594 v. Chr. erhoben sich die Nichtadligen gegen die Adligen. Letztere trugen Rüstungen und verfügten über Pferde, Erstere besaßen lediglich Pfeil und Bogen und Schleudern, waren dafür aber in der Überzahl. Diese leicht Bewaffneten wurden *Peltasten* genannt. Sie erwiesen sich in der Geschichte Griechenlands viele Male als den gepanzerten Fußsoldaten überlegen, weil sie beweglicher waren und Pfeile und Steine aus einiger Entfernung auf den Feind abschießen konnten. Die beiden gegnerischen Seiten kamen nun in seltener Einmütigkeit überein, Solon zum Schlichter zu ernennen, damit er den Streit beilegte. Sie wählten ihn darüber hinaus zum *Archon*, dem höchsten Beamten im Staat.

Die Adligen sahen in Solon aufgrund verwandtschaftlicher Bande und seiner Zugehörigkeit zu ihrer Klasse einen der ihren. Sie rechneten damit, dass er für sie Partei ergreifen werde. Für die nichtadligen wohlhabenden Kaufleute war Solon ebenfalls einer der ihren – schließlich war er Kaufmann. Die Armen vertrauten ihm, weil er sie nie ausgebeutet hatte. Während sich die Adligen von ihm eine Lösung erhofften, die ihnen ihre Privilegien, ihre Macht und ihren Reichtum erhielt, erwarteten die Armen, dass er den Reichen das Land wegnahm und unter den Bauern verteilte. Keine Gruppe bekam das Gewünschte. In einigen seiner Gedichte schreibt Solon, alle hätten ihn geliebt, bevor er die neue Verfassung verkündete.[3] Danach hätten ihn alle gehasst, weil er einen Kompromiss ausgearbeitet hatte, der es keiner Partei vollständig recht machte, aber den Vorteil hatte, dass er jede vor der anderen schützte.

Er verfügte die Abschaffung von Drakons Gesetzen, die von adligen Richtern meistens auf Nichtadlige angewendet wurden, eine allgemeine Schuldentilgung sowie die Abschaffung der Schuldknechtschaft. Er kaufte jene zurück, die in andere Staaten verkauft worden waren, und verbot per Gesetz, dass Personen als Sicherheit für Darlehen dienten: Nie wieder sollte jemand versklavt werden, weil er seine Schulden nicht bezahlen konnte.

Solon beging jedoch nicht den Fehler, der 1917 in Russland gemacht werden sollte: Er ließ den Reichen ihren Grundbesitz und ihren Wohlstand, sodass sie ihre Fähigkeiten weiterhin für das Wachstum der Wirtschaft einsetzten. Auf der anderen Seite verschaffte er den Armen ein politisches Mitspracherecht, damit sie sich besser vor Ausbeutung schützen konnten. Hierin liegt die Quintessenz moderner Demokratie.

Die hohen Staatsämter waren nicht länger dem Adel vorbehalten. Solon hob sogar die Unterscheidung zwischen Adligen und Nichtadligen auf und teilte – auf der Grundlage des Einkommens – die Bürgerschaft in vier Klassen ein:

- die *Pentakosiomedimnoi*, die ein Einkommen im Gegenwert von 500 Scheffel Getreide oder mehr hatten;

- die *Hippeis*, die ein Einkommen zwischen 295 und 490 Scheffel hatten;
- die *Zeugiten* mit 200 bis 295 Scheffeln;
- die *Theten*, die weniger als 200 Scheffel hatten.*

Die Einkommen wurden besteuert. Angehörige der vierten Klasse, die *Theten*, brauchten keine Steuern zu zahlen. Die *Zeugiten* mussten den Basissteuersatz entrichten, die *Hippeis* den doppelten Basissteuersatz und die *Pentakosiomedimnoi*, die reichsten Bürger, den 2,4fachen Basissteuersatz. Solon war eindeutig kein Anhänger der Pauschalbesteuerung: Er führte die erste progressive Einkommensteuer der Geschichte ein.

Die höchsten Ämter im Staat reservierte er den *Pentakosiomedimnoi*. Dieser Klasse gehörten neben dem Geburtsadel auch reiche Kaufleute und Handwerker an. Die Angehörigen der untersten Klasse, die *Theten*, konnten zwar nicht in Ämter gewählt werden, waren aber Mitglieder zweier neuer, wichtiger Versammlungen – der *Ekklesia* und der *Heliaia*. Die *Ekklesia* war die Volksversammlung. Athen zählte in seiner Blütezeit 25 000 stimmberechtigte Bürger. Bei wichtigen, den Staat betreffenden Entscheidungen verlangte die Verfassung eine Mindestbeteiligung von 6 000 Stimmen. An die *Heliaia*, einem aus 6 000 Geschworenen auf Zeit bestehenden Volksgericht, wandte sich, wer Einspruch gegen die Entscheidung eines Beamten oder auch des Areiopag, des höchsten Gerichts, dem nur Mitglieder der reichsten Klasse angehörten, erheben wollte. Die Geschworenen der *Heliaia* wurden unter den auf dem *Areios pagos* anwesenden Bürgern ausgelost. Auf diesem Hügel, nach dem der

---

* Medimnos war ein Maß, das etwa einem Scheffel entsprach. Pentakosia bedeutete 500. 500 medimnoi (Plural) waren also rund 500 Scheffel. Hippeis bedeutet so viel wie »Reiter«, Zeugitai »jemand, der ein Paar Ochsen besitzt, um sie vor den Pflug zu spannen«. Theten waren Lohnarbeiter.

Areiopag benannt worden war, fanden Abstimmungen und Gerichtsverhandlungen statt. Bei Routineangelegenheiten war die Zahl der Geschworenen auf 500 beschränkt; nur für die wirklich bedeutsamen Fälle versammelten sich alle 6 000 Mitglieder. War eine Verhandlung anberaumt, wurden die Geschworenen im Morgengrauen ausgewählt; das Urteil musste durch mehrheitlichen Beschluss bis Sonnenuntergang gefällt sein. Kein Prozess durfte länger als einen Tag dauern. Dieses Prozedere schloss aus, dass die Geschworenen »gekauft« werden konnten. Ein weiteres wichtiges Organ war die *Bule*, die aus 400 gewählten Mitgliedern bestand. Diese Ratsversammlung beriet über Rechts- oder andere Fragen und legte ihre Beschlüsse anschließend der *Ekklesia*, der Volksversammlung, zur Abstimmung vor.[4]

Bald ging alle Macht von der *Ekklesia* aus, wo jeder männliche Bürger über 18 Jahre, egal ob arm oder reich, eine Stimme hatte. Da die Armen bei weitem in der Überzahl waren, fiel es ihnen nicht schwer, die Reichen zu überstimmen. Gleiches galt für die *Heliaia*.

Alle Versammlungen dieser Gerichtsorgane waren öffentlich und fanden unter freiem Himmel statt. Die Bürger konnten alles mit anhören und genau beobachten. Zwar durfte die *Bule* auch Geheimsitzungen abhalten, musste dann aber ihre Entschließungen oder Vorschläge der *Ekklesia* unterbreiten. Diese Beteiligung der Bürgerschaft war ein zentraler Aspekt des solonischen Demokratieverständnisses. In unserer Zeit und unseren sehr viel größeren Demokratien ist eine solche Kontrolle durch die Öffentlichkeit erst seit kurzem dank dem Fernsehen möglich geworden.

Solons Gesetze waren erheblich milder als jene Drakons. Er ließ sie in Holzsäulen schnitzen, damit jeder sie lesen konnte. Er erwartete ein hohes Maß an Gemeinsinn und verfügte, dass einem Bürger, der bei ernsthaften politischen Konflikten nicht aktiv für die eine oder andere Seite Partei ergriff, die Bürgerrechte aberkannt würden. Ein Bürger, der sah, wie einem anderen Bürger ein Unrecht zugefügt wurde, war gesetzlich verpflichtet, den Übeltäter vor Gericht zu bringen. Am besten ließe es sich in der Stadt leben, sagte Solon, »in der jene, denen kein Unrecht getan wird, ein ebenso großes Interesse daran haben, den Missetäter zu bestrafen, wie jene, denen Unrecht getan wird«.

Hatte ein Mann keine Erben, war sein Vermögen bislang seiner Sippe zugefallen. Nach Solons Reformen hatte jeder das Recht, seinen Besitz auch Außenstehenden zu vermachen, vorausgesetzt, er hatte sein Testament aus freien Stücken und im Vollbesitz seiner geistigen Kräfte verfasst.

Solons Gesetzgebung stärkte die Rechte der Familie, förderte eine Steigerung der Geburtenrate sowie die Erziehung und Ausbildung der Kinder. Er verfügte, dass Söhne, die von ihrem Vater nicht in einem Handwerk unterwiesen wurden, im Alter nicht für ihn sorgen müssten. Um die Söhne derjenigen, die im Kampf gefallen waren, sollte sich künftig der Staat kümmern. Mitgiften wurden verboten. Zwei Menschen sollten nicht des Geldes wegen heiraten, begründete Solon das Verbot, sondern aus Liebe und um Kinder zu zeugen. Die Braut brauche nicht mehr als Kleidung zum dreimaligen Wechseln und ein paar persönliche Habseligkeiten mitzubringen. Ehen zwischen alten Männern und jungen Frauen wurden mit der Begründung untersagt, dass es zwischen ihnen keine leidenschaftliche Liebe geben könne. Das Gleiche galt für Ehen – oder Geschlechtsverkehr – zwischen alten Frauen und jungen Männern. Der junge Mann, der von der alten Frau »wie ein Rebhuhn gemästet« werde, solle eine junge Frau heiraten, die ihm Kinder gebären könne. Ein weiteres Gesetz besagte, dass eine reiche Erbin, die von einem impotenten Mann geheiratet wurde, das Recht habe, mit jedem Mann aus seiner Sippe zu schlafen. Dadurch würden solche

Ehen verhindert werden, es sei denn, der Impotente wolle sich der Schande aussetzen, mit ansehen zu müssen, wie seine Frau mit irgendeinem Mann aus seiner Sippe Geschlechtsverkehr habe.

Solon erließ nicht nur eine allgemeine Schuldentilgung, er bemühte sich auch, der Wirtschaft Impulse zu geben. Wer sich mit seiner Familie in Athen niederließ, um ein Gewerbe auszuüben, erhielt die Bürgerrechte der Stadt verliehen. Außer Olivenöl, für das in anderen Ländern ein großer Absatzmarkt vorhanden war, durfte kein Produkt exportiert werden. Der Athener Boden eignete sich hervorragend für den Anbau von Olivenbäumen, besser als für den Anbau von Getreide etwa, doch es dauerte Jahre, bis die Bäume ausreichend Früchte für die Ölherstellung trugen. Mit der Einrichtung – und Besteuerung – staatlicher Bordelle lockte Solon Besucher in die Stadt. Ähnliche Maßnahmen zur Steigerung des Fremdenverkehrs gibt es hier und dort auch heute noch. Die Einnahmen wurden zur Unterstützung von Bauern verwendet, die Olivenhaine angelegt hatten, aber noch keine Früchte ernten konnten. Um Importwaren billiger zu machen, wertete Solon die Währung ab, indem er den Silbermünzen 30 Prozent Blei hinzufügen ließ.[5] Wer keiner Beschäftigung nachging oder ein ausschweifendes Leben führte, hatte nicht mehr das Recht, sich an die *Ekklesia* zu wenden, was einem Verlust der Bürgerrechte gleichkam.

Natürlich gab es welche, die Solons Gesetze zu umgehen versuchten. Als er seine Reformen vorbereitete, vertraute er seinen engsten Freunden Conon, Cleinias und Hipponicus an, dass er, statt die Reichen zu enteignen, einen allgemeinen Schuldenerlass verfügen werde. Die »getreuen Freunde«, alle drei große Akquisitoren, liehen sich daraufhin beträchtliche Summen und weigerten sich nach In-Kraft-Treten des Gesetzes zur Schuldentilgung, ihre Darlehen zurückzuzahlen. Auf diese Weise wurde der Grundstein für die drei größten Athener Vermögen gelegt.

Böse Zungen behaupteten, Solon habe gemeinsame Sache mit seinen Freunden gemacht, weil vermutlich auch für ihn etwas dabei herausgesprungen sei. Doch die Gerüchte wurden rasch widerlegt: Solon selbst gehörte nämlich zu jenen, die hohe Summen verliehen hatten und ihre Schulden nach dem neuen Gesetz nicht mehr einfordern konnten.

Auf die Frage, ob er den Athenern die besten Gesetze gegeben habe, antwortete Solon, nur die besten, die zu akzeptieren sie bereit gewesen seien. Und er fügte hinzu: »Macht keine Gesetze, die ihr nicht durchführen könnt.« Dieser Grundsatz hat noch heute Gültigkeit. Es ist das Volk, das über Gesetze entscheidet. Jeder Gesetzgeber weiß, dass seine Gesetze keine Chance haben, wenn sie letztendlich vom Volk abgelehnt werden.

Solon erkannte, dass auch für politische Systeme die fundamentale Wahrheit gilt: Man kann alles von zwei Seiten betrachten. Was für die einen ein vollkommener Zustand ist, bedeutet für die anderen möglicherweise Unterdrückung. Wahre demokratische Lösungen beruhen deshalb immer auf einem Kompromiss. Die Adligen hatten sich das Recht auf fortgesetzte Ausbeutung der Armen erhofft, die Armen sich die rücksichtslose Enteignung der Reichen. Solon gab keiner Seite nach. Er ließ den wenigen Reichen ihren Wohlstand, leitete Maßnahmen zur Ankurbelung der Wirtschaft ein und gab der großen Zahl von Armen ein politisches Mitspracherecht und damit das Recht, die Reichen zu besteuern und die Einnahmen für die Finanzierung öffentlicher Einrichtungen zu verwenden, die den Armen zugute kamen. Auf heutige Verhältnisse übertragen hieße das, die Reichen wurden besteuert, damit die Armen kostenlose Schulen besuchen und kostenlose medizinische Versorgung in Anspruch nehmen konnten. Solons Konzepte haben dem *fortschrittlichen* demokratischen Kapitalismus der Neuzeit den Weg bereitet.

Solon wagte es als Erster, die politische Macht des Adels und der einflussreichen Sippen zu beschneiden, indem er Nichtadligen ein Mitbestimmungsrecht gab, das Erbrecht änderte und Kaufleuten und Handwerkern mehr Spielraum zur Entfaltung ihrer Begabungen und zur Eigenverantwortung einräumte. Von ihm stammte der Gedanke, dass der Einzelne wichtiger als sein Familienverband ist, dass ein Bürger Rechte und politischen Einfluss, aber auch die Pflicht hat, Unrecht zu verhindern. Extreme Positionen in der Regierung wurden in seinem politischen System weitgehend durch die Einführung des Wahlrechts für alle erwachsenen Männer vermieden. Auch heute noch werden Extremisten im Allgemeinen nicht in hohe Ämter gewählt: Sie müssen sich damit begnügen, die Ideen jener Pole rechts und links zu vertreten, zwischen denen die Demokratie angesiedelt ist.[6]

Es hat in der Geschichte auch in anderen Kulturen immer wieder frühe demokratische Ansätze gegeben – zum Beispiel die Stammeszusammenkünfte der Naturvölker. Was Solon einzigartig macht, ist seine Erkenntnis, dass *Institutionen* geschaffen werden müssen, die die demokratische Macht und Freiheit stärken. Die nachhaltige Wirkung seiner Gesetzgebung ist der beste Beweis für seinen Erfolg. Fünf Jahrhunderte später konnte Cicero sagen, Solons Reformen seien in Athen noch immer in Kraft. Seine Institutionen und Prinzipien haben unsere westlichen demokratischen Gesellschaften eindeutig beeinflusst: So ist jeder Erwachsene stimmberechtigt, stellen nicht Personen, sondern Gesetze die Staatsautorität dar, wird der Gesetzgeber als Staatsorgan durch Wahlen bestimmt (die *Bule* ist die Vorläuferin des amerikanischen Kongresses und der angelsächsischen Parlamente).

Solon war ein zutiefst demokratischer Mann. Als einige seiner Freunde ihn drängten, sich auf Lebenszeit zum Alleinherrscher zu machen, lehnte er ab. Nachdem er die Aufgabe erfüllt hatte, für die er gewählt worden war, zog er sich ins Privatleben zurück, womit er de facto das Prinzip der Annullierung von Macht einführte. Nicht die durch freie Wahl erfolgte *Übertragung* von Macht kennzeichnet das Wesen einer Demokratie, sondern ihre durch freie Wahl erfolgte *Aufhebung.*

Solons demokratische Grundsätze und Institutionen haben unsere westlichen Demokratien also in entscheidendem Maße geprägt. Doch sie hatten auch zahlreiche Gegner, die dafür sorgten, dass sie jahrhundertelang in Vergessenheit gerieten. Diese Gegner waren Anhänger eines anderen Atheners, Platon, der den meisten Philosophen nach ihm als der bedeutendste Denker in der Geschichte der Menschheit galt.

3

PLATON

(427–347 v. Chr.)

»Die ganze westliche Philosophie ist eine Fußnote zu Platon«, pflegte der britische Philosoph, Mathematiker und Nobelpreisträger Bertrand Russell in seinen Vorlesungen zu sagen.

Paul Shorey, Professor an der University of Chicago und bedeutender Platon-Übersetzer, schrieb: »Was die Fähigkeit zu logischem Denken und das Herstellen folgerichtiger, scharfsinniger Zusammenhänge betrifft, kann sich niemand mit Platon als einem Denker, dessen Aussagen bleibende Gültigkeit haben, messen.«[1] Platons Philosophie ist viel zu komplex und umfassend, als dass sie an dieser Stelle ausführlich dargestellt werden könnte. Wir werden uns daher auf seine Ideen über die Regulative der Gesellschaft – die sich grundlegend von jenen Solons unterscheiden – beschränken. Hingewiesen sei aber auf den enormen Einfluss seiner Denkmodelle und politischen Ansichten auf die westliche Zivilisation.

Platon war ein Spitzname und bedeutet »breit«. Eigentlich hieß er Aristocles, was so viel wie »der Beste und Berühmte« bedeutet. Platon gründete eine Schule, die *akademeia* oder Akademie. Sie bestand 900 Jahre – länger als jede andere Akademie – und wurde 529 n. Chr. von Kaiser Justinian geschlossen. Platons Schüler studierten als Erste Kegelschnitte (Parabeln, Ellipsen, Hyperbeln, ein Teilgebiet der Mathematik, das heute u.a. für die Berechnung von Raumflugbahnen unerlässlich ist).

Einer dieser Schüler, Theaitetos, entwickelte die Stereometrie, ein anderer, Eudoxos von Knidos, schuf die Proportionenlehre (die für die Herstellung von Metalllegierungen ebenso angewendet wird wie für Stichprobenerhebungen und Meinungsumfragen), und wieder ein anderer, Archytas von Tarent, gilt als Begründer der wissenschaftlichen Mechanik.

Der frühe Katholizismus wurde entscheidend von den Lehren des Augustinus (354–430 n. Chr.) geprägt. Es waren Platons Schriften, die ihn zu seinem Hauptwerk *De civitate Dei (Über den Gottesstaat)* inspirierten.[2] Jahrhunderte später habe sich der Theologe Thomas von Aquin so eng an Aristoteles angelehnt, dass Aristoteles bei den Katholiken fast die Autorität eines Kirchenvaters genieße, schreibt Bertrand Russell.[3] Aristoteles war der bedeutendste Schüler Platons.

Einige der wichtigsten Philosophen der vergangenen Jahrhunderte sind von Platon beeinflusst worden. So stellt Gilbert Ryle, der an der Universität Oxford lehrt, fest, dass es Berührungspunkte gebe

> zwischen Platons Erörterungen in [seinen] Dialogen und Humes [1711–1776] und Kants [1724–1804] Theorie der Erfahrung, Kants Erkenntnisformen und Kategorien, Russells [1872–1970] Typentheorie und seiner Lehre von der Prädikatenlogik und insbesondere Wittgensteins [1889–1951] *Tractatus logico-philosophicus.*[4]

Platon verlieh also nicht nur der Mathematik entscheidende Impulse, sondern inspirierte auch die bedeutendsten Theologen und Philosophen des Abendlands. Man könnte sogar noch weiter gehen und sagen, seine Lehren wiesen auf den Kommunismus hin.[5] Er befasste sich in seinen Schriften auch mit Erziehung sowie mit Musik als Mittel, Menschen auf die Führung der Gesellschaft nach seinen Vorstellungen vorzubereiten. Der aus

Österreich stammende britische Philosoph Karl Popper bemerkt boshaft:

> ... selbst jetzt hat Platon zahlreiche Musiker auf seiner Seite, vermutlich weil seine hohe Meinung von Musik, d.h. von ihrer politischen Macht, ihnen schmeichelt. Das Gleiche gilt aber auch für Pädagogen und mehr noch für Philosophen, die Platon ja ebenfalls an der Macht sehen möchte.[6]

Karl Popper und mit ihm eine ganze Reihe renommierter Gelehrter bezichtigten Platon, der schlimmste Feind der Freiheit und der Demokratie zu sein. Einige Kritiker vertreten die Auffassung, Platon habe den philosophischen Unterbau so mancher Gewaltherrschaft und Gräuel geliefert. Als Beispiele nennen sie die katholische Kirche mit ihren blutigen Kreuzzügen und ihrer Inquisition, die griechisch-orthodoxe Kirche, deren »Ketzerverfolgungen« im Byzantinischen Reich ähnlich erschreckende Ausmaße annahmen, die Unterdrückung der Bauern, die vom Adel in ganz Europa zu Leibeigenen herabgewürdigt worden waren, die von den Kommunisten in Europa und Asien verübten Gemetzel oder der von Hitler begangene Völkermord. Kann man Platon wirklich für diese Grausamkeiten verantwortlich machen? War er ein solcher Teufel?

In seinen Schriften ist von edlen Gefühlen wie Freundschaft, Loyalität, Achtung vor anderen, Respekt vor dem Gesetz die Rede. Den Grundsatz der Griechen, man solle seinen Freunden helfen und seinen Feinden schaden, lehnte er jedoch mit der Begründung ab, es sei nicht die Aufgabe des Rechtschaffenen, irgendjemandem zu schaden *(Der Staat)*. Andererseits hielt er Sklaven für unter dem Menschen stehende, nicht vernunftbegabte Wesen. Sein Schüler Aristoteles vertrat die gleiche Meinung. Einige Menschen seien von Natur aus frei, andere nicht; für Letztere sei die Sklaverei gerecht und passend. In späteren

Jahren urteilte Platon nicht mehr ganz so streng über Sklaven, zumindest nicht über die griechischen.

Platons Psyche analysieren zu wollen wäre reine Spekulation. Selbst dann, wenn sich Patient und Analytiker im selben Raum aufhalten, kann eine Psychoanalyse nur vage Anhaltspunkte liefern – wie viel unzuverlässiger wäre sie dann erst bei einem Patienten, der vor 2 400 Jahren lebte? Es besteht jedoch eine gewisse Einigkeit darüber, dass Platons persönliches Umfeld, insbesondere seine Beziehung zu seinem geschätzten Lehrer Sokrates (470–399 v. Chr.), zur Formung seines Weltbilds beitrug. Seine Lehren müssen daher im Zusammenhang mit seiner Lebensgeschichte betrachtet werden.

Sokrates, der eigentlich Grabsteine bearbeitete, verbrachte seine Zeit hauptsächlich damit, über den rechten Lebenswandel, darüber, was gut und was gerecht ist, nachzudenken. Er suchte das Gespräch mit seinen Mitbürgern, trieb sie mit seinen Fragen in die Enge und zeigte ihnen die Widersprüche in ihren Gedankengängen auf. Ein guter Bürger, einer, der für gerechte Gesetze stimme, sei nur, wer begreife, was gut und was gerecht sei, betonte er. Und das traf seiner Ansicht nach auf die wenigsten zu.

Sokrates war ein äußerst moralischer Mensch, dem Luxus absolut nichts bedeutete und der tapfer für sein Land gekämpft hatte. Er war hässlich, aber hochintelligent und humorvoll. Unter seinen zahlreichen Anhängern befanden sich viele junge Menschen aus vornehmen Familien wie etwa Platon. Gemeinsam mit ihrem Lehrer schlenderten sie durch die Straßen oder diskutierten bei einem gemeinsamen Mahl. Heute würde man sagen, sie gingen einen trinken. Sokrates stellte seinen Schülern Fragen und brachte sie, indem er sie auf die Widersprüche in ihren Antworten hinwies, zu der Erkenntnis, wie wenig sie im Grunde wussten. Platon war durch ältere Verwandte, namentlich Kritias und Charmides, zu Sokrates gestoßen. Dessen Lehren beeinflussten eine Reihe seiner Schüler so stark, dass sie später selbst Philosophenschulen gründeten.

Platon hat in seinen Dialogen, die dem Skript eines Theaterstücks ähneln, die philosophischen Gespräche seines Lehrers Sokrates, den er sehr verehrte, festgehalten.[7] Aber gab er nun wirklich Sokrates' Gedanken wieder oder legte er ihm etwas in den Mund, was Sokrates so nie gesagt hatte? Die Frage ist unter Altphilologen, Historikern und Philosophen ausführlich diskutiert worden, sie lässt sich jedoch mit letzter Sicherheit nicht beantworten. Sie soll uns auch nicht weiter beschäftigen, denn wichtiger als Sokrates' Einfluss auf Platons Schriften sind im Rahmen dieses Buchs die Schriften selbst und ihre Nachwirkungen auf die westliche Welt.

Als Platon geboren wurde, war der Stadtstaat Athen als imperialistische Macht vielen anderen griechischen Staaten ein Dorn im Auge. 431 v. Chr. führte Sparta den Peloponnesischen Bund in den Krieg gegen Athen. Dieser Peloponnesische Krieg dauerte 27 Jahre. In seinem Verlauf trafen die Athener durch Abstimmung eine Reihe strategisch kluger Entscheidungen, machten jedoch einen verhängnisvollen Fehler: Sie folgten dem Rat des jungen Adligen Alkibiades, einem von Sokrates' brillantesten Schülern, und sprachen sich für einen Feldzug gegen Syrakus und ganz Sizilien aus.

Die Athener wurden vernichtend geschlagen. Nachdem die große Seemacht von Land und von See belagert worden war, kapitulierte sie schließlich 404 v. Chr. Das siegreiche, undemokratische Sparta wählte 30 Athener Adlige aus, die dem Stadtstaat eine neue Verfassung geben sollten. Sie gingen als die 30 Tyrannen in die Geschichte ein. Ihr Anführer war Kritias, ein Schüler Sokrates' und Cousin von Platons Mutter. Ein Onkel Platons, Charmides, diente unter ihm. Jede Verfassungsänderung gehe mit Blutvergießen einher, verkündete Kritias, und er fügte hinzu, es gebe keine vollkommenere Verfassung als die

Spartas. Die 30 Tyrannen räumten ihre politischen Gegner ohne vorheriges Gerichtsverfahren aus dem Weg. Etwa 1 500 Menschen, darunter auch der Anführer des gemäßigten Adels, Theramenes, fielen ihrem Regime zum Opfer.

Nur wenige Monate später, Anfang des Jahres 403 v. Chr., stürzten die Athener die Gewaltherrschaft und errichteten von neuem eine Demokratie. Die 30 Tyrannen und ihre Gefolgsleute, darunter auch Kritias und Charmides, wurden zur Strafe für die ungesetzliche, grausame Ermordung ihrer Mitbürger hingerichtet.

Ungeachtet ihrer Gräueltaten, äußerte sich Platon wohlwollend über seine beiden Verwandten. Kann man daraus schließen, dass er ihr Handeln befürwortete? Hat ihn der Stolz auf seine adlige Familie blind gemacht?

Um Platon gerecht zu werden, darf man nicht vergessen, dass sein geliebter Lehrer Sokrates von den Bürgern der wiederhergestellten Athener Demokratie zum Tod verurteilt worden war. Sokrates' Tod nimmt im Weltbild des Abendlands eine herausragende Stellung ein. Viele Intellektuelle ziehen sogar Parallelen zum Kreuzestod Christi. In beiden Fällen ist ein außergewöhnlich guter, gerechter Mensch aufgrund eines eklatanten Fehlurteils hingerichtet worden. Keines der beiden Opfer bettelte um Gnade.

399 v. Chr. wurde Sokrates vor Gericht gestellt, weil zwei Bürger, Anytos und Meletos, ihn verklagt hatten. Er habe neue Götter eingeführt, lautete die Anklage, womit das gemeint war, was Sokrates seinen *Daimonion* – seinen »ganz persönlichen Gott« – nannte, sein Gewissen also, sein privater Gott, der zu niemandem außer ihm sprach. Doch dieser Anklagepunkt war eher nebensächlich. Schwerer wog der Vorwurf, Sokrates verderbe die Jugend. Grund hierfür war die Tatsache, dass viele seiner Schüler (darunter auch Kritias und Charmides) zum Sturz der Athener Demokratie beigetragen hatten.

Wie üblich wurden für die Gerichtsverhandlung im Morgengrauen 500 Geschworene durch das Los bestimmt und dann wurde unverzüglich mit dem Prozess begonnen, damit er bis Sonnenuntergang beendet wäre. Der Ankläger trug die Anklage vor und benannte Zeugen. Sokrates verteidigte sich selbst. Beiden stand genau gleich viel Zeit, von einer Wasseruhr gemessen, zur Verfügung. Der Philosoph legte seinen Standpunkt dar, wies darauf hin, dass er sich nicht gescheut habe, die 30 Tyrannen während ihrer Herrschaft zu kritisieren, und dass er seinen Feldherren gehorcht und sein Leben für sein Land aufs Spiel gesetzt habe. Wie könne er da gegen seinen persönlichen Gott, der ihm aufgetragen habe, in sich selbst und anderen nach dem Guten und Gerechten zu suchen, ungehorsam sein?

Männer von Athen, sagte er, ich achte und ich liebe euch, aber ich werde eher meinem Gott als euch gehorchen. Und solange ich Leben und Kraft in mir spüre, werde ich meine Lehren verbreiten. Männer von Athen, sprecht mich frei oder sprecht mich schuldig. Aber bedenkt, »ihr werdet nicht leicht einen anderen finden, der gleichsam (...) durch göttlichen Ratschluss der Stadt beigegeben ist wie einem großen und edlen Pferd, das indes wegen seiner Größe etwas träge ist und von einem Sporn angestachelt werden muss.«[8]

Die Geschworenen mussten abstimmen, wem sie glaubten – dem Ankläger oder dem Beklagten. Obwohl der Ankläger keine Beweise dafür vorlegen konnte, dass Sokrates seine Schüler angestiftet hatte, stimmten die Geschworenen für ihn. Den Ausschlag gaben vermutlich die von Sokrates' Schülern begangenen grausamen Morde.

Der Ankläger musste nun eine Strafe vorschlagen, worauf der Beklagte mit einem Gegenvorschlag, einer milderen Strafe, antwortete. Beides musste sorgfältig bedacht sein, weil die Geschworenen nur zwischen diesen beiden Alternativen wählen konnten. Das Gesetz ließ ihnen keine andere Wahl. Forderte der Ankläger eine zu strenge Strafe, riskierte er damit, dass die Geschworenen für den Angeklagten stimmten. Setzte der Angeklagte andererseits das Strafmaß zu niedrig an, befürworteten die Geschworenen möglicherweise den Antrag des Anklägers.

Der Ankläger forderte die Todesstrafe. Sokrates schlug frech eine lächerlich geringe Geldstrafe vor. Hätte er die Verbannung verlangt, wäre er wahrscheinlich dazu verurteilt worden. Doch für Sokrates war die Verbannung schlimmer als der Tod. Die Geschworenen konnten nicht für einen Antrag stimmen, mit dem ihr Urteilsspruch verspottet wurde. Also stimmten sie für die Todesstrafe. Sokrates' letzte Worte waren: »Doch jetzt ist's Zeit fortzugehen: für mich, um zu sterben, für euch, um zu leben. Wer von uns dem besseren Los entgegengeht, ist uns allen unbekannt – das weiß nur Gott.«[9]

Die Bürger des demokratischen Athen hatten nicht nur Platons adlige Verwandte, sondern auch seinen geliebten Lehrer auf dem Gewissen, einen guten, gerechten Mann, der den Tod nicht verdient hatte. War Platon deshalb zum Gegner der Demokratie geworden? Denn dass er nichts von dieser Regierungsform hielt, steht fest. In *Der Staat* erläutert Platon, wie man zum Befürworter der Demokratie »herabsinkt«. Wir wollen eine kurze Zusammenfassung seiner Ausführungen geben:

Wie aber wird ein Mann zum Demokraten? Ein sparsamer, oligarchischer Vater hat einen Sohn, den er nach strikten, engherzigen Grundsätzen erzieht. Doch dann kostet der junge Mann vom Honig der Drohnen [womit Vergnügen, Lüste und Leidenschaften gemeint sind], und schon keimt in seinem Herzen die Saat des Aufruhrs. In seiner Seele beginnt der Wandel von der Oligarchie zur Demokratie. Ein Kampf entbrennt, die unwichtigen Begierden siegen, und der junge

Mann wird zum vorbehaltlosen Anhänger von Vergnügungen jeglicher Art und folglich zum Befürworter der Demokratie.*

James Adam, der in Großbritannien Platons Werk herausgab, sagt über diese stilistisch und inhaltlich beeindruckende Passage, sie gehöre zum Glanzvollsten, was die Literatur zu bieten habe. Man werde niemals ein besseres Beispiel für eine solche Konzentration erhabener Gedanken, Bilder und Wörter finden.

Dies ist nur ein Beispiel von vielen, wie sehr Platon Denker aller Jahrhunderte in seinen Bann gezogen und oft dazu verleitet hat, seiner Ablehnung der Demokratie zu folgen.

Man darf auch den gesellschaftlichen und politischen Kontext nicht außer Acht lassen, will man Platons demokratiefeindliche Gesinnung verstehen. Paul Shorey bemerkt dazu: »Das gravierende Ereignis, das Platons Träume zerplatzen ließ und seine Lebensperspektiven auf Dauer trübte, war der Krieg, der das perikleische Ideal zunichte machte und die hellenische Kultur zurückwarf.«[10]

Die Griechen hatten einen Weltkrieg erlebt – nach heutigen Maßstäben ein kleiner Krieg, aber die antike griechische Welt war auch nur eine kleine Welt. Auf allen Seiten hatte es Gräueltaten, hohe Verluste, einen Werteverfall gegeben. Athen, die ideale Demokratie des Perikles, war nicht nur besiegt worden, sondern auch moralisch verkommen.[11] Und stattgefunden hatte der Abstieg unter Führern, die vom Volk demokratisch gewählt worden waren. Wie hätte Platon solchen Politikern noch vertrauen können?

Seiner Ansicht nach war der Niedergang Athens auf eine einzige Ursache zurückzuführen: Gewinnsucht. Streben die Herrschenden nach Besitz, nach ihrem eigenen Haus, nach Land,

---

* Synopse aus: Platon, *Der Staat,* 8. Buch, a.a.O.

nach Geld, so Platon, werden sie selbst in einem idealen Staat die Bürger unterdrücken und ausbeuten. Mit anderen Worten, sie werden zu großen Akquisitoren. Womit wir wieder bei Moses und Jesaja wären: Geld als die Wurzel allen Übels.[12]

Wie aber sieht nun Platons Idealstaat aus? In seinem Werk *Der Staat* lässt er sich ausführlich darüber aus und entwirft das Bild einer Gesellschaft, die in drei Klassen aufgeteilt ist.

Die Spitze bildet der Stand der Herrscher-Philosophen. Dieser herrschenden Schicht, die mit absoluter Macht ausgestattet ist, können auch Frauen angehören, wie Platon betont.[13] Die Männer und Frauen dieses Standes wissen, was gut und was gerecht ist, und treffen dementsprechend ihre Entscheidungen. Der Staat stellt ihnen kostenlos Häuser und alles Lebensnotwendige zur Verfügung. Privatbesitz gibt es nicht, genauso wenig wie die traditionelle Familie. Alle leben in einer Gemeinschaft, teilen sich die Partner, und die Kinder werden nicht von ihren Eltern, sondern von Ammen und Kinderfrauen erzogen. Der Kriegerstand besteht aus Soldaten (oder Wächtern), die Befehle der Herrschenden entgegennehmen, den Staat gegen Angriffe von außen verteidigen und dafür sorgen, dass der Nähr- oder Erwerbsstand, die unterste Klasse, den Regierenden gehorcht. Auch die Soldaten leben, vom Staat gut versorgt, in einer Art Kommunismus, ohne Privatbesitz, ohne feste Beziehungen zwischen Mann und Frau. Die Kindererziehung fällt bei ihnen ebenfalls in die Verantwortung des Staates. Der Nährstand umfasst die Bauern, die Handwerker, die Kaufleute, die Arbeiter. Sie alle sind die Arbeitstiere, die für die Befriedigung der materiellen Bedürfnisse sorgen sollen. Sie haben keinerlei Mitspracherecht bei Regierungs- oder Verwaltungsfragen.

Die Herrscher studieren höhere Mathematik und Philosophie. Die Soldaten werden im Militärwesen und im Staatsdienst ausgebildet. Aus wirtschaftlichen Gründen erhalten auch die Angehörigen des untersten Standes eine Grundausbildung, die

Schreiben, Lesen und Rechnen umfasst. Literarische Werke, jene von Homer etwa, werden zu einem großen Teil zensiert.

In allen Schichten sollen nur die besten Männer und Frauen Kinder zeugen dürfen, was von den Herrschenden kontrolliert wird. Minderwertige Menschen sollen möglichst wenig Kinder zeugen. Aufgezogen werden nur die Nachkommen der Besten, die anderen sollen getötet werden. Die Kinder der »Schwächeren oder irgendwie missgestaltete sollten an einem geheimen und unbekannten Ort« verborgen und das »Geschlecht der Wächter rein erhalten« werden.[14]

Den Herrschern steht das Recht zu, unter allen Männern und Frauen den besten Partner zur Zeugung eines Kindes auszuwählen. Alle Kinder sollten die gleiche Behandlung erfahren, Privilegien können nicht vererbt werden. Erziehung und Ausbildung der Kinder ist Sache des Staates und zunächst für alle gleich. Anhand einer Reihe von Prüfungen werden später die Besten ausgesondert und in die Klasse der Herrschenden, der Philosophenkönige, die ihre Nachfolger selbst bestimmen, aufgenommen.[15] Paul Shorey schreibt über Platons Idealstaat:

> Durch stilistische Kunstgriffe, deren Gesamtwirkung sich nur im griechischen Original offenbart, wird beim Leser der Eindruck erweckt, dass der soziale Organismus einem menschlichen Ungeheuer oder einem Koloss gleicht, dessen sinnliche Begierden der aufsässige, mechanisch handelnde Pöbel ist, dessen kontrollierte Emotionen die militärisch ausgebildeten Kräfte sind, die den Aufruhr im Innern unterdrücken und Angriffe von außen abwehren, und dessen Vernunft die philosophische Staatskunst ist, die alles und jeden zum Wohl des Ganzen regiert. Umgekehrt wird der Einzelne als lebende Kolonie von Leidenschaften und Begierden betrachtet, die »wie Würmer in dem Lehm, aus dem wir sind, umher-

kriechen« – eine scheinbare Mischung aus animalischen und menschlichen Elementen, die nur durch die bewusste Kontrolle der Vernunft als oberster Instanz Einheit und Persönlichkeit zu erlangen vermag.[16]

Platon habe, anders als mancher moderne Utopist, durchaus beabsichtigt, seinen Staat tatsächlich zu gründen, schreibt Bertrand Russell in *Philosophie des Abendlandes* und fügt hinzu, das sei keineswegs so fantastisch oder undenkbar gewesen, wie uns das heute erscheinen mag. Viele seiner Vorschläge, darunter einige, die eigentlich als undurchführbar anmuteten, seien in Sparta verwirklicht worden. Platon bemühte sich nach Kräften, Dionysios, den Tyrannen von Syrakus, von seiner Staatsform zu überzeugen. Wäre es ihm gelungen, wäre Platon der Philosophenkönig geworden, und er hätte sich nie mehr Gedanken über die Befriedigung seiner Grundbedürfnisse – Obdach, Nahrung, Sicherheit, Sex, das Ausdrücken der eigenen Persönlichkeit – zu machen brauchen, denn dafür wäre gesorgt worden. So gesehen hatte Platon trotz seiner vernunftbetonten Geisteshaltung alle Instinkte eines von Machtgier getriebenen großen Akquisitors.

Es überrascht nicht, dass seine Philosophie im Lauf der Jahrhunderte immer wieder als Rechtfertigung für den absoluten Machtanspruch autokratischer Herrscher diente. »Der wichtigste Grundsatz aber ist der, dass niemand, weder Mann noch Frau, ohne Führer sein darf«, wird Platon von Karl Popper zitiert. »Es sollte auch niemand die Gewohnheit haben, aus eigenem Antrieb zu handeln, weder aus Eifer noch zum Vergnügen. Stattdessen soll er im Krieg wie im Frieden die Augen zu seinem Führer erheben und ihm getreulich folgen. Selbst kleinste Dinge soll er nicht ohne Anweisung tun. So sollte er nur dann, wenn es ihm gesagt wird, aus dem Bett aufstehen oder sich bewegen oder sich waschen oder seine Mahlzeiten einnehmen.

Das heißt nichts anderes, als dass er seine Seele lehren sollte, niemals aus freiem Willen zu handeln, ja dessen gänzlich unfähig zu werden.«[17]

Platon umreißt mit diesen Worten die Moralphilosophie eines Stalin, eines Hitler und jedes anderen Diktators, jedes selbstverliebten, größenwahnsinnigen Manipulanten, der, weil er sich seinen Mitmenschen weit überlegen glaubt, der Ansicht ist, sie müssten ihm blind gehorchen.

Athen folgte Platons Empfehlungen nicht – was ein Glück für seine Bürger war.

4

JESUS

(ca. 5/1 v. Chr.–30/33 n. Chr.)

Vor ungefähr 2000 Jahren lebte ein Mann mit Namen Jesus. Er predigte, dass man nicht nur seine Mitmenschen, sondern auch seine Feinde lieben und ihnen vergeben solle. Die Heilige Schrift berichtet, er sei am Kreuz gestorben, um die Menschheit von ihren Sünden zu erlösen, am dritten Tag aber wieder auferstanden; und er werde am Tag des Jüngsten Gerichts zurückkehren und jene, die ihre Sünden bereuen, ins Reich Gottes führen. Wer aber die eine unverzeihliche Sünde begangen habe, nämlich nicht an ihn zu glauben oder – mit anderen Worten – ihn zu »verleugnen vor den Menschen«[1], dem bliebe das Paradies verwehrt.

Hat Jesus wirklich gesagt, dass das Nichtglauben eine unverzeihliche Sünde ist? Am Kreuz sprach er die Worte: »Vater, vergib ihnen; denn sie wissen nicht, was sie tun!«[2] Auch in den Evangelien ermahnt er immer wieder zur Vergebung. Es drängt sich deshalb der Verdacht auf, dass ihm die Aussage, nicht an das Christentum zu glauben sei die »eine unverzeihliche Sünde«, von Kirchenvätern späterer Epochen unterstellt worden ist. Schließlich hatten sie ein Interesse daran, ihre Schäfchen vom Streunen abzuhalten.[3]

Den christlichen Kirchen, der katholischen ebenso wie der griechisch-orthodoxen, diente die Doktrin von der »unverzeihlichen Sünde« als willkommener Vorwand, um Massenmord und Folterung von Ketzern zu rechtfertigen, deren einziges Verbrechen darin bestand, einer vom offiziellen Glauben abweichenden Glaubenslehre anzuhängen.* Man kann diese Doktrin sogar für die Entstehung des Antisemitismus, einem besonders dunklen Punkt in der Geschichte der christlichen Kirche, verantwortlich machen. Jahrhundertelang verurteilte sie das Judentum für die Kreuzigung Christi – und damit für die Ermordung Gottes –, eine Anschuldigung metaphysischen Ausmaßes, die genauso absurd und böswillig ist, als wollte man den Griechen unserer Zeit die Hinrichtung Sokrates' im Jahr 399 v. Chr. anlasten.

War Jesus ein Revolutionär? Er übte jedenfalls offene Kritik an der herrschenden Schicht – den Pharisäern und den Sadduzäern. Und er sagte, der Reiche müsse, um erlöst zu werden, seinen Reichtum mit den Armen teilen. Er warf im Tempel die Tische der Geldwechsler um und betonte, dass ein Kamel leichter durch ein Nadelöhr gehe, als dass ein Reicher ins Reich Gottes komme.[4] In seiner *Story of Civilization* (dt. *Kulturgeschichte der Menschheit*) schreibt Will Durant:

> Es scheint nicht Jesus' Absicht gewesen zu sein, der Armut ein Ende zu bereiten: »Die Armen werden immer bei euch sein.« Wie in der Antike allgemein üblich, nimmt auch er es als gegeben hin, dass es die Pflicht des Sklaven ist, seinem Herrn zu dienen. Es geht ihm nicht darum, bestehende wirtschaftliche oder politische Institutionen zu attackieren – im Gegenteil: Er verurteilt die allzu Eifrigen, die das Reich Gottes im Sturm erobern möchten. Die Revolution, die er anstrebte, ging sehr viel tiefer. Sie war die Voraussetzung für die erfolgreiche, dauerhafte Durchsetzung sämtlicher Refor-

---

* Ein Abtrünniger wurde unter der Inquisition so lange gefoltert, bis er sich zum Glauben der offiziellen Kirche bekannte. Danach wurde er hingerichtet, damit er seine Meinung nicht noch einmal ändern konnte und dadurch der ewigen Verdammnis anheim fiele.

men. Wenn es ihm nämlich gelänge, die menschliche Seele von selbstsüchtigen Begierden, Grausamkeit und Wollust zu reinigen, würde das Reich Gottes ganz von allein kommen, und alle diese Institutionen, die eine Folge menschlicher Habgier und Gewalttätigkeit sind, wären überflüssig und damit auch die Notwendigkeit von Gesetzen. Verglichen mit dieser Revolution wären alle anderen, bei denen lediglich eine Schicht durch eine andere verdrängt, die Ausbeutung aber fortgesetzt wird, nichts als kleinere Erhebungen. In diesem spirituellen Sinn war Christus tatsächlich der bedeutendste Revolutionär in der Geschichte.[5]

Sahen die Römer in ihm auch einen Revolutionär? Gehörte Jesus zu jenen militanten Juden, die das Joch der Römer abschütteln wollten? Wohl kaum, forderte er doch: »Gebet dem Kaiser, was des Kaisers ist, und Gott, was Gottes ist!«[6] Darüber hinaus mahnte er, man solle auch seine Feinde lieben. Die militanten Juden jedoch kämpften mit dem Schwert in der Hand gegen die Römer, die sie mit Sicherheit nicht liebten. Jesus bewegte ganz offensichtlich weniger die Frage, wer an der Macht war: Ihm ging es vielmehr um die Erstellung eines Verhaltenskodex für den Einzelnen.

Nur wenige Christen haben sich an seine Empfehlungen gehalten. Auch Jesus gelang es nicht, die Natur des Menschen zu ändern. Obwohl die christlichen Kirchen auf fürchterliche Weise Kapital aus seinen Lehren geschlagen haben, ändert das nichts daran, dass seine Anziehungskraft noch heute, ungefähr 1970 Jahre nach seinem Tod, in der westlichen Welt, d.h. in Europa und auf dem amerikanischen Doppelkontinent, ungebrochen ist.

Warum aber ist das so? Warum übt er noch immer eine solche Faszination auf Millionen Menschen aus? Die Frage stellt sich freilich nur jenen, die nicht an das göttliche Wesen Christi glauben.

Gibt es Gründe, die dagegen sprechen, seiner Faszination zu erliegen? Diese Frage führt zu weiteren, die unmöglich zu beantworten sind. Hätten wir die wissenschaftlichen Forschungen der Griechen mit dem gleichen Eifer weiterbetrieben, wenn wir der Lehre Jesu gefolgt wären und nicht gezweifelt, sondern geglaubt hätten? Hätte der technische Fortschritt, der den Lebensstandard der armen Bevölkerungsschichten in einem Großteil der westlichen Welt weit über jenen von vor 2 000 Jahren anhob, finanziert werden können, wenn die großen Akquisitoren ihren Wohlstand mit den Armen geteilt hätten, anstatt ungeheure Vermögen anzuhäufen? Solche Fragen lassen sich nicht mit letzter Sicherheit beantworten.

Warum beschäftigte gerade Jesus die Fantasie der Menschen in solchem Maß? Was ist mit Jesaja, dem großen jüdischen Propheten, der, wie die folgenden Beispiele zeigen, nicht minder eindringliche Worte fand:

> Der Geist Gottes des Herrn ist über mir, darum dass mich der Herr gesalbt hat. Er hat mich gesandt, den Elenden zu predigen, die zerbrochenen Herzen zu verbinden, zu verkündigen den Gefangenen die Freiheit, den Gebundenen, dass ihnen geöffnet werde, (...), zu trösten alle Traurigen, (...), dass ihnen Schmuck für Asche und Freudenöl für Traurigkeit und schöne Kleider für einen betrübten Geist gegeben werden. (...) Sie sollen ewige Freude haben.[7]

> Da werden sie ihre Schwerter zu Pflugscharen und ihre Spieße zu Sicheln machen. Denn es wird kein Volk wider das andere ein Schwert aufheben, und werden hinfort nicht mehr kriegen lernen.[8]

> Die Wölfe werden bei den Lämmern wohnen und die Parder bei den Böcken liegen. Ein kleiner Knabe wird Kälber und junge Löwen und Mastvieh miteinander treiben.[9]

Diese Stellen zählen zu den schönsten der Bibel. Jesaja nahm in seinen Predigten viel von dem, was Jesus Jahrhunderte später predigen sollte, vorweg. Jesaja selbst sagte allerdings, dass nicht er derjenige sei, der das Volk in ein besseres Leben führen werde:

> Darum so wird euch der Herr selbst ein Zeichen geben: Siehe, eine Jungfrau ist schwanger und wird einen Sohn gebären, den wird sie heißen Immanuel.[10]
>
> Fürwahr, er trug unsre Krankheit und lud auf sich unsre Schmerzen. (...) Aber er ist um unsrer Missetat willen verwundet und um unsrer Sünde willen zerschlagen. Die Strafe liegt auf ihm, auf dass wir Frieden hätten, und durch seine Wunden sind wir geheilt.[11]

Jesaja gab sich nie als Messias aus. Andererseits existieren aber auch keine eindeutigen Hinweise darauf, dass Jesus jemals behauptet hat, der Messias zu sein. Die Evangelien sind diesbezüglich ungenau oder widersprüchlich. Warum also fand das Christentum so viele Anhänger?

In seiner *Kulturgeschichte der Menschheit* bietet Will Durant folgende Erklärung an:

> Das Christentum entwickelte sich aus den jüdischen apokalyptisch-esoterischen Offenbarungen vom kommenden Reich Gottes; entscheidende Impulse erhielt es von der Persönlichkeit und den Visionen Christi; Stärke gewann es durch den Glauben an die Wiederauferstehung Jesu und die Verheißung ewigen Lebens; zur theologischen Lehre wurde es von Paulus erhoben; sein Einflussbereich vergrößerte sich durch die Eingliederung des Heidentums; zur erfolgreichen Kirche wurde es durch die Übernahme der römischen Organisationsstrukturen und des römischen Geistes.[12]

Jesus lebte in einer Zeit, da die überwiegende Mehrheit der Bevölkerung in erbärmlichen Verhältnissen dahinvegetierte und von einer weltlichen Macht unterdrückt wurde, gegen die sie sich nicht auflehnen konnte. Menschen wie Jesus – die breite Masse also, nicht die großen Akquisitoren – hatten keine realistische Chance, ihre Situation im Diesseits zu verbessern. Der Glaube an das Übernatürliche war angesichts dieser trostlosen Wirklichkeit weit verbreitet.

In den Jahren nach der Kreuzigung Christi wurde das Wort Gottes von den Aposteln erfolgreich unter die Leute gebracht. Die jahrhundertealten Prophezeiungen, dass der Gottessohn auf die Erde herabgestiegen sei, hätten sich endlich erfüllt, erklärten sie und lehrten, dass Jesus, der Sohn Gottes, Vergebung und Liebe zu allen Menschen, zu Freunden und Feinden gleichermaßen, gepredigt habe. Er sei am Kreuz gestorben, um die Menschheit zu erlösen, und am dritten Tag wieder auferstanden. Am Tag des Weltuntergangs werde er zurückkommen, versprachen sie, und die reuigen Sünder ins Reich Gottes führen. Seit Jahrhunderten war das so prophezeit worden. Er starb, um euch zu retten. Er erhob sich von den Toten. Gibt es ein eindrucksvolleres Wunder? Glaubt, und es besteht Hoffnung. Vor allem Paulus verstand es, die »richtigen Knöpfe zu drücken«, wie Politstrategen heute sagen würden. An jedem Menschen könne sich das gleiche Wunder vollziehen, lehrte er, nämlich von den Toten wieder aufzuerstehen und in den Himmel zu kommen, wo alles Unrecht wieder gutgemacht würde. *Das ewige Heil.* Und der Weg dorthin war der Glaube. »Es ist aber der Glaube eine gewisse Zuversicht des, das man hofft, und ein Nichtzweifeln an dem, das man nicht sieht..«[13]

Da war aber noch etwas anderes. Jesus, so wird in den Evangelien berichtet, sei »einer von uns« gewesen. Er war ein volksnaher Mann, der mit Schankwirten, Zöllnern, Huren, Aussätzigen, Fischern gesprochen und als Zimmermann gearbeitet hatte.

Er war kein unnahbarer Prophet, sondern jemand, der das Leben der Menschen und ihre Sorgen und Nöte aus erster Hand kannte. Er fühlte und litt mit ihnen. Seinen Worten haftete etwas durch und durch Gütiges an. Es ist diese Güte, die man spürt, wenn einem vergeben wird. Und auch derjenige, der vergibt, spürt sie. Ein wohltuendes Gefühl durchflutet jeden, dem die Liebe seines Mitmenschen zuteil wird. Diese Art von Vergebung und Liebe mag nicht alltäglich sein, aber es gibt sie. Und manchmal wird sie sogar erwidert. Man konnte sie erleben und deshalb daran glauben. Schon schwerer fiel es dagegen, die mosaische Drohung, dass die großen Akquisitoren ihre gerechte Strafe erhalten würden, zu glauben – man erlebte nicht oft, dass Gott die großen Akquisitoren strafte.

Mehr noch als die heidnischen Götter flößte Jesus Hoffnung und Trost ein und verlieh Impulse. Der von Paulus, nicht Petrus, organisierte Klerus nutzte diese Aspekte der Lehre Christi, zusammen mit der Verheißung ewigen Lebens, geschickt aus. Das Christentum erhielt so viel Zulauf, dass der römisch-byzantinische Kaiser Konstantin der Große (um 280–337) es zur Staatskirche erhob und christliche Symbole auf die Schilde seiner Legionäre malen ließ.

Es hat sicherlich im Lauf der Jahrhunderte Beispiele für die von Jesus gepredigte Güte und Liebe und ihre wohltuende Wirkung auf die Masse der Armen und Hilflosen gegeben. Hinzu kommt die Aussicht, eines Tages in den Himmel zu kommen. Das Wichtigste aber ist, dass Christus am Kreuz sprach: »Vater, vergib ihnen, denn sie wissen nicht, was sie tun.« Diese Worte erklären die Faszination Christi vielleicht am besten, auch wenn sehr wenige von uns seinen Lehren gemäß leben. Hier zeigt sich nämlich, dass er kein Gott der Rache, sondern ein Gott der Vergebung ist. Wir brauchen ihn nicht zu fürchten.

5

BRAHMANISMUS, BUDDHA, LAOTSE, KONFUZIUS, MOHAMMED

(3102 v. Chr.–632 n. Chr.)

In den vergangenen 500 Jahren hat es keine habgierigere Spezies auf der Welt gegeben als die Europäer und ihre Nachfahren auf dem amerikanischen Doppelkontinent. Deshalb stehen zwangsläufig der Westen und die im hellenistisch-jüdischen Kulturkreis wurzelnden Grundsätze menschlichen Zusammenlebens im Mittelpunkt des vorliegenden Textes. Doch auch in Asien und Afrika hat man nach Wegen gesucht, den Konflikt zwischen dem Wunsch des Einzelnen nach Freiheit zur Befriedigung seiner Bedürfnisse und dem Bestreben der Gesellschaft, mithilfe von Regeln diese Freiheit einzuschränken, zu lösen.

Weltweit sind schätzungsweise 1,95 Milliarden Menschen christlichen und 13 Millionen jüdischen Glaubens. Daneben gibt es 700 Millionen Hindus und 300 Millionen Buddhisten. Die Zahl der Muslime stieg von 400 Millionen im Jahr 1960 auf 1,3 Milliarden zum gegenwärtigen Zeitpunkt.[1] Der Islam wächst schneller als jede andere Religion – um etwa drei Prozent pro Jahr –, was hauptsächlich an der hohen Geburtenrate liegt. In 49 Staaten, die große Flächen des Globus bedecken, stellen die Muslime die Mehrheit der Bevölkerung.

Alle diese Glaubensrichtungen haben einen Kanon ethischer Grundsätze. Vergleicht man diese Normen, wird deutlich, dass sich die Verhaltenskodizes in den meisten Gesellschaftsordnungen stark ähneln. Es gibt jedoch auch Unterschiede: Was in einer Gesellschaft akzeptiert wird, gilt in einer anderen vielleicht als höchst unmoralisch. Diese Abweichungen sind immer schon Ursache zahlloser Konflikte gewesen. Dass sich die Geschichte wiederholt, kann nur verhindert werden, wenn jeder Kulturkreis sich mit dem Verhaltenskodex des anderen vertraut macht, die Unterschiede verstehen lernt und letztendlich akzeptiert.

Der Brahmanismus (3102 v. Chr.)

Der Hinduismus ist eine polytheistische Religion, die Tausende, vielleicht Millionen, zum Teil vier- oder mehrarmige Götter und Göttinnen, Phalluskult, erotische Figuren und Bräuche kennt. Der Geistliche Jean Antoine Dubois, der bereits vor 200 Jahren hinduistische Bräuche und Zeremonien beschrieb[2], empört sich, eine dieser Zeremonien sei so »gewagt« gewesen, dass er die Augen habe bedecken müssen – was ihn aber nicht daran gehindert hat, sie in allen Einzelheiten zu beschreiben.

Dieser Abschnitt befasst sich mit dem Kastenwesen, der vom Hinduismus hervorgebrachten Gesellschaftsordnung.[3] Drei Viertel der indischen Bevölkerung leben auf dem Land, wo das in der *Bhagavadgita*, dem heiligen Buch der Hindus, definierte Kastensystem nach wie vor maßgeblich ist. Der Gott Krishna selbst soll der Überlieferung zufolge die *Bhagavadgita*, den »Gesang der Erhabenen«, im Jahr 3102 v. Chr. erzählt haben.[4] Es gibt etwa 3 000 Kasten, die wiederum in 25 000 Unterkasten unterteilt sind. So gehört zum Beispiel ein PKW-Fahrer einer höheren Unterkaste an als ein LKW-Fahrer, der deshalb auch nicht die Tochter des PKW-Fahrers heiraten kann. Die Kasten (*Jatis*, was in den meisten indischen Sprachen so viel wie »Rassen« bedeutet) sind in vier Klassen, die *Varnas* (»Farben«), aufgeteilt. Eine fünfte Gruppe ist so unrein, dass sie keiner Kaste angehört – die Unberührbaren, Ausgestoßene, die heute *Dalit*, »Gebrochene«

oder »Kaputte«, genannt werden. Über die vier *Varnas* heißt es in der *Bhagavadgita*:

> Der Gruppe gemäß, in die er hineingeboren wird und die seine Fähigkeiten bestimmt, fällt jedem Menschen ein anderer Aufgabenbereich zu. Aufgabe der *Brahmanas* (Priester, Denker, Lehrer) ist Friede, Einssein mit sich selbst, Strenge und Reinheit, barmherzige Vergebung und Rechtschaffenheit, seherische Kraft und Weisheit und Glaube. Aufgabe der *Ksatriyas* (Krieger) ist heldenhaftes Gemüt, inneres Feuer, Loyalität, Einfallsreichtum, Tapferkeit im Kampf, Großzügigkeit und edle Führernatur. Handel, Ackerbau und Viehzucht ist Aufgabe der *Vaisyas* (Händler, Bauern). Und Aufgabe der *Sudras* (Arbeiter) ist das Dienen.

Je unreiner die Dinge, mit denen ein Hindu zu tun hat, desto niedriger sein *Varna*. Als besonders unrein gelten zum Beispiel Blut, Menstruationsblut, Speichel, Mist, Leder, Leichen. Wer durch seine Tätigkeit mit diesen Dingen in Berührung kommt, wird selbst unrein und ist ein Unberührbarer, jemand, der keinem *Varna* angehören kann. Er kann nicht einmal in die Klasse der *Sudras* aufsteigen. Andererseits scheuen Männer der höheren Kasten nicht davor zurück, weibliche Unberührbare zu vergewaltigen – ob sie nun unrein sind oder nicht.

Der folgende Auszug stammt aus einem Bericht der Menschenrechtsorganisation Human Rights Watch von 1999 über das indische Kastenwesen:

> Ich bin 26 Jahre alt und Landarbeiterin. Ich bin eine *Dalit*. Mein Tagelohn beträgt 20 Rupien. Im Dezember 1997 fand eine Polizeirazzia in meinem Dorf statt. Der Polizeisuperintendent beschimpfte mich als *Pallachi*, was so viel wie Prostituierte bedeutet. Dann öffnete er seinen Hosenschlitz. Um

11 Uhr kam der Vorgesetzte des Superintendenten. Ich sagte ihm, dass der Superintendent den Hosenschlitz geöffnet und etwas Ordinäres zu mir gesagt habe. Am nächsten Morgen kam die Polizei, sie brach sämtliche Türen auf und verhaftete alle Männer im Dorf. Der Superintendent kam zu uns. Mein Mann versteckte sich unter dem Bett. Die Beamten beschimpften mich als Prostituierte und schlugen auf mich ein. Der Superintendent zerrte mich nackt auf die Straße hinaus. Ich war damals im vierten Monat schwanger. Nackt schleppten sie mich zum Polizeirevier. Ich bat die Beamten dort um Hilfe. Ich sagte ihnen sogar, dass ich schwanger war. Sie verhöhnten mich, weil ich am Tag zuvor unverschämte Dinge über die Polizei gesagt hätte. Sie sperrten mich für 25 Tage ins Gefängnis. Nach zehn Tagen hatte ich eine Fehlgeburt. Die Beamten, die mich verprügelt hatten, wurden nicht bestraft.« (*Guruswamy Guruammal*, Madurai, Tamil Nadu)

Wie aber entstand dieses Klassensystem? Manche Historiker vermuten, dass sich arische Stämme um 1500 v. Chr. von Norden her auf dem indischen Subkontinent ausbreiteten und die dort siedelnde Bevölkerung weiter südwärts drängten. Die Eroberer waren von hellerer Hautfarbe als die dunkelhäutigen Ureinwohner, daher die Unterscheidung nach *Varnas* oder Farben. Je heller die Hautfarbe, desto höher der soziale Rang. Und wie wir bereits gesehen haben, entscheidet die Gruppe, in die der Einzelne hineingeboren wird, über seinen Lebensentwurf. Mit anderen Worten, man wird als Brahmane oder als Unberührbarer geboren und kann seinem Schicksal nicht entrinnen. (Man beachte die Ähnlichkeit dieser Gesellschaftsordnung mit Platons Konzeption, wie wir sie in Kapitel 3 dargestellt haben. Platon verlieh einem überall und jederzeit möglichen System unmenschlicher Diskriminierung einen wissenschaftlichen Anstrich.)

Jahrhundertelang befand sich die Macht in den Händen der beiden obersten Kasten, der Priester und der Krieger – die einen wie die anderen zählen zu den großen Akquisitoren. Das politische Bündnis, das sie eingegangen waren, ist so alt wie die Menschheit. Immer schon haben sich der Knüppel schwingende Alleinherrscher und der zauberkundige Medizinmann zusammengetan. Der mit dem großen Knüppel war für die Jagd und die Verteidigung des Reviers zuständig. Der Hexer kümmerte sich um das Unkontrollierbare, das Unvorhersehbare, das Unerklärliche – mit einem Wort: um Gott. Die beiden, König und Priester würde man heute sagen, lenkten die Geschicke des Stammes, indem sie mit Gewaltanwendung und mit »Gott« drohten. Und beide sicherten sich den größten Anteil an allem. Im Hinduismus war das nicht anders.

In der Verfassung, die sich das unabhängige Indien 1949 gab, wurden die Bezeichnung »Unberührbarer« und die damit verbundenen Benachteiligungen abgeschafft. Geändert hat sich bisher jedoch nicht viel. Ein derartiger sozialer Wandel braucht Zeit.

In Indien leben 160 Millionen *Dalit* in ständiger Unterdrückung. Sie sind nicht die Einzigen. Die anderen Rechtlosen werden jetzt OBC genannt (die Abkürzung steht für *Other Backward Classes* – »andere rückständige Klassen«). Es gibt keine verlässlichen Zahlen, doch muss man von insgesamt mehreren Hundert Millionen Menschen ausgehen, wenn man die OBC zu den *dalit* dazurechnet. John Stackhouse, der mehrfach mit dem kanadischen Gegenstück des Pulitzer-Preises ausgezeichnet wurde, ist ein hervorragender Beobachter der gesellschaftlichen Veränderungen im heutigen Indien. Er schreibt:

> Korruption und Ämtermissbrauch gehören zwar zum Alltag, doch es gibt Kontrollen und Korrektive in Form von Gerichten, unabhängigen Medien, einem ständigen Unionspar-

lament, einer stärker werdenden Regierung, gewählten Provinzparlamenten und einer unabhängigen Wahlkommission. Das Volk bekommt auf diese Weise eine Waffe in die Hand, mit der es sich gegen die Herrschenden zur Wehr setzen kann. Die Zeiten, in denen man das Volk zum Narren halten konnte, sind vorbei. In Indien, wo die Demokratisierung lange als schweres Handicap für den wirtschaftlichen Aufschwung verspottet wurde, ist ein politisches System mit freien Wahlen und freier Meinungsäußerung die Grundvoraussetzung für den sozialen Wandel.[5]

Anders ausgedrückt: Die Stimmen der Unterdrückten haben bereits etliche Politiker zu Fall gebracht, weil ihnen deren Situation gleichgültig war. Anderen Politikern ist das nicht entgangen. Es besteht also Hoffnung.

Buddha (6. oder 5. Jahrhundert v. Chr.)

Die Königin Mahamaya träumte eines Nachts, dass ein wunderschöner silberner Elefant in ihren Schoss eingedrungen sei.[6] Sie fragte die um ihren königlichen Gemahl versammelten 64 Brahmanen nach der Bedeutung ihres Traums. Sie werde einen Sohn bekommen, lautete die Antwort, der entweder die Welt erobern oder Buddha, »der Erleuchtete«, sein werde. Die Königin befand sich auf einer Reise, als sie 280 Tage später mitten auf einem Feld einen Sohn gebar. Eine Steinsäule kennzeichnet die Stelle im heutigen Nepal.

In der Geburtsstunde Buddhas war der Nachthimmel in helles Licht getaucht, Taube konnten wieder hören, Stumme wieder sprechen, Lahme wieder gehen, die Götter neigten sich zu dem Kind hinab und Könige machten ihm ihre Aufwartung.

Der Junge wurde Siddharta genannt. 40 000 Tänzerinnen unterhielten ihn im Palast mit ihren Darbietungen, berichtet die Legende. Als die Zeit gekommen war, sich zu vermählen, konnte er unter 500 adligen *Ksatriya*-Jungfrauen wählen. Er heiratete und bekam einen Sohn. Doch als er die Not der einfachen Menschen sah, verließ er seinen Palast und führte fortan das Leben eines Asketen. Eines Tages begriff er die Zusammenhänge. Der ewige Kreislauf von Leben und Tod machte nur dann einen Sinn, wenn man die Geburt als Wiedergeburt betrachtete und diese Reinkarnation als Buße für die in einem früheren Leben begangenen Sünden. Wer folglich ein tugendhaftes Leben der Selbstlosigkeit führte, brauchte keine Buße zu tun und daher auch nicht wiedergeboren zu werden, um weiteres Leid zu ertragen. Nach Ansicht Buddhas war das Dasein nämlich endlosem Leiden unterworfen.

Er zog ein safrangelbes Gewand an, wanderte von Dorf zu Dorf und predigte abends den Dorfbewohnern. »Wenn ein Mensch mir törichterweise Unrecht zufügt, werde ich es ihm mit großzügiger Liebe vergelten«, sagte er zum Beispiel. Laotse und Jesus drückten es ganz ähnlich aus. Das Leid, nicht das Vergnügen, ist die Konstante im Leben, sagte Buddha auch. Das Leid ist immerwährend, das Vergnügen vergänglich. Deshalb sollte auf *Tamba*, selbstsüchtige Begierde, insbesondere sexuelle Begierde, verzichtet werden, weil sie zur Fortpflanzung führt und damit wiederum Leid für neue Menschen bedeutet. Buddha stellte fünf moralische Grundsätze auf:

Verhindere das Töten von Lebewesen.
Verhindere den Diebstahl.
Verhindere die doppelzüngige Rede.
Verhindere den Genuss berauschender Getränke.
Verhindere die Unkeuschheit.

Buddha empfahl sogar, den Umgang mit Frauen oder die Unterhaltung mit ihnen gänzlich zu vermeiden. Dem Zorn sollten wir mit Freundlichkeit, dem Bösen mit Güte begegnen, sagte er. Sieg erzeuge Hass im Besiegten und Hass könne nur durch Liebe überwunden werden.

Buddha sprach weder von Gott noch vom Unendlichen, nie von Ewigkeit oder Unsterblichkeit. Er stellte keine Vermutungen über den Anfang oder das Ende der Welt an und unterschied nicht zwischen Seele und Körper. Er forderte seine Anhänger auf, überall zu verbreiten, dass »alle, die Armen und Geringen, die Reichen und Mächtigen, eins sind und dass alle Kasten in diesem Glauben verschmelzen sollen wie die Flüsse im Meer«[7]. Buddha lehnte das Kastenwesen ebenso ab wie den Herrschaftsanspruch der Brahmanen, die sich, um ihre Autorität zu stützen, auf den Veda, die angeblich von den Göttern inspirierten heiligen Schriften, beriefen.

Buddhas Botschaft fand in der unmenschlichen hinduistischen Gesellschaft viele Anhänger. Von den Jüngern, die er um sich scharte und die seine Lehren niederschrieben, wissen wir, dass er sie ermunterte, glücklich zu sein, dass er im Einklang mit seinen Grundsätzen lebte und ein fröhlicher Mensch war.

Ungefähr 300 Jahre blieb der Buddhismus nichts weiter als eine kleine Sekte. Das änderte sich unter König Aschoka, der sich zu den Lehren Buddhas bekannte. Er herrschte von 273 bis 232 v. Chr. über ein Reich, welches das Gebiet des heutigen Indien, Pakistan und Afghanistan umfasste. Zu Beginn seiner Herrschaft eroberte er die Region der heutigen indischen Provinz Orissa. Er war ein großer Krieger, dem man sogar nachsagte, er habe seine Brüder ermorden lassen, damit sie ihm den Thron nicht streitig machen könnten. Doch als er die Verwüstungen sah, die seine Soldaten in Orissa angerichtet hatten, beschloss er, der Gewalt abzuschwören. Er bekannte sich zum Buddhismus und verkündete, dass er von nun an gemäß den Lehren

Buddhas regieren werde. Darüber hinaus förderte er die Ausbreitung des buddhistischen Glaubens durch Entsendung von Missionaren in die Nachbarländer, das heutige Sri Lanka und Myanmar (früher Burma).

Nach Aschokas Tod galten Buddhas Lehren jedoch nicht länger als politische Richtlinien. Zahllose Sekten entstanden, deren Mönche mit den gleichen Fehlern behaftet waren wie der etablierte Klerus überall auf der Welt. Seine Anhänger betrachteten Buddha bald als einen Heiligen, ja sogar als einen Gott. Das verstieß gegen alles, wofür er stand. Heute wird er weltweit in gleichem Maße geachtet und verehrt wie Laotse oder Jesus. Alle drei predigten Güte, Vergebung, Liebe und verurteilten Habgier. Obwohl die meisten Menschen der Ansicht sind, dass das Leben viel schöner wäre, wenn man die Empfehlungen der drei befolgte, leben nur wenige im Einklang mit ihren Lehren.

Laotse (ca. 604–517 v. Chr.)

> Belohne die Kränkung mit Freundlichkeit. Ich bin gut zu jenen, die gut sind, und ich bin gut zu jenen, die nicht gut sind; auf diese Weise werden alle gut. Ich bin aufrichtig zu jenen, die aufrichtig sind, und ich bin aufrichtig zu jenen, die nicht aufrichtig sind; auf diese Weise werden alle aufrichtig.

Diese Worte sprach der chinesische Weise Laotse im 6. Jahrhundert v. Chr.

Laotse bedeutet »der alte Meister«. Sein richtiger Name soll Li gewesen sein. Ob Laotse tatsächlich gelebt hat, lässt sich nicht mit Sicherheit sagen. Das Buch, das er angeblich geschrieben hat, heißt *Tao-Te-ching* – »das Buch vom Weg und der Tugend«. Manche Wissenschaftler halten es für authentisch, andere sind der Meinung, es handle sich um eine Sammlung von Sprüchen verschiedener Autoren.

Der Legende nach war Laotse Buchhändler. Seiner Arbeit überdrüssig geworden und erzürnt über windige Politiker, beschloss er, China den Rücken zu kehren. Der Wächter am Grenzpass bat ihn, ein Buch zu schreiben, bevor er das Land verließ, und das tat Laotse. So entstand *Tao-Te-ching*. Mehr wissen wir nicht über ihn. Allerdings rankt sich eine Vielzahl von Legenden um ihn. So soll er mehrere Male auf die Erde zurückgekehrt sein, um einen Herrscher in Tugendhaftigkeit zu unterweisen.

Die chinesische Philosophie vor Laotse konzentrierte sich im Wesentlichen auf Weissagungen, Astrologie und Magie. Dennoch mag es einige Gelehrten gegeben haben, die jene Wege beschritten, die zum *Tao-Te-ching* führten.

Laotse lebte in einer turbulenten Zeit. Zahlreiche große Akquisitoren, Kriegsherren und Fürsten, kämpften um die Macht im Land. Das Volk wurde unterdrückt, die Menschen nicht selten gefoltert, wenn sie aufzubegehren wagten. Es gab praktisch keinen Ausweg aus dem Elend. Wie Jesus Jahrhunderte später predigte auch Laotse Güte und Vergebung und stellte fest, die kleinen Leute hätten den Herrschenden und dem Fortschritt nichts entgegenzusetzen.[8]

Verbote in hoher Zahl tragen im Königreich zu noch größerer Armut bei. Je mehr Mittel den Menschen zur Mehrung ihres Wohlstands zur Verfügung stehen, desto eher wird es Unruhen im Staat und in der Sippe geben; je größer das handwerkliche Geschick des Menschen, desto mehr seltsame Erfindungen wird er machen; je offener die Macht des Gesetzes zutage tritt, desto größer wird die Zahl der Diebe und Räuber werden. In einem kleinen Staat mit wenigen Einwohnern würde ich dafür sorgen, dass jene, die die Fähigkeiten von zehn oder hundert besitzen, keine Möglichkeit haben, ihr Können anzuwenden. Hätten sie auch Boote und Fuhrwerke, so würden sie keine Gelegenheit bekommen, damit zu fahren; hätten sie auch Waffen, so würden sie keine Gelegenheit bekommen, sie zu benutzen. Ihre einfachen Mahlzeiten sollen ihnen schmackhaft, ihre schlichten Kleider prächtig, ihre armseligen Hütten behaglich erscheinen. Sollte das Land einen Nachbarstaat haben, so würde ich dafür sorgen, dass kein Austausch zwischen den beiden Ländern stattfindet.

Mit dem Lernen beginnen die Probleme. Schwierig sind jene zu regieren, die gebildet sind. Wer die Geschicke eines Staates mit Weisheit zu lenken versucht, ist eine Plage für sein Land; wer davon absieht, ein Segen.[9]

Man beachte die Verknüpfung zwischen Gesetzen und einer Zunahme von Diebstählen und anderen Straftaten, zwischen Regierung und großen Akquisitoren. Wie Jesus bevorzugt auch Laotse die Einfachen und Armen, empfiehlt die Nichteinmischung in staatliche Angelegenheiten, Genügsamkeit und Bescheidenheit sowie den liebevollen, nachsichtigen Umgang miteinander.

Laotse wird auch heute noch in China verehrt. Die kleinen Leute sahen lange Zeit einen Heiligen oder einen Gott in ihm. Auf jene, die das Land regierten, hatten seine Lehren jedoch keinen Einfluss. Seiner Ideologie haftete, ähnlich wie später jener des Jesus von Nazareth, etwas Weltfremdes und Liebenswürdiges an. Sie wurde zwar bewundert, aber von den meisten nicht beachtet. Konfuzius nahm eine andere Position ein.

Konfuzius (ca. 551–479 v. Chr.)

Zahlreiche Legenden ranken sich um die Geburt von Konfuzius, dem bedeutendsten chinesischen Philosophen. Als seine junge Mutter mit ihm schwanger war, erschienen ihr Geister und verkündeten, dass die Geburt ihres Sohnes nicht rechtmäßig sei (Konfuzius' Vater war zu der Zeit bereits 72 Jahre alt). Sie brachte den Jungen in einer Höhle zur Welt. Drachen waren zugegen, weibliche Gespenster parfümierten die Luft. Der Säugling hatte den Rücken eines Drachen und das Maul eines Ochsen, dessen Inneres dem Meer glich. Er heiratete mit 19, trennte sich mit 23 von seiner Frau und heiratete nie wieder. Für die Chinesen gilt als gesichert, dass er der ältesten Familie des Landes entstammte und dass er bis etwa zum Jahr 1830 durch seinen einzigen Sohn 10 000 Nachkommen hatte.

Mit 22 Jahren begann er zu lehren. Die Schüler kamen zu ihm und bezahlten, was sie erübrigen konnten. Sie waren es auch, die seine Lehren aufzeichneten. So entstanden die *Gespräche*.

Konfuzius war »frei von Voreingenommenheit, von Absolutheit, die keinen Zweifel zulässt, von Starrsinn und von Egoismus«[10]. Theologische Diskussionen vermied er, deshalb wird er von modernen Autoren gern als Agnostiker angesehen. Er hatte so hohe moralische Maßstäbe, dass nur wenige Machthaber bereit waren, seine Vorstellungen in die Wirklichkeit umzusetzen, und so suchte Konfuzius lange Zeit vergeblich nach einem Herrscher, der ihn in seine Dienste genommen hätte.

Konfuzius selbst war überaus wählerisch, was seine Arbeitgeber betraf. Als ihm vom Lehnsfürsten Wei, einem Kriegsherrn und großen Akquisitor, die Stelle eines obersten Verwaltungsbeamten angeboten wurde, lehnte er ab, weil ihm der Charakter des Herrschers missfiel. Eine tyrannische Regierung sei bösartiger als ein Tiger, lehrte er seine Schüler. Hatte er sich jedoch zur Übernahme eines Amtes bereit erklärt, soll er, der Überlieferung zufolge, unglaubliche Erfolge erzielt haben: Es gab keine Verbrechen und keine Unehrlichkeit, keinen Mangel und keine Not mehr, und die Menschen hatten Vertrauen in ihre Regierung.

Der Unfrieden in der Welt rühre daher, dass die Staaten schlecht regiert würden, lehrte Konfuzius. Gute Regierungen, die Frieden schufen, bedürften der Kontrolle durch gut ausgebildete, weise Beamte. Diese erwarben sich umfassende Kenntnisse durch das »gründliche Prüfen aller Dinge. Als sie umfassende Kenntnisse erworben hatten, wurden ihre Gedanken aufrichtig. Als ihre Gedanken aufrichtig waren, wurden sie redlicher Gesinnung. Als ihre Gesinnung redlich war, wurde ihre Wesensart feiner. Als ihre Wesensart feiner war, kehrte Ordnung in ihren Familien ein. Als in ihren Familien Ordnung eingekehrt war, wurden ihre Staaten weise regiert. Als ihre Staaten weise regiert wurden, herrschte im ganzen Reich Friede und Wohlbehagen.«[11]

Was wir hier haben, ist kein Philosophenkönig nach Platons Modell, sondern ein Philosophenbürokrat, der seinem Herrscher rät: »Seid gegenüber dem Volk ernst und würdevoll, dann wird es auch Achtung und Ehrerbietung zeigen. Wenn Ihr selbst dafür ein Beispiel gebt, dann wird Euch das Volk ergeben sein. Fördert jene, die es wert sind, und unterweist die, die nichts können. Dann werden sich die Menschen gegenseitig zum Guten ermahnen.«[12] Darüber hinaus empfahl er, die Prachtentfaltung bei Hofe einzuschränken und Wohlstand unter möglichst vielen zu verteilen, weil die Konzentration von Reichtum in den Händen weniger Zwietracht unter den Menschen säe, während seine Verteilung Einigkeit schaffe.

Wenn das Volk das Vertrauen in seinen Herrscher verliere, sagte Konfuzius einmal, würde ihm das »Mandat des Himmels« entzogen und er würde gestürzt werden.

Viele seiner Weisheiten haben noch heute Gültigkeit: »Wer nicht Worte richtig zu verstehen weiß, kann die Menschen nicht erkennen.«[13] Der Edle achtet »im Handeln auf Gewissenhaftigkeit. Wenn ihm Zweifel kommen, fragt er andere. Ist er im Zorn, bedenkt er die Folgen. Angesichts eines persön-

lichen Vorteils fragt er sich, ob er auch ein Anrecht darauf hat.«[14]
»Was du selbst nicht wünschst, das tue auch anderen nicht an.«[15]

Auf die Frage, ob man mit Güte vergelten soll, wenn einem Unrecht geschehen ist, antwortete Konfuzius allerdings: »Womit willst du dann Güte vergelten? Unrecht ist mit Gerechtigkeit, Güte mit Güte zu vergelten.«[16]

Weisheit definierte er folgendermaßen: »Zu den Pflichten stehen, die man gegenüber dem Volke hat, die Geister verehren, aber nicht darin aufgehen.«[17]

Konfuzius hatte enormen Einfluss. Seine Doktrin war von Beginn der Han-Dynastie 202 v. Chr. bis zum Ende der Manchu-Dynastie 1912 die offizielle Doktrin Chinas. Seine Philosophie propagierte Frieden. Doch den Bürokraten, die seine Lehren auswendig zu lernen und strikt zu befolgen hatten, fehlte seine Genialität. Folglich entwickelte sich ein System, das zu starr war und die Freiheit des Einzelnen, Eigeninitiative und Flexibilität so weit einschränkte, dass Chinas Wirtschaft international nicht mehr wettbewerbsfähig war. Das System entwickelte sich nicht nur zu einem fortschrittsfeindlichen, es hielt zudem die Frauen in einer rechtlosen Stellung. Konfuzius wird zwar auch heute noch verehrt, aber im modernen China, in dem die freie Marktwirtschaft zunehmend an Bedeutung gewinnt, ist kein Platz mehr für ihn.

Mohammed (ca. 570–632 n. Chr)

600 Jahre nach der Kreuzigung Christi durchquerte ein umherziehender Kaufmann namens Mohammed mit einer Karawane die Wüste des Nahen Ostens. Angeblich soll er bis nach Syrien und Palästina, Luftlinie rund 1 000 Meilen von seinem Geburtsort Mekka entfernt, gekommen sein. Er stammte aus einer

angesehenen Familie, hatte seine Eltern früh verloren und nichts weiter als fünf Kamele und eine Sklavin geerbt, die sich um das Kind gekümmert hatte.

Mit 25 Jahren heiratete er Chadidja, eine reiche 40-jährige Witwe. Der Überlieferung zufolge lebte er bis zu ihrem Tod 26 Jahre später in monogamer Ehe mit ihr. Danach hatte er zehn Ehefrauen, von denen jede in ihrem eigenen Haus unmittelbar neben seinem wohnte. (Anderen schrieb er vier Frauen vor, doch er fand, er habe eine Ausnahme verdient – zumal er Frauen liebte.)

Sein Adoptivsohn Ali berichtet, Mohammed sei ein sehr gut aussehender Mann gewesen mit hellem, rosarotem Teint, schwarzen Augen, glänzendem schwarzen Haar und einem Bart, der bis auf die Brust reichte. Er verkehrte mit Juden und Christen und diskutierte mit ihnen über den Glauben.

Als er 40 Jahre alt war, zog er sich eines Nachts zum Schlafen in eine Höhle in den Bergen zurück und hüllte sich in eine mit einem Schriftzug verzierte Decke. Da erschien ihm der Erzengel Gabriel und befahl ihm zu lesen, was auf der Decke geschrieben stand. »Ich kann nicht lesen«, antwortete Mohammed. »Lies«, befahl der Engel. Und Mohammed las: »Mohammed, du bist der Bote Allahs.« (Erinnern wir uns: Der Erzengel Gabriel spielt auch in der christlichen Tradition als Verkündiger der Empfängnis Jesu an Maria eine wichtige Rolle.) Mohammed hatte noch weitere Visionen. So offenbarte sich ihm Allah, dessen Botschaft Grundlage des Korans (arabisch *Qur'an*), des heiligen Buchs des Islam, wurde. Allah bedeutet »Gott«, Islam »Ergebung in Gottes Willen«. Ein Muslim ist ein »Sich-an-Gott-Hingebender«.

Mohammed verkündete, was Allah ihm geoffenbart hatte. Die Ähnlichkeit seiner Lehre mit dem jüdischen Glauben war unverkennbar. Nachdem er sich jahrelang vergeblich bemüht hatte, die Einwohner Mekkas zu bekehren, musste er 622 die

Stadt verlassen. Die herrschende Schicht, die an den von ihr organisierten heidnischen Festen gut verdiente, fürchtete nämlich um ihre Einnahmequelle, wenn Mohammeds Worte auf fruchtbaren Boden fielen. Mohammed suchte Zuflucht in Medina. 630 kehrte er mit 10 000 Anhängern nach Mekka zurück und nahm die Stadt nach längeren Kämpfen ein. Da er selbst weder lesen noch schreiben konnte, diktierte er seinen Schülern die göttlichen Offenbarungen. So entstand der Koran. Er starb, als das Werk vollendet war.

Der Islam wird, wie viele andere Religionen, gern missverstanden, und zwar von Gläubigen und Nichtgläubigen gleichermaßen. Je mehr Anhänger eine Glaubensrichtung findet, desto zahlreicher werden die Auslegungen ihrer Schriften, die oft erheblich vom ursprünglichen Sinn abweichen. Was Mohammed als göttliche Offenbarungen ausgab, war für die damalige Zeit recht tolerant und moderat, wie die Verse der folgenden Koransure (2, 178) zeigen:

»Wahrhaft gerecht ist der, welcher an Allah glaubt (…) und an das Buch [den Koran] (…) und aus Liebe zu Ihm Geld ausgibt für die Angehörigen und die Waisen und Bedürftigen und für den Wanderer und die, die um eine milde Gabe bitten, und für [Loskauf] der Gefangenen, und der das Gebet verrichtet und die Zakat* zahlt; sowie jene, die ihr Versprechen halten (…) und die in Armut und Krankheit und in Kriegszeit Standhaften; sie sind es, die sich als redlich bewährt haben, und sie sind die Gottesfürchtigen.«[18]

Wer sich an diese Gebote hält, wird in den Himmel kommen, die anderen werden in der Hölle schmoren. Doch Gott ist barmherzig (fast jede Sure beginnt mit den Worten: »Im Namen Allahs, des Erbarmers, des Barmherzigen«). Allah weiß alles,

---

* Eine Steuer: Zweieinhalb Prozent des Einkommens sollte den Armen gespendet werden.

sagt der Koran (76, 31). Er kennt die Vergangenheit und die Zukunft; er weiß, wer ins Paradies und wer in die Hölle kommen wird (35, 8; 76, 32). Ein muslimischer Krieger hat es nicht in der Hand, ob und wann er sterben wird: Gott allein kennt die Stunde seines Todes. Opfert sich ein gläubiger Muslim für seinen Glauben in einem Dschihad, einem heiligen Krieg, kommt er in den Himmel, gleichgültig, welche Sünden er begangen haben mag (4, 75). Im Paradies wird er für alle Ewigkeit jung und voller Manneskraft sein. Siebzig immerjunge, wunderschöne, lüsterne Jungfrauen werden dort auf ihn warten, dazu erlesene Speisen und prächtige Kleider, Bäume voller Früchte, Flüsse von Milch, Honig und Wein, den er trinken kann, ohne dass es ihm übel davon wird (47, 16; 76, 14ff.; 55, 56ff.).

> Jene unter den Besiegten, die bereit sind, zum rechten Glauben überzutreten, müssen verschont werden. Sie sollen fortan alle Vorrechte eines gläubigen Muslims genießen, ungeachtet ihrer Rasse. Die Götzenanbeter sollst du erschlagen, wo immer du sie antriffst; nimm sie gefangen, belagere sie, lauere ihnen auf; nicht so, wenn sie bereuen und beten und die Armensteuer zahlen ...

Wer also zum Islam übertritt, dem wird nichts geschehen (9, 5; siehe auch 2, 191, 193 und 194). Das gilt für alle Menschen, weil »das Menschengeschlecht eine Gemeinde ist« (2, 214).

Christen und Juden brauchen sich nicht zum Islam zu bekehren, weil der Koran Abraham, Moses und Jesus als Propheten anerkennt. Aber sie müssen eine Abgabe entrichten. »Jene, die geglaubt haben, und die Juden und die Sabäer und die Christen – wer da an Allah glaubt und an den Jüngsten Tag und gute Werke tut –, keine Furcht soll über sie kommen, noch sollen sie trauern.« (5, 70)

Der Islam ist eine Religion, die das Männliche stark betont – eine Machoreligion, würde man umgangssprachlich sagen. Von einem Mann wird nicht erwartet, dass er die andere Wange hinhält, wenn er geschlagen wird: »Wenn sie euch angreifen, dann kämpft wider sie.« (2, 192) Gott vergibt, ein Mann braucht nicht zu vergeben: »Allah ist allverzeihend, barmherzig.« (4, 17) »Allahs Vergebung ist nur für jene, die unwissentlich Böses tun und bald darauf Reue zeigen« (4, 18), aber »nicht für jene, die so lange Böses tun, bis zuletzt, wenn der Tod einem von ihnen naht (...), noch für die, die als Ungläubige sterben« (4, 19).

Mohammeds Nachfolger trugen den Titel Kalif (was nichts anderes als die arabische Bezeichnung für »Nachfolger« ist). Der erste Kalif wurde Abu Bekr; es folgte Omar I. Beide hatten Mohammed noch gekannt, und beide waren der Auffassung, ein frugales Leben sei im Sinne des Propheten. [19]

Mohammed hatte jedoch nichts gegen das Geldverdienen einzuwenden: »Es ist keine Sünde für euch, dass ihr die Gnadenfülle eures Herrn sucht.« (2, 199) Allerdings, so schränkt der Koran ein, bestrafe Gott jene Kaufleute, die lügen und betrügen, deshalb: »Gebet volles Maß, wenn ihr messet, und wäget mit richtiger Waage.« (17, 36) Und wer ein Erbe zu hinterlassen hat, soll einen Teil den Armen vermachen (4, 9).

Auch Frauen dürfen erben. Sind aber männliche Erben vorhanden, erbt die Frau nur die Hälfte dessen, was der Mann bekommt. Männer stehen eine Stufe über den Frauen, stellt der Koran eindeutig fest (2, 229). »Die Männer sind die Verantwortlichen über die Frauen, weil Allah die einen vor den andern ausgezeichnet hat.« (4, 35) »Eure Frauen sind euch ein Acker; so naht eurem Acker, wann und wie ihr wollt.« (2, 224) Ein Mann kann sich scheiden lassen, eine Frau nicht. Lässt er sich jedoch von einer Frau scheiden, der nichts vorzuwerfen ist, hat das Konsequenzen. So muss er unter Umständen die von ihr mitgebrachte Mitgift zurückgeben. Wenn der Mann finanziell dazu in der Lage ist, kann er die Frau auch nach der Scheidung bei sich im Haus behalten, obwohl er sie durch eine andere ersetzt hat. Daher ist es nicht ausgeschlossen, dass neben vier rechtmäßigen Ehefrauen auch frühere Frauen im selben Haushalt leben (2, 227–237).

»Tugendhafte Frauen sind die Gehorsamen (...). Und jene, von denen ihr Widerspenstigkeit befürchtet, ermahnt sie, lasst sie allein in den Betten und straft sie.« (4, 35) Eine Frau, die sich der Unzucht schuldig macht (einige arabische Übersetzer des Korans sprechen nicht von Unzucht, sondern deutlicher von Hurerei), was von vier – männlichen – Zeugen bezeugt werden muss, soll bis zu ihrem Tod im Haus eingesperrt werden (4, 16).

Obwohl dem Mann eine Vormachtstellung eingeräumt wird, genießen Frauen einen gewissen Schutz. So werden sie rechtlich den Männern gleichgestellt. Sie dürfen jeden legalen Beruf ausüben, ihren Lohn behalten und können frei über ihr Eigentum verfügen (4, 5 und 33). Eine Frau kann nicht gegen ihren Willen verstoßen werden. Der Koran schreibt für Frauen keinen Schleier, sondern lediglich sittsame Kleidung vor.

Wie andere Glaubensrichtungen hat auch der Islam zahlreiche Facetten und Splittergruppen. In manchen Gegenden wird die islamische Religion relativ lasch ausgeübt. In anderen Ländern wiederum zeichnet sich der Islam durch einen Fanatismus aus, der vielen Europäern und Amerikanern Angst macht, weil wir die Zeit der christlichen Märtyrer schon lange hinter uns gelassen haben. Während der Westen zwar Krieg führt, eigene Opfer dabei jedoch möglichst zu vermeiden trachtet, bindet sich der Muslim Dynamit an den Körper und geht für seinen Glauben in den Tod. Für uns ist das erschreckend und unerklärlich, für sein Volk ist er ein heldenhafter Märtyrer.

Muslime sind bis heute der Ansicht, sie würden vom Westen ausgebeutet und unterdrückt, ihre Religion verunglimpft. Man kann diese Gefühle nicht einfach ignorieren. Von allen Konflikten, die die Welt in naher Zukunft zu lösen haben wird, dürfte dies der ernstzunehmendste sein.

II

DIE GROSSEN AKQUISITOREN

6

DER NIEDERGANG DES RÖMISCHEN REICHS

(1. Jahrhundert n. Chr.)

Agrippina (15–59 n. Chr.)

Unsere heutigen europäischen Sprachen gehören der indogermanischen Sprachfamilie an. Dazu rechnet man auch die Gruppe der arischen Sprachen, zu denen wiederum die keltischen Sprachen zählen, die italischen (aus denen wiederum die romanischen wie etwa das Französische hervorgegangen sind), die germanischen (zum Beispiel Deutsch, Englisch, Schwedisch) und die slawischen (wie etwa das Russische). In erbitterten Kämpfen wehrten die Völker, die das Sprechen dieser Sprachen vereinte, Invasoren ab, die den semitischen und altaischen Sprachen angehörten. Die semitische Sprachfamilie umfasst das Hebräische und die Mundarten jener Araber, die Europa zu erobern versuchten. Zu den altaischen Sprachen gehören die verschiedenen Formen des Türkischen und des Mongolischen – und sowohl die Türken als auch die Mongolen unternahmen Vorstöße in Richtung Europa. Auf einen einfachen Nenner gebracht, kann man sagen: Im Kampf um Europa traten die Vertreter der indogermanischen Sprachen gegen jene der semitischen und der altaischen an.* Das sollte man bei der Lektüre dieses Kapitels im Hinterkopf behalten.

---

* Wie wir in den folgenden Kapiteln sehen werden, fielen umgekehrt die Europäer in den vergangenen 500 Jahren immer wieder in die Gebiete anderer Völker ein.

Aber nicht nur in Europa, auch anderswo wurde um Land gekämpft. Volksgruppen, Stämme, Nationen entdeckten jenseits eines Flusses oder Gebirges grünere Weiden und machten sich unter der Führung eines großen Akquisitors daran, diese zu erobern. Die Ägypter, die am Nil, und die Sumerer, die auf dem Gebiet des heutigen Irak siedelten, tauchten etwa 3000 v. Chr. auf der Bühne der Weltgeschichte auf; die Phönizier aus dem heutigen Libanon um 2750 v. Chr.; die Babylonier, ebenfalls aus dem heutigen Irak, die Chinesen und das minoische Seefahrervolk von Kreta um 2200 v. Chr. Indogermanische Völker drangen um 1500 v. Chr. von Norden her nach Indien und nach Griechenland vor; etwa 100 Jahre später ließen sich die Assyrer im Gebiet des heutigen Irak nieder; nicht lange danach tauchten die Kelten in Europa auf und die Juden in Palästina; erste Spuren der Germanen fanden sich um 1000 v. Chr. und der Perser im Iran um 800 v. Chr. Alle diese Völker eigneten sich ihr neues Siedlungsgebiet mit Gewalt an und vertrieben jene, die vorher dort heimisch gewesen waren. Und jede neue Welle von Invasoren wurde von der vorangegangenen als »Barbaren« beschimpft.

Angeführt von Alexander dem Großen besiegten die indogermanischen Griechen fast alle der oben genannten Völker. Als 18-Jähriger begann Alexander 338 v. Chr. seine Serie von Eroberungen; er starb im Alter von 33 Jahren. Seine Feldherren, Diadochen genannt (was nichts anderes als »Nachfolger« bedeutet), teilten sein Reich nach seinem Tod untereinander auf. Amtssprache dieser so genannten hellenistischen Staaten war das Griechische, das damit in jenem Teil der Welt das war, was Englisch heutzutage weltweit ist: Verkehrssprache und somit die unerlässliche Zweitsprache.[1] Etwa zwei Jahrhunderte später wurden diese hellenistischen Reiche zu römischen Provinzen. Die Sprache der herrschenden Römer war westlich der Adria das den arischen Sprachen zugehörige Lateinische, östlich davon das Griechische. Römer der höheren Verwaltungsebenen hatten oft Griechisch, das der griechischen Philosophie wegen sehr angesehen war, studiert. Und wer es sich leisten konnte, ging dafür nach Athen.[2]

Das Römische Reich umschloss viele verschiedene Nationen mit unterschiedlichen Kulturen, Sprachen, Religionen, Sitten und durch wiederholte Niederlagen und Eroberungen historisch begründeten Ressentiments. Ein solches Staatengebilde war denkbar schwer zu lenken. Alle Staatsgewalt lag in der Hand der Regierung in Rom. Die römischen Statthalter in den Provinzen waren korrupte Autokraten, die sich auf Kosten ihrer Untertanen bereicherten. Korruption und Unterdrückung führten schließlich dazu, dass »Barbaren«, nämlich germanische Stämme, jene Teile des Reichs eroberten, in denen arische Sprachen gesprochen wurden.

Die Zeit, in der Jesus lebte, liefert anschauliche Beispiele für korrupte, unbarmherzige große Akquisitoren, deren Ausschweifungen und Exzesse letztendlich den Untergang des Römischen Reichs herbeiführten. Zu ihnen gehörte auch Agrippina (15–59 n. Chr.). An die Macht gelangte sie durch die Heirat mit dem römischen Kaiser Claudius 49 n. Chr. Sie wird als raffinierte, hinreißende, habgierige Frau beschrieben, die nicht einmal vor Mord zurückschreckte, zahlreiche Beziehungen zu Männern hatte und auch vor Inzest nicht Halt machte. Sie lenkte die Geschicke des Staates nur für wenige Jahre, dafür aber sehr erfolgreich. Man kann sie als Paradebeispiel eines großen Akquisitors bezeichnen, als Inbegriff all dessen, wovor es dem ängstlichen, antifeministischen Mann graut.

Agrippina war die Tochter des berühmten und von seinen Soldaten verehrten Feldherrn Germanicus und Agrippina der Älteren. Was wir über die Zeit Agrippinas der Jüngeren wissen, haben wir vor allem Tacitus zu verdanken, der als bedeutendster römischer Geschichtsschreiber gilt. Er wurde um 55 n. Chr.

geboren und starb im Alter von etwa 63 Jahren. In seinen mehrbändigen *Annalen*, die uns als Grundlage für die in diesem Kapitel geschilderten historischen Ereignisse dienen, schreibt er, viele seiner Erkenntnisse stammten aus den Aufzeichnungen Agrippinas der Jüngeren (»*Id ego repperi in commentariis Aggrippinae filiae*« – ich entdeckte dies in den Aufzeichnungen der jüngeren Agrippina). Etwa um die gleiche Zeit wie Tacitus lebte Sueton, dessen Werk, insbesondere seine Biografie des römischen Kaisers Caligula, uns ebenfalls als Quelle dient.

Agrippina wuchs unter der Schreckensherrschaft des Kaisers Tiberius auf, der wahrscheinlich für den Hungertod ihrer Mutter verantwortlich war. Tiberius war unberechenbar – niemand wusste, wen er sich als Nächstes vornehmen würde. Er war ein bedeutender Feldherr, Verwalter und Politiker. In den letzten zehn Jahren seiner Herrschaft erwies er sich jedoch als blutrünstiger, grausamer Despot. In Rom habe das Morden kein Ende genommen, berichtet Tacitus. Weder die Zeit noch Gebete noch Überdruss hätten Tiberius zu besänftigen oder ihn von seinen Rachefeldzügen, auf denen er tatsächliche oder eingebildete Verbrechen rächte, abzubringen vermocht.

Tiberius starb 37 n. Chr. – manchen Quellen zufolge keines natürlichen Todes: Macro, ein Prätorianerpräfekt, soll ihn erstickt haben, um Agrippinas 24-jährigem Bruder Gaius Iulius Caesar Germanicus an die Macht zu verhelfen. Gaius hatte den Spitznamen Caligula, »Soldatenstiefelchen«, bekommen, als sein Vater den Sohn in Kinderuniform seinen Truppen präsentiert hatte.

Caligula ließ seine Schwestern Agrippina, Livilla und Drusilla an seinem Ruhm teilhaben. Agrippina, die Älteste, war zu der Zeit 22 Jahre alt. Caligula demonstrierte in aller Öffentlichkeit, wie intim seine Beziehungen zu ihnen waren: Bei einem Bankett soll er mit jeder von ihnen Geschlechtsverkehr gehabt haben. Sein Liebling war Drusilla, die Jüngste. Er soll sie vergewaltigt haben, als sie noch ein kleines Mädchen war. Als sie im Jahr 38 an einer nicht näher bezeichneten Krankheit starb, ließ er sie göttlich verehren und ordnete eine mehrmonatige Staatstrauer an, während deren es bei Todesstrafe verboten war zu lachen, sich zu einem gemeinsamen Mahl im Kreis von Familie oder Freunden zu treffen oder sich zu waschen. Im selben Jahr vermählte er sich mit Caesonia, die 15 bis 20 Jahre älter war als er. Sie hatten eine Tochter, die sie Drusilla nannten. Seine beiden Schwestern verbannte er in einem Anfall von Wut auf kleine Inseln. Er besitze nicht nur Inseln, sondern auch Schwerter, drohte er ihnen.

Agrippinas kleinen Sohn Nero behielt Caligula bei sich am Hof. Agrippina war im Alter von zwölf Jahren von Kaiser Tiberius mit dem gewalttätigen, gefährlichen, reichen Gnaeus Domitius Ahenobarbus verheiratet worden. Zehn Jahre blieb die Ehe kinderlos, aber auf den Tag genau neun Monate, nachdem Caligula zum Kaiser gekrönt worden war, gebar Agrippina einen Jungen – Nero, derselbe Nero, der Rom in Brand stecken ließ und Leier spielte, während die Stadt niederbrannte. Ahenobarbus, der offensichtlich den Verdacht hegte, Caligula könne der Kindsvater sein, sagte, ein Kind dieser beiden würde eine Gefahr für die Welt werden.

Caligula hat glücklicherweise nur vier Jahre regiert. Sueton hat seine Verbrechen aufgelistet. Hier einige Beispiele:

> Caligula tötete Tiberius Gemellus, einen Enkel des Kaisers Tiberius. Männliche Prostituierte ließ er, obwohl selbst bisexuell, zu Tode foltern. Er hielt sich selbst für einen Gott: Er befahl Bildhauern, die Köpfe verschiedener Götterstandbilder zu entfernen und durch eine Nachbildung seines Kopfes zu ersetzen. Er ermordete seinen Vetter Ptolemäus sowie Macro und dessen Frau, obwohl der Prätorianer ihn auf den Thron gebracht hatte. Da ihm Vieh als Futter für die wilden

Tiere, die er für die Gladiatorenkämpfe hielt, zu teuer war, warf er den Tieren stattdessen Gefangene zum Fraß vor. Viele hochrangige Männer, an deren Loyalität er zweifelte, ließ er mit Brenneisen foltern und dann von Löwen zerreißen; oder er steckte sie wie Tiere in niedrige Käfige und ließ sie darin schlachten. Das Verbrechen manch eines Opfers bestand nur darin, dass es eine seiner Vorstellungen kritisiert hatte – er bildete sich nämlich ein, ein guter Unterhalter zu sein. Und die Eltern des Verurteilten wurden gezwungen, die Hinrichtung mit anzusehen. Als einmal einer jener, die den Löwen vorgeworfen werden sollten, lauthals seine Unschuld beteuerte, zerrte Caligula ihn hinaus, schnitt ihm die Zunge heraus und stieß ihn zurück in die Arena. Und Männern mit schönem, dichtem Haar ließ er den Hinterkopf scheren – er selbst war nämlich kahlköpfig.[3]

Seine Verschwendungssucht war so groß, dass die gut gefüllten Kassen, die Tiberius ihm hinterlassen hatte, bald leer waren. Caligula begann zahlreiche Steuern zu erheben und sie von seinen Soldaten eintreiben zu lassen. Testamente, in denen er oder sein Vorgänger nicht bedacht worden waren, wurden für ungültig erklärt und das Erbe beschlagnahmt. Dies betraf vor allem die von ihm zu Befehlshabern Ernannten – er empfand sie als undankbar, wenn sie ihn von der Erbschaft ausgeschlossen hatten.

Ein Tyrann, der die Offiziere seiner Leibwache bestiehlt, handelt äußerst unklug. Am 24. Januar 41 war Caligula 29 Jahre alt und regierte seit drei Jahren, zehn Monaten und acht Tagen. Cassius Chaerea, ein Militärtribun der Prätorianergarde, schlug Caligula von hinten nieder und schlitzte ihm die Kehle auf. Ein zweiter Tribun namens Cornelius Sabinus stieß dem Kaiser einen Dolch in die Brust. Ein dritter zerschmetterte ihm mit dem Schwert den Kieferknochen. Caligula lebte noch immer. Dreißig Mal hieben die Verschwörer mit ihren Schwertern auf den am Boden sich Windenden ein. Danach töteten sie seine Frau und seine kleine Tochter.

Hinter einem Vorhang, wo er sich versteckt hatte, entdeckte die Prätorianergarde Caligulas Onkel Claudius. Sie nahmen ihn mit in ihr Lager, wo er jedem der 4 500 Prätorianer die beträchtliche Summe von 15 000 Sesterzen ausbezahlte. Daraufhin riefen sie ihn zum Kaiser aus. Der römische Senat verfügte über keine eigenen Streitkräfte, die er gegen die Prätorianer – größtenteils »barbarische« Söldner – hätte einsetzen können. Zum ersten Mal in der Geschichte hatte sich jemand den Thron erkauft. Dieses Ereignis leitete in gewisser Weise eine Wende ein: Die »Barbaren« sollten die wahre Macht *hinter* und letztendlich auch *auf* dem Thron werden.

Als Caligula starb, war Agrippina 26 Jahre alt und hatte alle nur denkbaren Gräuel gesehen. Niemand wusste besser als sie, wie gefährlich das Leben in der unmittelbaren Umgebung eines Herrschers war. Oder, wie Tacitus es im vierten Buch seiner *Annalen* ausdrückt: »*Arduum sit eodem loci potentiam et concordiam esse*« – Macht und Eintracht können nur schwerlich nebeneinander bestehen. Agrippina schien zu dem Schluss gekommen zu sein, dass es unter diesen Umständen besser war, selbst zu herrschen und am Leben zu bleiben.

Nach seiner Thronbesteigung wurde Claudius mit seiner 21-jährigen Cousine Messalina vermählt. Das Paar hatte zwei Kinder, Britannicus und Octavia. Messalina war bemerkenswert selbstsüchtig und ließ sich ihr Vergnügen von niemandem verderben. Sie hatte zahllose Liebhaber und duldete keinerlei Rivalinnen. Es dauerte nicht lange, bis sie Claudius um den Finger gewickelt hatte. Eines Tages aber ging sie zu weit. Als sie sich in den gut aussehenden Gaius Silius verliebte, plante sie die Ermordung ihres Gemahls. Ihr Sohn Britannicus sollte ihm auf den Thron folgen. Heimlich vermählte sie sich mit Silius, aber

Claudius erfuhr davon und ließ ihn ermorden. Auf den Rat ihrer Mutter hin versuchte Messalina ihrer Hinrichtung zuvorzukommen, indem sie sich selbst die Kehle durchschnitt. Es gelang ihr nicht ganz: Der von Claudius geschickte Henker tötete sie mit einem Schwerthieb.

Nun sah Agrippina ihre Chance gekommen. Claudius musste sich eine neue Frau suchen – zu einem Kaiser gehört schließlich eine Kaiserin. Die infrage kommenden vornehmen Damen präsentierten sich von ihrer besten Seite. Zwei kamen in die engere Wahl: Lollia Paulina und Agrippina. Der schwerreiche Pallas, Agrippinas griechischer Liebhaber und Schatzmeister des Reichs, hatte großen Einfluss auf den Herrscher. Er sorgte dafür, dass seine Geliebte Claudius' Lager teilen konnte. Claudius war von ihren Liebeskünsten so angetan, dass er gelobte, sie zu heiraten. Da er aber der Bruder ihres Vaters war und sie somit Inzest begehen würden, war ihnen eine Eheschließung nach römischem Gesetz verboten.

Die Sache kam vor den Senat. Stimmen wurden gekauft, dem einen oder andern die Daumenschrauben angesetzt. Als Claudius vor den ehrenwerten Rat trat und darum bat, ein Gesetz, das die Ehe zwischen Onkel und Nichte erlaubte, zu verabschieden, wurde seiner Bitte entsprochen. Drei Monate nach Messalinas Tod fand seine Hochzeit mit Agrippina statt. Von da an, so Tacitus, habe eine Frau die Geschicke des Staates gelenkt – nicht nach Art der lüsternen Messalina, die das Römische Reich als ihr Spielzeug betrachtet habe, sondern nach Art eines herrschsüchtigen Tyrannen. In der Öffentlichkeit habe sich Agrippina streng und oft arrogant gezeigt. Unkeusches Verhalten habe sie am Hof nicht an den Tag gelegt, es sei denn, es diente dazu, ihre Macht zu vergrößern. Gold habe sie über alles geliebt, weil es ihrer Ansicht nach das Kaisertum stärkte.

Der verliebte Claudius erfüllte ihr jeden Wunsch und überhäufte sie mit Ehren, wie sie noch keiner kaiserlichen Gemahlin zuteil geworden waren. Er verlieh ihr den Titel Augusta (wörtlich: die Erhabene); ihr Bildnis zierte die kaiserlichen Münzen. In der Öffentlichkeit zeigte sie sich in einem reich verzierten Wagen, in kostbaren bestickten Gewändern, einem goldenen Umhang und über und über mit Schmuck behängt. Ihre Geburtsstadt wurde in Colonia Agrippinensis umbenannt – das heutige Köln. Agrippina nahm aktiv an den Regierungsgeschäften teil. So empfing sie zum Beispiel Gesandte, wobei sie wie Claudius auf einem Podest thronte.

Agrippina erkannte, dass ihre Stellung von Claudius abhing, und Claudius wurde älter. Wenn sie ihre Machtposition über seinen Tod hinaus halten wollte, musste sie seinen Nachfolger bestimmen. Zur Familie zählten nicht nur die Kinder des Kaisers aus erster Ehe, der mittlerweile fast neunjährige Britannicus und die zehnjährige Octavia, sondern auch Agrippinas zwölfjähriger Sohn Nero. Für Agrippina galt es dafür zu sorgen, dass nicht Britannicus, sondern Nero Claudius auf den Thron folgen würde.

Sie brachte Claudius dazu, Entscheidungen zu widerrufen, zum Beispiel auch die Verbannung des angesehenen Schriftstellers und Philosophen Seneca. Seneca kehrte nach Rom zurück und wurde Erzieher Neros. Agrippina rechnete damit, dass er sich ihr verpflichtet fühlen und ihr deshalb helfen würde, Nero zum Kaiser zu machen.

Im Jahr 50 überredete Pallas den Kaiser, Nero zu adoptieren. Auf Agrippinas Bitte ernannte Claudius ihn dann zum *Princeps Iuventutis* (wörtlich: Führer der Jugend), zum Thronfolger.

Die Kaiserin war entschlossen, möglichst viel Macht in ihren Händen zu konzentrieren. Mithilfe von Spionen und ihres Liebhabers Pallas intrigierte sie gegen mögliche Rivalen und die Berater des Kaisers, bis dieser zuletzt vollständig von ihr abhängig war. Sie sorgte dafür, dass Claudius die Prätorianerpräfekten

Lusius Geta und Rufrius Crispinus ablösen ließ, weil sie sich keine Hilfe von ihnen erwartete. Ersetzt wurden sie durch Afranius Burrus, der Agrippina von da an treu ergeben war.

Die Macht über den Kaiser war ihr nicht genug – sie musste sich auch die Macht über ihren Sohn sichern. Als die schöne, reiche, verführerische Domitia Lepida, ein Mitglied der kaiserlichen Familie, Interesse an Nero zeigte, ließ Agrippina sie ermorden. Im Jahr 53 wurde Nero mit seiner Stiefschwester Octavia vermählt. Er war 16, sie 14. Agrippinas Rechnung schien aufzugehen.

Doch eines Tages wurde ihr zugetragen, Claudius habe in betrunkenem Zustand gesagt, es sei sein Schicksal, die Niedertracht seiner Gemahlinnen erdulden zu müssen und sie dann dafür zu bestrafen. Dem Kaiser waren Einzelheiten über Agrippinas heiße Liebesaffäre mit Pallas zu Ohren gekommen. Würde er beide hinrichten lassen? Würde er jetzt Britannicus zu seinem Nachfolger bestimmen? Es gab eine Clique, die genau darauf hinarbeitete.

Agrippina fackelte nicht lange. Sie beauftragte Locusta, eine bekannte Giftmischerin, ein tödliches Pulver zusammenzustellen. Tacitus berichtet, manche hätten behauptet, das Pulver sei dem Kaiser, auf einen delikaten Pilz gestreut, verabreicht worden. Claudius wurde übel, und er versuchte sich zu erbrechen. Xenophon, sein Leibarzt, war von Agrippina bestochen worden. Er tauchte die Spitze einer Feder in ein noch schneller wirkendes Gift, bevor er, angeblich um das Erbrechen einzuleiten, den Rachen des Kaisers damit kitzelte. Der 64-jährige Claudius starb einen qualvollen Tod.

Während die ganze Nacht über verlautbart wurde, der Zustand des Kaisers sei ernst, aber keineswegs lebensbedrohlich, wurden heimlich alle Vorbereitungen für Neros Ernennung zum Kaiser getroffen. Agrippina ließ den Leichnam ihres Gemahls in heiße Decken wickeln, damit er sich nicht kalt anfühlte, falls ihn jemand nach der Bekanntgabe seines Ablebens berühren sollte. Als zu guter Letzt der Tod des Kaisers verkündet wurde, trat Nero in Begleitung von Afranius Burrus, dem Prätorianerpräfekten, vor den Palast. Er versprach jedem seiner Soldaten 15 000 Sesterzen, wie Claudius es seinerzeit getan hatte, und wurde zum Kaiser ausgerufen. Der machtlose Senat gab seine Zustimmung. Claudius wurde göttlich verehrt und erhielt ein prächtiges Begräbnis.

Agrippina hatte es geschafft. Jetzt war sie ganz oben. Sie kontrollierte ihren 16-jährigen Sohn. Zum ersten Mal in der Geschichte stand eine Frau an der Spitze des Römischen Reichs. Die erste Losung, die Nero für seine Truppen ausgab, lautete »Beste aller Mütter«.

Es dauerte jedoch nicht lange, da begehrte er gegen seine dominante Mutter auf. Immerhin war er der Kaiser. Als er einmal armenische Gesandte empfing und Agrippina sich anschickte, den Platz an seiner Seite einzunehmen, als wäre sie seine Mitregentin, stieg Nero auf Senecas Rat hin von seinem erhöhten Platz hinunter, begrüßte seine Mutter aufs Herzlichste und hinderte sie so daran, auf das Podest hinaufzusteigen.

Im Jahr 55, als ihr Sohn sich in Acte, eine ehemalige Sklavin, verliebte, begann Agrippina die Kontrolle über ihn zu verlieren. Octavia, die er nur aus politischen Gründen geheiratet hatte und mit der ihn nichts verband, betrachtete sie nicht als Konkurrentin, die »freigelassene Sklavin«, die »Dienerin«, wie sie schäumte, dagegen schon. Doch je mehr Szenen sie ihm machte, desto hartnäckiger hielt Nero an Acte fest, während er sich gleichzeitig seiner Mutter entfremdete. Da änderte Agrippina ihre Taktik. Sie gab vor, mit der Beziehung einverstanden zu sein, stellte dem Liebespaar ihr Schlafgemach zur Verfügung und bot Nero an, ihm alles zu schenken, was sie besaß. Nero machte ihr daraufhin ein edelsteinbesetztes Kleid aus dem kaiserlichen Besitz zum Geschenk. Er könne ihr nichts schenken, was ihr bereits gehöre, erregte sie sich. Nero, der die ständigen Auseinandersetzungen leid war, beschnitt die mütterliche Macht: Er setzte ihren Liebhaber Pallas als Schatzmeister ab.

Agrippina ging nun aufs Ganze und drohte, den Prätorianern ihren Stiefsohn Britannicus als Herrscher schmackhaft zu machen. Nero geriet in Panik. Er ließ Britannicus bei einem Bankett vergiften. Agrippina sei sichtlich erschrocken, berichtet Tacitus. Nicht nur, weil ihre letzte Hoffnung geschwunden sei, sondern weil sie erkannt habe, dass es nur mehr ein kleiner Schritt bis hin zum Muttermord war.

Dennoch gab sie nicht auf. Sie versuchte, Gardepräfekte auf ihre Seite zu ziehen und angeblich auch Geld für den Sturz ihres Sohnes zu beschaffen. Nero zog daraufhin die Leibwache seiner Mutter ab und jagte Agrippina aus dem Palast.

Agrippina war am Ende. Ihre Gegner nutzten die Gelegenheit, sie vollends in die Knie zu zwingen. Sie streuten das Gerücht aus, Agrippina und ihre Anhänger schmiedeten ein Komplott gegen den Kaiser.

Abermals von Panik erfasst, befahl Nero, seine Mutter und die Verschwörer zu töten. Afranius Burrus warnte ihn jedoch vor diesem Schritt: Er werde die Unterstützung des Heeres verlieren, wenn er die Tochter des großen Feldherrn Germanicus, den die Soldaten sehr verehrten, umbringen ließe. Agrippina war noch einmal davongekommen. In Sicherheit konnte sie sich aber nur wiegen, wenn sie die Macht zurückeroberte, und so beschloss sie, ihren Sohn zu verführen. Aufreizend gekleidet, suchte sie ihn nach dem Essen auf. Acte, die freigelassene Sklavin, berichtete später, Mutter und Sohn hätten sich geküsst und Geschlechtsverkehr miteinander gehabt. Acte wusste, was es für sie selbst bedeuten würde, falls Agrippina wieder die Kontrolle über ihren Sohn erlangte. Der Vorfall werde sich herumsprechen, warnte sie (möglicherweise äußerte sie dies Seneca gegenüber), und die Truppen würden keinen Herrscher dulden, der eine inzestuöse Beziehung zur eigenen Mutter unterhielt. Von da an verzichtete Nero (auf Senecas Rat hin?) auf weitere Tête-à-têtes mit seiner Mutter.

Poppaea Sabina, die Frau eines Senators, war die Nächste, in die Nero sich verliebte. Sie hänselte ihn, er sei ein Muttersöhnchen und tue alles, was Agrippina von ihm verlange. Er habe ihren Angriffen, denen sie mit Tränen und der Kunst der Ehebrecherin Nachdruck verliehen habe, nichts entgegenzusetzen gehabt, berichtet Tacitus. Es sei der Wunsch jedes Mannes, die Macht der Mutter zu brechen, fügt er hinzu, aber niemand habe es für möglich gehalten, dass der Hass des Sohnes zu einem Mord führen würde.

Und doch war es so. Als Agrippina eine Reise nach Baiae bei Neapel plante, um an den Feierlichkeiten zu Ehren Minervas im Tempel der Göttin teilzunehmen, schlug Ancietus, Befehlshaber der Flotte und Erzieher Neros, den Bau eines speziellen Schiffs vor. Es sollte so konstruiert werden, dass ein Teil des Oberdecks sich ausklinken ließ, hinabstürzte und Agrippina in ihrem Bett erschlug. Der Plan wurde ausgeführt, scheiterte aber, weil Kopf- und Fußteil von Agrippinas Lager so stabil waren, dass sie die Wucht der Schiffsplanken abfingen. Aber Agrippina wusste, dass sie einem Anschlag entgangen war. Ihre Diener waren bereits getötet worden. Sie rettete sich mit einem Sprung über Bord, wurde von einem Fischerboot aufgegriffen und am Ufer abgesetzt. Was konnte sie tun? Nichts deutete darauf hin, dass ihr Sohn hinter dem missglückten Anschlag steckte. Also spielte sie die Arglose. Sie schickte einen Boten zu Nero und ließ ihn wissen, sie sei wohlauf. Nero warf dem Boten ein Schwert vor die Füße und behauptete, Agrippina habe ihn geschickt, um ihn zu ermorden. Dann sandte er seine Handlanger aus, seine Mutter zu suchen und zu töten.

Es heißt, sie war allein in ihrem Schlafgemach, als ihre Mörder kamen. Einer schlug sie nieder. Da zeigte sie auf ihren Schoß, der Nero geboren hatte, und schrie: »Den Leib triff!« Sie starb, 43 Jahre alt, durch einen Schwertstreich. Sie war die Schwester eines Kaisers, die Gemahlin eines Kaisers und die Mutter eines Kaisers gewesen.

Der Legende nach soll ein Wahrsager ihr prophezeit haben, sie würde einen Sohn bekommen, der zum Kaiser aufsteigen und sie töten würde. »Soll er Kaiser werden, dann kann er mich töten«, soll sie darauf erwidert haben.

Wie hätte sie sich anders verhalten können? Agrippina stammte aus einer Familie von großen Akquisitoren, die in ihrem Streben nach uneingeschränkter Macht keine ethischen Grenzen kannten. Auch wer erkennbar keine Machtgelüste hatte, lief Gefahr, vom eigenen Vater, Onkel, Sohn, Enkel, Cousin, von der Stiefmutter oder sogar der eigenen Mutter getötet zu werden. Die Beteuerung, man werde die ehrgeizige Verwandtschaft voll und ganz unterstützen, war zwecklos, weil das sowieso niemand glaubte. Nur Macht garantierte das Überleben, und eine Frau konnte in jenen Tagen Macht nur durch ihren Ehemann oder ihren Sohn ausüben. Doch selbst das gewährleistete nicht immer die Sicherheit des Lebens, wie das Beispiel Agrippina zeigt.

Es gab in den folgenden Jahrhunderten immer wieder römische Kaiser, die gegen die Korruption einschritten, ohne sie jedoch abschaffen zu können. Für den Unterhalt ihrer Armeen musste das Reich ausgebeutet werden – schließlich waren es die Armeen, die den Bestand des Reichs garantierten. Jeder Soldat, gleich welchen Dienstgrads, versuchte sich zu bereichern. An der Spitze, in den Händen der Herrscher, war eine unvorstellbare Macht vereint, und die meisten würden alles getan haben – wir haben es gesehen –, um Macht zu erlangen und zu behalten. Das Foltern und Beseitigen von Rivalen gehörte zum Alltag.

Agrippina war ein Produkt des Systems, in dem sie aufgewachsen war. Es hat fast den Anschein, als erlaube ein derartiges System keinem Machthaber, Zurückhaltung oder Mäßigung zu üben. Sie mussten zwangsläufig zu korrupten Akquisitoren werden.

7

DAS BYZANTINISCHE REICH

(6. Jahrhundert)

Theodora (497–548 n. Chr.)

Das Beispiel Agrippinas veranschaulicht die Gründe für den beginnenden Verfall des Römischen Reichs (erinnern wir uns: die Römer gehören der indogermanischen Sprachfamilie an), das in den nächsten 400 Jahren auseinander fallen sollte. Andere Indogermanen – die Germanen – eroberten nach und nach Teile der römischen Besitzungen westlich der Adria. So hatten die Wandalen 439 Nordafrika eingenommen, Rom fiel 476 an die Ostgoten und die iberische Halbinsel hundert Jahre später an die Westgoten. Wir werden uns später ausführlich mit diesen germanischen Stämmen befassen, wollen uns jetzt aber dem östlichen Teil des Römischen Reichs zuwenden.

Im 6. Jahrhundert n. Chr. waren dem Reich nur noch die Besitzungen östlich der Adria verblieben. Hauptstadt dieses Oströmischen oder Byzantinischen Reichs war Konstantinopel. Die als Byzanz gegründete Stadt am Bosporus wurde 330 n. Chr. von Konstantin dem Großen als Konstantinopel zur Hauptstadt des Römischen, seit 395 des Oströmischen Reiches erhoben. Sie behielt den Namen bis ins 15. Jahrhundert, als sie von den Türken erobert und Istanbul genannt wurde. Offizielle Sprache des wohlhabenden Reichs war Griechisch, die christliche Religion war Staatsreligion. Der Patriarch von Konstantinopel genoss in jener Zeit weitaus mehr Ansehen als der Papst.

Zum Einflussbereich des Byzantinischen Reichs gehörten der Balkan, Kleinasien, Irak, Syrien, der Libanon, Palästina und Ägypten. Darüber hinaus kontrollierte das Reich den Gewürz- und Tuchhandel mit Asien. Damit hätte es zufrieden sein können, und das war es vermutlich auch, bis Justinian den Thron bestieg.

Justinian I. regierte von 527 bis 565. Obwohl das Byzantinische Reich nach seinem Tod noch fast 900 Jahre überdauerte, wurde es durch seine Bestrebungen, den Germanen die ehemaligen westlichen und nordafrikanischen Besitzungen der Römer wieder zu entreißen, erheblich geschwächt. Diese Schwächung war es, die die Expansion der Araber (die der semitischen Sprachfamilie zugerechnet werden) erst ermöglichte (wir werden im nächsten Kapitel näher darauf eingehen).

Justinian hatte eine außergewöhnliche Gemahlin: Theodora. Sie war 497 geboren worden und starb mit 51 Jahren. Bevor sie Justinians engste Vertraute wurde, war sie Tänzerin und Hetäre gewesen, und zwar eine der aufsehenerregendsten im ganzen Reich. Sie war überdurchschnittlich intelligent und besaß staatsmännisches Geschick, und viele hielten sie für die wahre Herrscherin des byzantinischen Reichs. 532 waren Splitterparteien in Konstantinopel ein Bündnis mit dem Ziel eingegangen, Justinian zu stürzen, und hatten einen Gegenkaiser ausgerufen. Justinians Berater drängten den Herrscher zu fliehen, Theodora hingegen riet ihm, zu bleiben und zu kämpfen. Justinian befolgte ihren Rat. Sein Feldherr Belisar trieb die Aufständischen in der Pferde- und Wagenrennbahn zusammen und metzelte sie nieder.

Theodora war eine der ersten Herrscherinnen, die sich für die Rechte der Frau einsetzten. Sie ließ die Scheidungsgesetze zugunsten der Frau ändern und stellte den Mädchenhandel unter Strafe. In einem Palast brachte sie 500 Prostituierte unter, um sie von der Straße wegzuholen. Einige ödete das keusche, mit Beten und Büßen angefüllte Leben jedoch so sehr an, dass sie aus den Fenstern in den Tod sprangen.

Theodora war eine außerordentlich talentierte Politikerin, darin sind sich die Historiker einig. In seiner *Kulturgeschichte der Menschheit* schreibt Will Durant, sie habe zuweilen die Befehle ihres Gemahls widerrufen, oft zum Wohle des Staates. Justinian selbst habe Theodoras Klugheit gerühmt, deren weise Ratschläge auch in seine Gesetzessammlung eingeflossen seien, stellt Edward Gibbon[1] fest. Auf dieser Gesetzessammlung, Corpus iuris civilis genannt, beruht die Rechtskodifikation in Europa, Lateinamerika, Quebec und Louisiana.

Wie aber passen nun die Schriften des Geschichtsschreibers Prokop, unserer Hauptquelle für jene Zeit, in dieses Bild? In jenen Werken, die zu Lebzeiten Justinians veröffentlicht wurden, schrieb Prokop nur Gutes über den Kaiser und seine Gemahlin. Nach dessen Tod erschien ein weiteres Buch mit dem Titel *Anékdota* (wörtlich: Unveröffentlichtes). In dem auch unter dem Titel *Geheimgeschichte* bekannten Pamphlet wird das Herrscherpaar scharf und gehässig angegriffen. Stammt das Werk tatsächlich von Prokop oder handelt es sich um eine verleumderische Schmähschrift eines anderen Autors?

Nach Ansicht von Paul Halsall von der New Yorker Fordham University gilt es als gesichert, dass Prokop der Verfasser der *Geheimgeschichte* ist. Edward Gibbon pflichtet dem bei: Selbst die schändlichsten Einzelheiten, die Prokop in früheren Werken nur zart angedeutet habe, würden durch Urkunden schlüssig bewiesen werden.[2]

Hier nun einige Auszüge aus der *Geheimgeschichte*:

Es war unmöglich, zu Lebzeiten gewisser Personen wahrheitsgemäß über ihr Leben zu berichten, wie es die Pflicht eines Geschichtsschreibers ist. Hätte ich es getan, so würden ihre Spione es herausgefunden und besagte Personen mir ein grausames Ende bereitet haben. Nicht einmal meinen nächsten Angehörigen konnte ich trauen. Aus diesem Grund war ich in meinen früheren Schriften gezwungen, vieles zu verschleiern. Diese Dinge werde ich jetzt richtig stellen.

Theodora war die Tochter von Akakios, der im Zoo von Konstantinopel mit Bären auftrat. Sie hatte zwei Schwestern, Komito und Anastasia. Nach dem Tod des Vaters schickte die Mutter ihre drei Töchter auf die Bühne, weil sie alle wunderschön waren.

Als sie die Geschlechtsreife erlangt hatte, verkaufte Theodora ihren Körper jedem, der ihn haben wollte. Sie hatte großes komisches Talent, war eine gute Schauspielerin und auf der Bühne überaus erfolgreich. Sie fand nichts dabei, sich im Theater vor allen Leuten zu entblößen, bis auf einen Gürtel, den sie um die Hüften trug – nicht, weil sie Hemmungen gehabt hätte, sich vollständig nackt zu zeigen, sondern weil es verboten war, auf der Bühne gänzlich unbekleidet aufzutreten.

Zuweilen verbrachte sie die Nacht mit zehn oder mehr jungen Männern, die allesamt vor Kraft und Männlichkeit strotzten, und hatte mit jedem von ihnen Geschlechtsverkehr. Waren sie erschöpft, trieb sie Unzucht mit deren Sklaven, etwa 30 an der Zahl, aber nicht einmal das vermochte sie zu befriedigen. Sie wurde oft schwanger, ließ jedoch sogleich abtreiben.

Justinian verliebte sich unsterblich in sie und machte sie zu seiner Geliebten. Durch ihn war sie imstande, sogleich Macht auszuüben und sich immensen Reichtum zu erwerben. Er erfüllte ihr jeden Wunsch, so sehr betörte sie ihn. Ein Angehöriger des Senats durfte nach dem Gesetz keine Kurtisane zur Frau nehmen. Justinian überredete jedoch seinen Onkel, Kaiser Justin I., einen Erlass herauszugeben, der eine solche Ehe ermöglichte. Dann vermählte er sich mit Theodora. Als Justin nach neunjähriger Herrschaft an einer Krankheit starb, bestiegen Justinian und Theodora den Thron.

Justinian war verschlagen, hinterlistig, unaufrichtig, heuchlerisch, doppelzüngig, grausam und darin geübt, seine wahren Absichten zu verbergen. Weder Freude noch Leid vermochten ihn zu Tränen zu rühren, doch konnte er auf Kommando weinen, wenn die Situation es erforderte. Er log, wann immer er den Mund aufmachte. Selbst wenn er einen heiligen Eid leistete, brach er ihn wieder, so wie er Versprechen und Abkommen brach. Er war ein treuloser Freund, ein verräterischer Feind, ein wahnsinniger Mörder und Plünderer.

Er hatte keine Skrupel, sich das Eigentum anderer anzueignen, ja, er hielt es nicht einmal für nötig, sein Handeln zu rechtfertigen.

Theodora empfing persische Gesandte und auch solche anderer Barbarenvölker und überreichte ihnen Geschenke, gerade so, als ob sie das Land regierte – so etwas hatte es bis dahin noch nie gegeben.* Und so kam es, dass Theodora von der Hure zur Kaiserin aufgestiegen war. Justinian hatte es nicht als Schmach empfunden, eine solche Frau zu ehelichen. Er hätte seine Gemahlin unter den vornehmsten, gebildetsten, bescheidensten, wohlerzogensten, tugendhaftesten und schönsten Jungfrauen des ganzen Reichs auswählen können. Stattdessen machte er eine, die allen Männern gehört hatte, zu der seinen.

Was Theodora und ihr Gemahl auch taten – sie handelten stets in gegenseitigem Einverständnis. Was aber taten sie? Die Glaubensgemeinschaften so genannter Häretiker,

---
* Hier irrt Prokop: Auch Agrippina empfing Gesandte fremder Länder.

insbesondere die Anhänger des Arius[3], hatten einen unglaublichen Reichtum angehäuft. Kein Kaiser hatte sich bisher daran vergriffen oder diese Glaubensgemeinschaften behelligt. Viele Männer, auch solche orthodoxen Glaubens, besaßen große Ländereien, die ihnen ihr Auskommen sicherten. Kaiser Justinian eignete sich dieses Land an und raubte den Menschen damit ihre Existenzgrundlage.*

Die so genannten Abtrünnigen wurden grausam verfolgt. Einige bezichtigte Justinian der Vielgötterei, andere des Abfalls vom christlich-orthodoxen Glauben, wieder andere der Päderastie oder sexueller Beziehungen zu Nonnen; manche beschuldigte er der Verschwörung gegen seine Person oder der Anstiftung zum Aufruhr; zuweilen ernannte er sich auch zum Erben eines Toten oder sogar eines Lebenden.

Justinian ging auch gegen die jüdischen Traditionen vor. Wenn es sich ergab, dass das Passahfest vor dem Osterfest kam, verbot er den Juden, es feierlich zu begehen oder ihre Bräuche zu pflegen. Viele wurden mit Geldbußen belegt, weil sie, wie es Brauch war, Lammfleisch gegessen hatten, als ob sie damit gegen ein Gesetz verstoßen hätten.

Im Forum, aber auch unter den Beamten im Palast, blühte der Handel mit Gerichts- und Gesetzesentscheidungen. Justinian konzessionierte viele Privilegien, die er teuer an andere weiterverkaufte, die wiederum damit handelten und von ihm ermächtigt wurden, jede beliebige Summe dafür zu verlangen. Er verkaufte diese Privilegien ganz offen, selbst an Verwaltungsbeamte. Und da der Kaiser immer seinen Anteil bekam, achtete jeder, der ein solches Privileg verkaufte, darauf, möglichst viel für sich herauszuschlagen.

---

* Dies ist nur eins von unzähligen Beispielen dafür, wie große Akquisitoren die Religion zum Vorwand nahmen, um sich das Eigentum anderer unrechtmäßig anzueignen.

Man kann eher die Sandkörner am Meeresgrund zählen als die Zahl derjenigen, die Justinian in seinen Kriegen töten ließ. Das große Libyen verwüstete er so sehr, dass man weit gehen müsste, um einen einzigen Mann anzutreffen. Dabei hatten 80000 waffenfähige Wandalen dort gesiedelt. Wer mag die Zahl ihrer Frauen, Kinder, Knechte und Mägde nennen?

Unter Theodoras Palast befand sich ein labyrinthähnliches Gewölbe, das für fast alle, die ihr Missfallen erregt hatten, zum Grab wurde. Buzes [ein hoher Beamter, dem Theodora misstraute] wurde mangelnder Loyalität bezichtigt und in das Verlies geworfen. Niemand wusste, was aus ihm geworden war. Er selbst konnte weder Tag von Nacht unterscheiden, noch mit jemandem sprechen, denn der Mann, der ihm Tag für Tag sein Essen hinwarf, war stumm. Es war, als ob ein wildes Tier einem anderen gegenübertrat. Buzes wurde alsbald für tot gehalten. Niemand wagte, seinen Namen auch nur zu erwähnen. Doch nach zwei Jahren und vier Monaten schenkte Theodora ihm die Freiheit. Er war für den Rest seines Lebens krank und halb blind.

Basanios, ein hervorragender junger Mann, zog sich Theodoras Zorn durch eine wenig schmeichelhafte Bemerkung über sie zu. Als er vor dem drohenden Ungemach gewarnt wurde, flüchtete er in die Michaelskirche. Theodora sandte ihren Präfekten nach ihm aus. Basanios habe sich der Päderastie schuldig gemacht, sagte sie. Der Präfekt zerrte den jungen Mann aus der Kirche und ließ ihn öffentlich auspeitschen. Die Menge verlangte, dass er freigelassen wurde. Da ließ die Kaiserin ihn entmannen und verbluten. Sein Besitz wurde eingezogen, obwohl nie eine Gerichtsverhandlung stattgefunden hatte. Keine Kirche bot Asyl, kein Gesetz schützte vor dem Zorn der Kaiserin; die Fürsprache des Volkes bewirkte keine Gnade; nichts auf der Welt vermochte Theodora Einhalt zu gebieten.

Zu der Zeit, als sie noch auf der Bühne gestanden hatte, war sie einmal von einem ihrer Liebhaber schwanger geworden. Sie versuchte eine Fehlgeburt herbeizuführen, aber es gelang ihr nicht. Also trug sie das Kind aus. Der Kindsvater fürchtete zu Recht, dass sie es beseitigen würde, weil es ihr lästig war. Er nahm ihr den Jungen, den er Johannes nannte, weg und ging mit ihm nach Arabien. Jahre später, als er das Ende nahen fühlte, erzählte er seinem Sohn, wer seine Mutter war. Nachdem der 14-jährige Knabe seinen Vater zu Grabe getragen hatte, reiste er nach Konstantinopel und wurde bei Hof vorstellig.

Aus Angst, die Geschichte würde ihrem Gemahl zu Ohren kommen, ließ Theodora ihren Sohn zu sich bringen. Als er eintrat, übergab sie ihn sogleich einem ihrer Diener, der Erfahrung mit solchen Aufträgen hatte. Ich kann nicht sagen, auf welche Weise der arme Bursche ins Jenseits befördert wurde – sicher ist nur, dass kein Mensch ihn jemals wieder gesehen hat, auch nicht nach dem Tod der Kaiserin.[4]

Theodoras Skrupellosigkeit stand der Agrippinas in nichts nach. Doch Theodora hatte mehr Glück. Sie hatte einen Ehemann, der sie liebte. Sie brauchte nicht Tag für Tag um ihr Leben zu fürchten. Sie starb friedlich im Bett. Waren Justinian und Theodora tatsächlich so habgierig, gewissenlos, heimtückisch und mörderisch wie in der *Geheimgeschichte* beschrieben? Der gemäßigte Historiker Evagrius, der eine Generation später eine Kirchengeschichte verfasste, und der im 12. Jahrhundert lebende Geschichtsschreiber Johannes Zonaras scheinen der *Geheimgeschichte* nicht widersprechen zu wollen.[5] Edward Gibbon schreibt:

> Der Wahrheitsliebende wird die *Geheimgeschichte* des Prokop mit Argwohn lesen. Beschrieben werden nur die Charakter-

schwächen Justinians. Missverständlichen Taten werden die schlimmsten Motive unterstellt; Irrtum wird mit Schuld verwechselt, Zufall mit Absicht und Gesetz mit Missbrauch. Dem Kaiser wird die alleinige Verantwortung für die Fehler seiner Befehlshaber, für die Bestechlichkeit seiner Untertanen zugeschoben. Sogar für Naturkatastrophen, für Seuchen, Erdbeben und Überschwemmungen wird Justinian verantwortlich gemacht.[6]

Nichtsdestoweniger glaubt Gibbon offensichtlich viel von dem, was in der *Geheimgeschichte* steht, aus der er ja ausgiebig zitiert.

Als Herrscher musste Justinian geradezu Übermenschliches leisten. Er strebte die Wiederherstellung der alten Grenzen des Römischen Reichs an – bis zum Atlantik sollte es sich wieder erstrecken und unter einem einzigen Gesetzeskodex vereint sein. Die Schatzkammer, die sein Vorgänger ihm hinterlassen hatte, war gut gefüllt gewesen, und dennoch reichte das Geld für seine Vorhaben nicht aus. Seine Feldherren hatten Nordafrika, Dalmatien, Italien, Korsika, Sardinien, Sizilien und Spanien von den »barbarischen« Germanen zurückerobert. Diese Feldzüge verschlangen Unsummen. Um sie zu finanzieren, erhob er hohe Steuern. Und weil die Steuereintreiber erpresserische Gauner waren, wurde die Steuerlast für die Untertanen noch drückender. Der Rückeroberungskrieg verwüstete zudem Städte, dezimierte die Bevölkerung, sorgte dafür, dass ganze Landstriche brachlagen, weil es keine Bauern mehr gab, die das Land bestellten. Die »befreiten« Staaten hassten ihre Befreier, weil sie nichts als Leid über sie gebracht hatten.

Justinians Gesetzeswerk war eine großartige Leistung. Die so genannten Häretiker jedoch wurden mit unerbittlicher Härte verfolgt, daher zeigten sie dem Reich gegenüber keinerlei Loyalität. Die muslimischen Araber, die bald den gesamten Nahen Osten, Nordafrika und Spanien erobern sollten, erwiesen sich den Andersgläubigen gegenüber als toleranter als das Byzantinische Reich.

8

DER EINFALL DER MUSLIME IN EUROPA

(711–1683)

Es ist nun an der Zeit, den Einfluss des Islam auf Europa näher zu betrachten. Während sich dieses Kapitel mit dem Vordringen des Islam befasst, widmet sich das nächste den Feldzügen der abendländischen Christen gegen die Muslime: den Kreuzzügen.

Was geschah in Europa, nachdem sich die Römer zurückgezogen hatten? Nun, genau das Gleiche, was zuvor bereits in Afrika, in Asien und auf dem amerikanischen Doppelkontinent vor der Ankunft der Europäer geschehen war: Große Akquisitoren rissen sich den Grundbesitz anderer großer Akquisitoren unter den Nagel, wobei sie nicht einmal davor zurückschreckten, ihre eigene Sippe, ihre nächsten Angehörigen umzubringen. Auch das Christentum war machtlos gegen die Brutalität dieser Menschen.

Die sich nach Westeuropa ausbreitenden germanischen Völker – jene, die der indogermanischen Sprachfamilie zuzuordnen sind – vertrieben die dort ansässigen Kelten, die nach Westen und Norden auswichen. Der mächtigste der germanischen Stammesverbände waren die Franken, deren Reich die Grundlage für das heutige Frankreich bildete. Unsere Hauptquelle jener Epoche ist die Ende des 6. Jahrhunderts entstandene *Frankengeschichte* des Bischofs Gregor von Tours.[1]

Chlodwig, der Gründer des Frankenreichs, empfing gemeinsam mit 3 000 seiner Soldaten die Taufe. Er tötete viele nahe

Verwandte, die ihm den Thron hätten streitig machen können; er tötete auch viele Könige, eignete sich ihr Reich an und wurde zum Herrscher über alle Gallier. Er regierte 30 Jahre lang und starb 511 im Alter von 45 Jahren in Paris. Seine vier Söhne Theuderich, Chlodomer, Childebert und Chlothar teilten sein Reich untereinander auf. Sie und ihre Nachkommen folgten Chlodwigs Beispiel, brachten Angehörige und Herrscher angrenzender Gebiete um.

Theuderich erinnerte die Franken an die Überfälle der Thüringer, eines anderen germanischen Stamms, die ihre Häuser geplündert und die Bewohner gefoltert hatten: »Junge Männer hat man an den Sehnen ihrer Oberschenkel in Bäumen aufgehängt; mehr als 200 Mädchen wurden grausam getötet, indem man ihre Arme an den Hälsen zweier Pferde festband und die Rosse dann auseinander jagte, sodass die Mädchen zerrissen wurden.« Die Franken übten furchtbare Rache. Sie richteten ein solches Blutbad an, dass die Leichen der Thüringer das Bett eines Flusses füllten und die Franken über sie hinweg zum anderen Ufer gelangten wie über eine Brücke. Obgleich Theuderich dem König der Thüringer versprochen hatte, sein Leben zu verschonen, stieß er ihn von den Mauern einer Stadt in den Tod.

Als Chlodwigs Sohn Chlodomer starb, hinterließ er zwei kleine Söhne. Seine Brüder Childebert und Chlothar ermordeten die Kinder, damit sie später nicht Anspruch auf das Reich erheben konnten. König Chilperich, ein Enkel Chlodwigs, fiel in die Region um Tours ein, raubte und plünderte und legte alles in Schutt und Asche. Nicht einmal die Kirchen verschonte er. Warum verwüstete ein Franke das Land der Franken? Weil er seinen Sohn Merowech suchte, den er für treulos hielt. Aus Furcht vor der Raserei seines Vaters bat Merowech einen seiner Knechte, ihn zu töten. So fand der König seinen Sohn nur noch tot. Merowech hatte sich auf diese Weise der Folter entzogen, denn es war üblich zu foltern. Ein hoher Beamter, den der König der Hexerei verdächtigte, wurde aufs Rad geflochten und ausgepeitscht, bis die Folterknechte die Kraft verließ. Danach steckten sie ihm Holzsplitter unter Finger- und Fußnägel.

König Childebert marschierte mit seinem Heer in Italien ein, um die Langobarden* niederzuwerfen. Als einer seiner Herzöge auf dem Weg dorthin nach Metz kam, zogen seine Soldaten plündernd und mordend durch die Stadt und behandelten die Einwohner so grausam, als ob es sich um Feinde und nicht um Landsleute handelte.

[Wir wollen aber auch die Frauen nicht vergessen], die Gemahlinnen von Chilperich und Sigibert, den Söhnen Chlothars. Sigibert vermählte sich mit der wunderschönen Brunhilde, der Tochter des westgotischen Königs Athanagild. Chilperich nahm Galswintha, Brunhildes Schwester, zur Frau. Auf Betreiben seiner Mätresse Fredegunde ermordete Chilperich seine Gemahlin und machte Fredegunde zur Königin. Diese ließ Brunhildes Gemahl Sigibert im Jahr 575 töten. Sie hatte auch einen Mörder gedungen, um Brunhilde zu töten, doch er scheiterte. Da ließ Fredegunde ihm Hände und Füße abhacken. Als Chilperich später [584] einem Anschlag zum Opfer fiel, galt Brunhilde als Anstifterin der Verschwörung.

Die kirchlichen Herren benahmen sich nicht viel besser als die weltlichen. Wer Bischof werden wollte, musste sich vor allem darauf verstehen, Reichtümer anzuhäufen. Gregor von Tours berichtet, dass eine Bischofssynode ausschließlich dem Schlemmen und Trinken diente.[2] Niemand sprach von Gott oder zelebrierte eine Messe. Als es hell wurde, erhoben sie sich vom Tisch, legten sich hin, deckten sich mit weichen Decken zu und schliefen berauscht bis zur dritten Stunde des Tages. Und da waren auch Dirnen, mit denen sie sich entweihten. Und dann

---

* Die Langobarden waren ein germanischer Stamm, der sich in Italien angesiedelt hatte.

standen sie auf und nahmen ein Bad und legten sich zum Essen nieder. Am Abend erhoben sie sich und schmausten wiederum gierig und bis zum Morgengrauen.

♦ ♦ ♦

Die Franken waren jedoch nicht die einzigen Übeltäter. Die Thüringer überfielen die Ostgoten, die die Langobarden überfielen, die die Franken überfielen, die die Westgoten, die Bayern, die Sachsen überfielen und umgekehrt natürlich auch. Ein Krieg reihte sich an den anderen und jeder wurde von einem großen Akquisitor angezettelt, den die Gier nach Land trieb. Auch unter den Bischöfen fanden sich große Akquisitoren, wie wir noch sehen werden, und solche wie die oben beschriebenen waren keine Einzelfälle. In manchen Schulbüchern mag dieser rücksichtslose Eroberungsdrang als glanzvolle Leistung beschrieben sein, doch was für die einen ein glorreicher Sieg war, bedeutete für die Unterlegenen ein fürchterliches Blutbad, Plünderungen und Vergewaltigungen. Die Vorfahren fast aller heutigen Königsfamilien haben eine unheimliche Ähnlichkeit mit den realen oder fiktiven blutrünstigen Mafiabossen unserer Zeit.

Führt man sich diese verfahrene Situation vor Augen, würde es fast schon an ein Wunder grenzen, wenn weite Teile Europas nicht militärisch vom Islam erobert worden wären. Die islamischen Völker können auf eine glanzvolle Militärgeschichte zurückblicken – das sollten Verfechter eines eurozentrischen Standpunkts nicht vergessen.

Der Islam trug nicht selten dazu bei, einander befehdende arabische Stämme zu einen. Der Islam, schreibt Norman Davies, habe sich in einem Jahrhundert so weit ausgebreitet wie das Christentum in sieben.[3] Ein kurzer Überblick über die wichtigsten Eroberungen der Muslime veranschaulicht ihre Leistungen.

635 erobern die arabischen Muslime Syrien;
637 nehmen sie Jerusalem und Ktesiphon ein;
641 beherrschen sie den Irak, nehmen Persien und Ägypten ein;
691 unterwerfen sie Armenien;
698 dringen sie nach Tunesien und weiter nach Algerien und Marokko vor;
711 beginnen sie mit der Eroberung Spaniens;
732 versuchen sie in Frankreich einzufallen, werden aber bei Tours und Poitiers zurückgeschlagen;
809 unterwerfen sie Korsika und Sardinien;
827 erobern sie Sizilien;
846 stehen sie vor den Toren Roms (werden aber bis 884 aus Italien zurückgedrängt) und werden vom Papst dafür bezahlt, dass sie die Stadt verschonen.

Alle diese Gebiete wurden von arabischen Muslimen erobert. Die Türken kamen erst später. Wie haben die Araber das bewerkstelligt und was war ihr Motiv? Es gibt keine Aufzeichnungen, Briefe, Erinnerungen, die über ihre Beweggründe oder ihre Einstellung zu ihrem Glauben Aufschluss geben. Frederic Donner kommt zu dem Schluss, dass sicherlich einige der führenden islamischen Herrscher von dem Wunsch getrieben wurden, ihren Glauben zu verbreiten. Viele einflussreiche Männer waren jedoch Kaufleute, die sich der Bedeutung der Handelsstraßen für denjenigen, der sie unter seiner Kontrolle hatte, und der großen Handelszentren durchaus bewusst waren. Sie wussten um die Macht des Geldes. Sie köderten die nomadischen Stämme, denen ihre Unabhängigkeit alles galt, mit der Aussicht auf Beute: Land in den eroberten Gebieten – sofern die Stammesangehörigen dort zu siedeln bereit waren – und Reichtümer für die Stammesfürsten, wenn sie ihre Untertanen überredeten, sich dem islamischen Heer anzuschließen. So habe sich, schreibt Donner in seinem Buch *The Early Arab Conquests*, beispielsweise Djanr Ben Abdullah vom Stamm der Bajlla bereit erklärt, mit den Seinen für die islamische Nation zu kämpfen, wenn er im Gegenzug einen überdurchschnittlichen Anteil an der Beute erhalte.

Und Beute gab es reichlich. Bei der Eroberung Spaniens erbeutete der arabische Heerführer Tarik ibn Sijad »Perlen, Rüstungen, Gold, Silber, Gefäße und andere Kostbarkeiten, wie man sie bis dahin nie zuvor gesehen hatte. Als er Musa ibn Nusair, seinem Befehlshaber, mitteilte, dass er Al-Andalus [die arabische Bezeichnung für Spanien] eingenommen und reiche Beute gemacht habe, kam Musa nach Córdoba. Tarik übergab ihm alle seine Schätze. Ihr Wert überstieg alles bisher Dagewesene.«[4]

Der Westgotenkönig Roderich, der über Spanien herrschte, ergab sich dem arabischen Heer nicht kampflos. Vor der entscheidenden Schlacht motivierte Tarik seine Soldaten mit folgenden Worten:

Oh meine Krieger, ihr könnt nicht fliehen. Hinter euch ist das Meer, vor euch der Feind. Sein Heer ist unüberschaubar. Ihr habt nur euer Schwert, um euer Leben zu retten – nutzt dazu jede Gelegenheit, die der Feind euch bietet. Greift ihn an, diesen Herrscher, der euretwegen seine befestigte Stadt verlassen hat. Dies ist die Gelegenheit, ihn zu besiegen.

Ihr wisst, dass zahlreiche griechische Jungfrauen von bezaubernder Schönheit in diesem Land leben.* Sie sind in

---

* Im 8. Jahrhundert gehörte Spanien nominell noch zum Oströmischen (Byzantinischen) Reich, dessen Hauptstadt Konstantinopel war. Landessprache dieses Reichs war Griechisch. Für die Araber war der Feind also Grieche. Bei den fraglichen Jungfrauen handelte es sich aller Wahrscheinlichkeit nach um Westgoten, d.h. Angehörige eines germanischen Volks. Ob sie wirklich Griechisch sprachen, wissen wir nicht.

prächtige Gewänder gehüllt, an denen Perlen, Korallen und reines Gold schimmern, und sie leben an den Höfen der Könige. Die Beute gehört euch.[5]

Mit anderen Worten: Kämpft, siegt, plündert, vergewaltigt!

Wer jedoch keinen Widerstand leistete, wurde verschont. Als die Araber etwa Ägypten eroberten und Memphis, in der Nähe des heutigen Kairo, erreichten, ergaben sich die Einwohner kampflos. Der arabische Feldherr Amr ibn al-Asi hielt sich an die Gesetze Mohammeds und sicherte den Einwohnern schriftlich zu, dass sie weder beraubt noch getötet würden.

Bei der Einnahme Alexandrias traf sich al-Asi mit Benjamin, dem koptischen Patriarchen. Er behandelte ihn voller Respekt und erklärte ihm, er könne ungehindert und nach Belieben seines Amtes walten. Die Einwohner hatten eine Abgabe zu entrichten – was immer noch besser als Tod, Raub, Vergewaltigung und religiöse Verfolgung war, denn im Byzantinischen Reich galten koptische Christen als Häretiker.

Dass die arabischen Muslime die Besiegten verschonten, sofern sie kapitulierten, machte durchaus Sinn. Lebende Untertanen, die arbeiteten und Steuern zahlten, waren nützlicher als tote Feinde. Die arabische herrschende Schicht begriff offenbar den Stellenwert der Städte als Quelle von Reichtum und Wohlstand.

Die arabischen Eroberer zählten zweifellos zu den großen Akquisitoren. Gemessen an den christlichen Herrschern jener Zeit waren sie jedoch sehr viel toleranter. Juden und Christen wurden nicht behelligt, solange sie ihre Abgaben entrichteten und Andersgläubige nicht zu bekehren suchten.

Córdoba wurde Sitz des bald nach Tariks Vordringen in Spanien gegründeten Kalifats, das einige Jahrhunderte überdauerte und Mittelpunkt der fortschrittlichsten Kultur Europas war. Von hier aus verbreitete sich das Wissensgut der alten Griechen etwa in den Bereichen Philosophie und Naturwissenschaften über ganz Westeuropa. Die arabischen Gelehrten leisteten aber auch bedeutende Beiträge auf dem Gebiet der Mathematik, und die Baumeister schufen architektonische Meisterwerke. Ende des 15. Jahrhunderts ging die Herrschaft der Mauren in Spanien unter König Ferdinand II. und seiner Gemahlin Isabella I. endgültig zu Ende.

Die Araber zerfielen zwangsläufig in unterschiedliche Religionsgemeinschaften und rivalisierende Dynastien. Das Byzantinische Reich brachte gelegentlich Herrscher hervor, denen es gelang, die arabischen Eroberer zurückzuschlagen. Auch die Perser und die Kreuzritter zogen gegen die Araber zu Feld. Diese Kriege schwächten alle Beteiligten und ermöglichten das Vordringen der Türken, die von den mongolischen Tataren aus ihrer asiatischen Heimat Turkestan nach Westen gedrängt wurden. Alle diese asiatischen Völker wie Türken, Tataren, Mongolen gehörten der Gruppe der altaischen Sprachen an, waren zum Islam konvertiert und keine Semiten wie die Araber.

Die ersten Türken, die im 11. Jahrhundert die östlichen Grenzen des Byzantinischen Reichs erreichten, waren die Seldschuken, deren Namen sich von einem ihrer Anführer herleitet. Am 19. August 1071 brachten sie dem byzantinischen Heer bei Mantzikert unweit des Vansees, an der heutigen Grenze zwischen der Türkei und dem Iran, eine verheerende Niederlage bei. Sie nahmen Kaiser Romanos IV. gefangen, ließen ihn aber unversehrt wieder frei. Als er nach Konstantinopel zurückkehrte, wurde er von seinen eigenen Leuten geblendet und auf eine Insel im Marmarameer verbannt, wo er starb. Der Sieg bei Mantzikert machte den Türken den Weg nach Kleinasien frei, wo, so Norman Davies, der Grundstein für die Türkei der nächsten 1 000 Jahre gelegt wurde.

Im 13. Jahrhundert breiteten sich die ebenfalls nach einem ihrer Herrscher benannten und zum Islam übergetretenen Osmanen über Kleinasien aus. Sie eroberten die zuvor von den Seldschuken und den Arabern unterworfenen Gebiete und drangen bis auf den Balkan vor. Am 15. Juni 1389 besiegte Sultan Murad I. auf dem Kosovo polje, dem Amselfeld, die Serben.

Unter Führung des Königs von Ungarn schlossen sich westliche Herrscher im Kampf gegen die Osmanen zusammen. Doch das Kreuzfahrerheer wurde am 25. September 1396 bei Nikopolis (dem heutigen Nikopol in Bulgarien) von Sultan Bajesid I. vernichtend geschlagen. Als Vergeltung für die muslimischen Gefangenen, die die Kreuzritter geköpft hatten, ließ er mehrere Tausend von ihnen ebenfalls enthaupten. 1453 schließlich nahmen die Osmanen Konstantinopel ein. Für annähernd fünf Jahrhunderte würde sich die gesamte Balkanhalbinsel unter türkischer Herrschaft befinden.

Die Osmanen waren nach Westen, Norden und Süden vorgestoßen und hatten ihren Machtbereich auf Kleinasien, Arabien, den Irak, Iran, Syrien, Palästina, Nordafrika, die Krim und die Balkanhalbinsel ausgedehnt. Immer wieder unternahmen sie Vorstöße ins restliche Europa. Die Eroberung der Ukraine und Russlands scheiterte am Machtanspruch der Goldenen Horde, zum Islam konvertierter Mongolen. Zwei Schlachten trugen entscheidend dazu bei, das weitere Vordringen der Osmanen in Europa zu verhindern: die Seeschlacht bei Lepanto 1571 und die Schlacht bei der Belagerung Wiens 1683.

Es war Papst Pius V., der die Voraussetzungen für die Seeschlacht bei Lepanto schuf. Da die Osmanen dem Kirchenstaat bereits gefährlich nahe gekommen waren, suchte er 1571 Verbündete, die er in Spanien, Venedig und Genua fand. Die so genannte Heilige Liga, eine überwiegend aus einem Flottenverbund bestehende Allianz, wurde gegründet. Befehligt wurde sie von Don Juan de Austria, einem unehelichen Sohn Karls V., des Königs von Spanien und Kaisers des Heiligen Römischen Reichs.[6]

Auf einem seiner Schiffe befand sich ein spanischer Freiwilliger mit Namen Miguel de Cervantes. Er wurde bei Lepanto an der Hand verstümmelt, was seiner militärischen Laufbahn ein Ende setzte. Stattdessen versuchte er sich als Schriftsteller und schrieb einen der bedeutendsten Romane der Weltliteratur – *Don Quijote*.

Don Juan de Austrias Flotte bestand aus 300 Schiffen unterschiedlicher Größe, darunter sechs Galeassen, die, weil sie breiter als normale Galeeren waren und mehr Tiefgang hatten, mit Geschützen bestückt werden konnten. Die gedeckte Plattform am Bug, auf der schwenkbare Geschütze montiert waren, war ein Vorläufer der gepanzerten Geschütztürme moderner Kriegsschiffe. Die Galeeren der Heiligen Liga waren mit insgesamt 80 000 Mann besetzt, 50 000 an den Riemen und 30 000 Soldaten. Von den Geschützen und Musketen einmal abgesehen, hatte sich die Taktik bei Seeschlachten, seit Oktavian den Geliebten Kleopatras, Marcus Antonius, 31 v. Chr. bei Aktium besiegt hatte, nicht wesentlich geändert.

Don Juan befahl seinen Soldaten, erst zu feuern, wenn sie nahe genug wären, um von muslimischem Blut bespritzt zu werden. Eine erbitterte Schlacht, Schiff gegen Schiff, wurde geführt. Don Juans Galeere griff das von Ali Pascha befehligte Flaggschiff der Türken an. Die Christen versuchten, das Schiff der Türken zu entern, wurden aber zurückgeschlagen; der Versuch der Türken, das Schiff der Christen einzunehmen, schlug ebenfalls fehl. So ging es stundenlang hin und her. Die Decksplanken waren schlüpfrig geworden vom Blut und den Eingeweiden der Soldaten. Die Schreie der Verwundeten übertönten die Befehle. Beim dritten Versuch schließlich gelang es den christlichen Verbündeten, das feindliche Schiff zu stürmen. Sie enthaupteten Ali Pascha, spießten seinen Kopf auf einer Lanze auf und hielten ihn hoch, damit alle ihn sehen konnten. Die osmanische Flagge wurde eingeholt – das hatte es noch nie gegeben.

Vier Stunden später war die Schlacht vorbei, der Rauch der Geschütze verflogen. Don Juan hatte 17 Schiffe und 8000 Mann verloren, 16 000 waren verwundet worden. Die Verluste der Türken beliefen sich auf 25 000 Mann; 15 Schiffe waren gesunken, 177 von den Christen gekapert worden.

Trotz dieser verheerenden Niederlage setzten die Türken ihre Vorstöße an Land fort, bis sie bei der Belagerung Wiens geschlagen wurden. Die Wiener setzten sich tapfer zur Wehr. Als Nahrungsmittel und Munition zu Ende gingen, kam ihnen der polnische König Johann III. Sobieski am 12. September 1683, zwei Monate nach Beginn der Belagerung, zu Hilfe.

Neben einem 30 000 Mann starken polnischen Heer standen ihm deutsche und österreichische Truppen zur Verfügung. Die Türken waren weit in der Überzahl, doch Johann Sobieski dachte sich eine List aus. Er attackierte mit seinen Husaren das Hauptquartier des türkischen Befehlshabers, Kara Mustafa, der daraufhin in Panik flüchtete. Die führerlosen Türken erlitten schwere Verluste. Diese Niederlage leitete das Ende des türkischen Eroberungsdrangs in Westeuropa ein.

Der Balkan wurde fast 500 Jahre von den Türken beherrscht. Selbst heute fühlen sich die Balkanvölker im tiefsten Innern noch immer nicht als Europäer, so sehr sie es sich auch wünschen. Der Schatten ihrer islamischen Vergangenheit, wie Edward Gibbon es ausdrückt, fällt nach wie vor auf sie. In den Balkanstaaten erschienene christliche Geschichtsbücher schildern die 500-jährige Türkenherrschaft als Zeit des Schreckens. Lediglich in Bosnien und Albanien wird differenzierter geurteilt. Die Bosnier waren nämlich christlich-orthodoxe Serben, die zum Islam konvertierten und damit den Eroberern rechtlich gleichgestellt wurden. Gleiches galt für die Albaner. Unmenschlich war das Regime sicherlich in mancher Hinsicht. Man denke nur an die so genannte Knabenlese, die regelmäßige Aushebung christlicher Knaben, die zu Muslimen erzogen und zu

Mitgliedern der Elitetruppe des türkischen Sultans, den Janitscharen, ausgebildet wurden. Doch es gab nicht nur Negatives. Die *Pax Ottomanica*, der »osmanische Friede«, schloss nach dessen Eroberung auch den Balkan mit ein und brachte nach Jahrhunderten kriegerischer Auseinandersetzungen endlich Frieden.

Die meisten balkanischen Historiker leugnen, dass die Balkanvölker von der *Pax Ottomanica* profitierten. Westeuropäer könnten sich nicht vorstellen, wie grauenvoll das Leben unter muslimischer türkischer Herrschaft gewesen sei, argumentieren sie. Unter christlicher Herrschaft lebte es sich damals aber auch nicht besser. So sind beispielsweise die christlichen Wikinger im 13. Jahrhundert einem lukrativen Geschäft nachgegangen: Sie verkauften christliche Slawen als Sklaven an Muslime. Und die Bulgaren dürften unter den Türken weit weniger gelitten haben als unter dem byzantinischen Kaiser Basileios II. (976–1025): Das Byzantinische Reich war immer wieder von den Bulgaren angegriffen worden: Sie schlugen das byzantinische Heer, belagerten Konstantinopel. Basileios II. zerschlug schließlich Bulgarien in einem grausamen 30-jährigen Krieg. Nachdem er das Land 1014 erobert hatte, ließ er 15 000 Gefangene blenden – jedem hundertsten Mann ließ er ein Auge, damit das tragische Heer zu Samuil, dem bulgarischen Zaren, zurückkehren konnte. Basileios II. nannte sich danach stolz Basileios Bulgaroktonos – Basileios, der Bulgarenschlächter. Er war ein Christ. Genau wie die Bulgaren.

Griechischen Schulkindern wird Basileios Bulgaroktonos heute noch als bewundernswertes Vorbild hingestellt.

9

DIE KREUZZÜGE

(1095–1204)

Die Kreuzzüge zur Rückeroberung des Heiligen Landes von den Muslimen begannen im 11. Jahrhundert. 1054 war es zum Schisma gekommen, der Spaltung der christlichen Kirche in eine abendländische – die Katholiken unter dem Papst – und eine morgenländische Kirche – die Griechisch-Orthodoxen unter dem Patriarch von Konstantinopel. Eine der Hauptursachen für dieses Schisma war, dass die Päpste dem christlichen Glaubensbekenntnis das lateinische Wort *filioque*, »und durch den Sohn«, angefügt hatten, um auszudrücken, dass der Heilige Geist nicht nur durch Gottvater, sondern auch durch den Sohn, Jesus, wirke. Ein zweiter Grund war eine weitere päpstliche Neuerung, die von den griechisch-orthodoxen Geistlichen abgelehnt wurde: das Zölibat für Priester. Es gab auch noch einen dritten, ganz banalen Grund: den päpstlichen Erlass, dass Priester keinen Bart tragen sollten, was von den Griechisch-Orthodoxen ebenfalls abgelehnt wurde. Man sollte eben die Bedeutung scheinbar unwichtiger Dinge nie unterschätzen.

Germanische Stämme hatten überall in Europa christliche Königreiche mit Bistümern und Abteien geschaffen. 1095 entschied Papst Urban II., Jerusalem, das sich seit 638 in der Hand der »Ungläubigen«, sprich: der Muslime, befand, müsse zurückerobert werden. Er rief zum heiligen Krieg (einem Dschihad, wie die Muslime sagen würden) gegen den Islam auf. So begann der erste Kreuzzug.

Außer dem Kampf gegen die Heiden gab es noch andere Motive für diesen Feldzug. Europas Bevölkerung war zu groß geworden. Viele junge Adlige, die von der Erbfolge ausgeschlossen waren, sahen keine Möglichkeit, zu Ruhm und Reichtum zu gelangen. Darüber hinaus suchte Venedig den Handel im östlichen Mittelmeerraum, der von Muslimen beherrscht wurde, an sich zu reißen. Und zudem hatte der byzantinische Kaiser Alexios um Hilfe im Kampf gegen die Muslime gebeten, die Vorstöße in sein Reich unternahmen. Falls man ihm diese Hilfe gewährte, würde er seine Dankbarkeit möglicherweise dadurch bekunden, dass er die griechisch-orthodoxe mit der katholischen Kirche vereinte.

Redegewandte Prediger zogen auf der Suche nach Kampfwilligen durch Europa: »Wer das Schwert gegen die Ungläubigen ergreift, dem werden alle Sünden vergeben werden«, versprachen sie. Zu guter Letzt waren Hunderte von Geistlichen – Bischöfe, Äbte, Priester – und 4 000 Ritter samt Pferden und Dienern versammelt; hinzu kamen 25 000 Fußsoldaten. Unterwegs schlossen sich Unzählige an, doch bei vielen verflog der anfängliche Eifer schnell wieder, und sie blieben zurück. Von einer Mobilmachung im heutigen Sinn kann man nicht sprechen. Einzelne Führer scharten Freiwillige um sich – je bedeutender der Anführer, desto größer die Schar seiner Anhänger. Zu den großen Führern zählte der 57-jährige Raimund, Graf von Toulouse und Markgraf der Provence. Der populärste Held aber war ein Franke, der junge, blonde, gut aussehende Gottfried von Bouillon, Herzog von Lothringen.

Und da sie sich schon einmal zusammengerottet hatten, um Ungläubige zu töten, warum sollten sie nicht im eigenen Land damit beginnen? So fielen sie im heutigen Rheinland als Erstes über die Juden her. Ein Augenzeuge, Albert von Aachen, hielt fest:

Die Kreuzfahrer griffen die Juden an und schlachteten sie unbarmherzig ab. Dies sei der Beginn des Kreuzzugs, sagten die Kreuzfahrer, und es sei ihre Pflicht, die Feinde des christlichen Glaubens zu töten. Das Blutbad nahm in Köln seinen Anfang. Die Kreuzfahrer schlugen die Juden, wo sie sie trafen, brannten ihre Häuser und Synagogen nieder und teilten sich das erbeutete Geld. Nicht ein einziger Jude überlebte. Von Köln zogen sie weiter nach Mainz, wo der Bischof die Juden in seinem Palast versteckt hatte. Das konnte die Kreuzfahrer aber nicht aufhalten. Sie stürmten den bischöflichen Palast und ermordeten an die 700 Juden, darunter auch viele Frauen. Mit ihren Schwertern spießten sie die Kinder auf. Und als sie alle hingemordet hatten, nahmen sie die Reichtümer an sich, die die Juden dem Bischof anvertraut hatten.

»Mag der Gedanke, dass es der Wunsch unseres Herrn Jesus sei, diese viehischen, rohen Bestien möchten sein allerheiligstes Grab besuchen, dem Herzen jedes Gläubigen fern sein«, schließt Albert von Aachen seinen Bericht.[1]

Die Lehren Christi konnten nicht als Rechtfertigung für die Gräueltaten der Kreuzfahrer dienen, denn diese Lehren verbieten ein derart grausames Vorgehen. Doch gegen die Kirche, die predigte, dass »die Juden Christus getötet« hatten, und gegen die Mord- und Raublust mancher Christen vermochten sie nichts auszurichten.

Am 7. Juni 1099 nahm ein rund 1 500 Mann starkes Ritterheer, das von 12 000 Fußsoldaten unterstützt wurde, unter Führung Gottfried von Bouillons Jerusalem ein. Ausnahmslos alle muslimischen und jüdischen Männer, Frauen und Kinder wurden im Namen Christi abgeschlachtet – auf demselben Grund und Boden, auf dem Jesus Jahrhunderte zuvor gepredigt hatte, dass wir nicht nur unsere Nächsten, sondern auch unsere Feinde lieben sollten. Ein anderer Augenzeuge, Raimund von Aguiliers, berichtet:

> Einige unserer Leute schlugen den Feinden den Kopf ab – und das war eine gnädige Todesart; andere durchbohrten sie mit Pfeilen, wieder andere marterten sie länger, indem sie sie in die Flammen warfen. Berge von Köpfen, Händen, Füßen türmten sich in den Straßen. Im Tempel Solomons ritten Männer durch Blut, das ihnen bis zu den Knien und bis zu den Zügeln ihrer Rösser reichte.[2]

Ein Königreich Jerusalem wurde gegründet. Auf dem Gebiet des heutigen Israel, des Libanon und Syriens errichteten westliche Fürsten gewaltige Festungen.

Ein zweiter Kreuzzug zur Festigung der christlichen Machtposition im Mittleren Osten wurde von 1147 bis 1149 geführt. Er endete für den Westen mit einer vernichtenden Niederlage. Am 2. Oktober 1187 nahm Sultan Saladin (1138–1193) Jerusalem ein. Er versprach, die Einwohner unter der Bedingung, dass sie Lösegeld zahlten, zu verschonen. Er hielt sein Versprechen.

Der dritte Kreuzzug zur Rückeroberung Jerusalems wenige Jahrzehnte später (1189–1192) schlug fehl. Als der englische König Richard Löwenherz die Küstenstadt Akko einnahm (heute im Norden Israels gelegen), ließ er alle muslimischen Einwohner töten, obwohl er Sultan Saladin zugesichert hatte, die Bevölkerung zu verschonen.

Jerusalem blieb in der Hand der Muslime. Unmittelbar nach seiner Wahl zum Papst 1198 rief Innozenz III. zu einem vierten Kreuzzug zur Befreiung der Heiligen Stadt auf.[3] Er besteuerte seine Kirchen zur Finanzierung des heiligen Kriegs und gewährte jedem, der ein Jahr am Kreuzzug teilnehmen würde, einen vollkommenen Ablass, also die Vergebung aller seiner Sünden.

Als der Priester Foulques de Neuilly zum Kreuzzug aufrief, sagte Richard Löwenherz, der von Kreuzfahrten genug gesehen hatte, zu ihm: »Ihr ratet mir, mich von meinen drei Töchtern, dem Stolz, der Habgier und der Hemmungslosigkeit, zu trennen. Nun gut, ich gebe sie jenen, die ihrer besonders würdig sind: den Stolz dem Templerorden, die Habgier den Mönchen von Cîteaux und die Hemmungslosigkeit den Prälaten.«[4]

Eines der größten Probleme bei vorangegangenen Kreuzfahrten war die Versorgung des Heeres gewesen, die auf dem Landweg über Kleinasien erfolgen musste. Dieses Mal entschied man sich für den Seeweg. Der Doge von Venedig, Enrico Dandolo, ein gerissener Politiker und Kaufmann, erklärte sich nach zähen Verhandlungen bereit, 50 Kriegsgaleeren zur Verfügung zu stellen und den Transport von 4 500 Rittern samt ihren Pferden, 9 000 Reitknechten, 20 000 Fußsoldaten und Nachschub für neun Monate zu übernehmen. Dafür verlangte er 85 000 Silbermark – eine ungeheure Summe für damalige Verhältnisse – sowie die Hälfte des eroberten Landes und der Kriegsbeute.[5] Die Gesandten willigten ein, der Vertrag wurde auf feinem Pergament aufgesetzt, gesiegelt, mit feierlichen Gelöbnissen bekräftigt und dann an Papst Innozenz III. weitergeleitet, der ihn absegnete.

Als der Kreuzzug von Venedig aus starten sollte, hatten die Kreuzritter aber nur 51 000 statt der vereinbarten 85 000 Silbermark zusammengebracht. Das sei nicht so tragisch, meinte der halb blinde und angeblich bereits 94-jährige Dandolo, er werde sich großzügig zeigen und die restlichen 34 000 Silbermark vergessen, bis sie so viel Beute gemacht hätten, dass sie ihn bezahlen könnten. In der Zwischenzeit würde er sich damit zufrieden geben, wenn sie ihm bei der Eroberung Zaras behilflich wären.[6] Zara, eine Hafenstadt unter ungarischer Oberhoheit an der dalmatischen Adriaküste, konkurrierte mit Venedig um die wirtschaftliche Vormachtstellung.

Der Zisterzienserabt von Vaux, der verlängerte Arm des Papstes, gab zu bedenken, das Ziel des Kreuzzugs sei die Befreiung Jerusalems und nicht die Plünderung christlicher Städte. Der Zisterzienserorden war seinerzeit der reichste und deshalb auch der einflussreichste christliche Orden. Als der Doge davon hörte, erinnerte er die fürstlichen Kreuzfahrer an ihr Versprechen. Brächen sie es, würde er ihnen die zugesagten Schiffe nicht zur Verfügung stellen. Da beschworen sie den Dogen, zu seiner Zusage zu stehen, sie würden Zara auch ganz bestimmt angreifen.[7]

So lief die Flotte also aus und die Standarte eines jeden Adligen flatterte im Wind. Grafen, Barone und Ritter boten einen prächtigen Anblick, wie sie in ihren bunten Waffenröcken dastanden, ihren Schnurrbart zwirbelten und den Mädchen, die ihnen zum Abschied mit Seidentüchern winkten, verliebte Blicke zuwarfen.

Am 10. November erreichten sie Zara. Sie griffen die Stadt mit Belagerungsgeräten an. Fünf Tage später kapitulierten die Bewohner: »Plündert uns, wenn es sein muss, aber verschont unser Leben, einverstanden?« Einverstanden.[8] Zara wurde eingenommen und vollständig ausgeraubt. Es kam zu Vergewaltigungen, aber getötet wurde niemand.

Der Doge meinte, es sei schon spät im Jahr – keine gute Zeit für eine Seereise. Warum nicht hier überwintern? Für Nachschub sei gesorgt, das Hinterland habe alles zu bieten, was sie brauchten. Und die Beute würde geteilt werden. Die halbe Stadt einschließlich des Hafens fiel an Venedig. Die Franken (die meisten Kreuzfahrer waren Franken) bekamen den Rest.[9]

Während sie in Zara auf den Frühling warteten, sandten die Kreuzfahrer eine Abordnung zum Papst, damit er ihnen Absolution erteile. Innozenz III. tobte. Seine Kreuzritter hatten eine christliche Stadt angegriffen und geplündert! Er werde sie alle exkommunizieren, drohte er, ließ sich dann jedoch erweichen und erteilte die Absolution – unter der Bedingung, dass die Beute zurückgegeben würde. Sie dankten ihm für die Absolution – und behielten die Beute.[10] Die Venezianer weigerten sich übrigens, ihr Vergehen einzugestehen oder zu beichten: Sie verzichteten auf die päpstliche Vergebung und duldeten auch nicht, dass ein Geistlicher sich in ihre geschäftlichen Angelegenheiten einmischte.

An Ostern hätte die Flotte eigentlich Richtung Ägypten in See stechen sollen; von dort wäre es dann weitergegangen nach Palästina und Jerusalem. Nun war Ägypten aber ein wichtiger Handelspartner für Venedig: Es exportierte Nutzholz, Eisen und Waffen und importierte Sklaven. Venedig hatte zudem ein Geheimabkommen mit Ägypten, eine Art Nichtangriffspakt. Warum nicht lieber Konstantinopel einnehmen, das viel reichere Beute zu bieten hatte? Der Abt von Vaux erhob wiederum Einwände. Sie konnten doch nicht schon wieder eine christliche Stadt angreifen! Viele ältere Geistliche waren jedoch anderer Ansicht. Natürlich konnten sie Konstantinopel erobern![11] Geld und Nachschub wären dort reichlicher aufzutreiben als in Ägypten.[12]

Es gab einen weiteren Grund für die Eroberung Konstantinopels: den Sturz des Usurpators Alexios III. Angelos. Der nämlich hatte seinen Bruder Isaak II. Angelos, den Herrscher von Byzanz, absetzen, blenden und einkerkern lassen. Isaaks Sohn, der ebenfalls Alexios hieß, gelang es, zu seiner Schwester zu fliehen, der Gemahlin des deutschen Königs Philipp von Schwaben. Dieser ließ den Kreuzfahrern durch einen Boten folgende Nachricht übermitteln:

Wenn es euch gelingt, dem jungen Alexios zu seinem rechtmäßigen Erbe zu verhelfen, wird er die byzantinische Kirche unter die Oberhoheit des Papstes stellen. Ferner werdet ihr 200000 Silbermark und Verpflegung für euer Heer bekommen. Und er wird persönlich eine 10000 Mann starke Truppe anführen, um gemeinsam mit euch das Heilige Land zu befreien.[13]

Die Flotte segelte also nach Konstantinopel. Den Kreuzfahrern wird wohl beim Anblick der prächtigen Kirchen und Paläste das Wasser im Mund zusammengelaufen sein. Sie griffen an und jagten Alexios III., den unrechtmäßigen Herrscher, davon. Isaak wurde befreit und sein Sohn Alexios als Alexios IV. Angelos zum Kaiser ausgerufen.[14] Als die Kreuzfahrer die versprochenen 200 000 Silbermark verlangten, mussten sie feststellen, dass sich nur 100 000 in der Schatzkammer befanden. Die Einwohner von Konstantinopel waren weder bereit, mehr Geld aufzubringen, noch, sich dem Papst zu unterwerfen.[15]

Die katholischen Bischöfe predigten den Kreuzfahrern, die Eroberung des Byzantinischen Reichs sei rechtens, weil die Griechen »schlimmere Verräter als die Juden« seien. Im Namen Gottes und des Papstes würden sie all jenen, die gegen die Griechen in Konstantinopel kämpften, Absolution erteilen.[16]

Unterdessen (1204) war der junge Kaiser von einem Rivalen ermordet worden: Alexios V. Murzuphlos bestieg den Thron. Als das Kreuzfahrerheer die Stadt angriff, wurde er nach heftigen Kämpfen besiegt und floh aus Konstantinopel. Die Stadt fiel am 12. April 1204.[17]

In den Aufzeichnungen des Chronisten Villehardouin, die uns als Quelle gedient haben, findet sich nichts über die Plünderung der Stadt. Der byzantinische Geschichtsschreiber und Senator Niketas Choniates hingegen beschrieb das Ausmaß der Zerstörung:

> Sie traten heilige Ikonen mit Füßen. Reliquien heiliger Märtyrer wurden an unreine Orte geworfen. In der Hagia Sophia zerschlugen sie den Altar, der aus vielerlei kostbaren Materialien bestand, und verteilten die Bruchstücke untereinander. Sie führten Maultiere und Packpferde in die Kirche und beluden sie mit geweihten Gefäßen, prächtigen Kunst- und anderen Gegenständen, mit erlesenem Silber und vielen

anderen Dingen, welche die Kirche geschmückt hatten. Dann brachten sie eine nackte Hure herein. Sie setzte sich auf den Platz des Patriarchen, sang anstößige Lieder und tanzte. Ehrenwerte Frauen, Mädchen und Nonnen wurden vergewaltigt.[18]

Einen weiteren Bericht des vierten Kreuzzugs liefert die *Historia Constantinopolitana* des in der Baseler Diözese gebürtigen Schriftstellers und Mönchs Gunther von Pairis, dessen Abt Martin am Kreuzzug teilgenommen hatte.

> Während die Sieger ihr Recht wahrnahmen und die Stadt in aller Eile plünderten, machte sich Abt Martin Gedanken über seinen Anteil an der Beute. Er wollte nicht der Einzige sein, der leer ausging. So begab er sich mit einem seiner Mönche zur Pantokrator-Kirche, wo die Kreuzfahrer damit beschäftigt waren, Gold, Silber und Edelsteine fortzuschleppen. Da Abt Martin kein Sakrileg begehen wollte, es sei denn, der Zweck rechtfertigte es, beschloss er, nur heilige Reliquien zu stehlen. Dem alten griechischen Priester, der sie verteidigen wollte, drohte er, ihn umzubringen, wenn er sie nicht herausrücke. Dann stopfte er die Reliquiare in seine Kutte und in die des Mönchs, der bei ihm war, und ging wieder.[19]

Diese kostbaren Reliquiare waren übrigens aus Gold gearbeitet und mit Edelsteinen verziert. In einem wurde zum Beispiel ein Finger des heiligen Nikolaus aufbewahrt. Einige kann man heute noch in der Markuskirche in Venedig bewundern, wo sie sich seit 800 Jahren befinden. Der Reliquienhandel war ein höchst lukratives Geschäft – es gab Leute, die jeden Preis für ein kleines Stückchen von einem Heiligen bezahlten, weil sie glaubten, damit den Schlüssel zum Paradies in Händen zu halten.

Den folgenden Brief schrieb Papst Innozenz III. an Kardinal Peter, den päpstlichen Gesandten in Jerusalem:

Wir sind nicht wenig erstaunt und beunruhigt zu hören, dass Ihr in Konstantinopel wart. Wie wir aus Euren Briefen erfuhren, habt Ihr allen Kreuzfahrern die Absolution erteilt. Dies stand Euch nicht zu, und es war nicht rechtens, so zu handeln. Wie sollen wir die Griechen von einer Wiedervereinigung mit der katholischen Kirche überzeugen, wie ihre Ergebenheit einfordern, wenn sie in jenen, die katholischen Glaubens sind, Werkzeuge finsterer Mächte sehen und sie jetzt – und das mit Recht – mehr verabscheuen als Hunde?

Dem Herrn zu dienen sollte das Ziel der Kreuzfahrer sein, stattdessen verfolgten sie ihre eigenen Interessen. Gegen die Heiden hätten sie ihre Schwerter einsetzen sollen, aber jetzt klebt das Blut von Christen an ihnen, die sie ohne Rücksicht auf Alter oder Geschlecht hingeschlachtet haben. Sie haben Ehebruch und Unzucht begangen. Sie haben Mütter und Jungfrauen, sogar Nonnen geschändet. Nicht genug damit, dass sie die kaiserlichen Schatzkammern geplündert haben, raubten sie auch Kirchen aus. Selbst Silberplatten rissen sie von den Altären, zerhackten sie und teilten sie untereinander auf. Heilige Orte entweihten sie und stahlen Kreuze und Reliquien.

Gegeben den 12. Juli 1204.[20]

Die Kreuzfahrer waren also eine Bande plündernder Kriegsherren, habgieriger Geistlicher, geldgieriger Profiteure – mit einem Wort, große Akquisitoren, und in ihrem Gefolge befanden sich Horden von Akquisitoren kleineren Kalibers, die wenigstens ein Schmuckstück rauben und eine Nonne vergewaltigen wollten. Die Stadt, die sie angriffen und plünderten, war eine christliche Stadt. Und abgesegnet wurde das Unternehmen von einem Kardinal. Der vierte Kreuzzug war ein mittelalterlicher Rückfall in den Urtyp des großen Akquisitors gewesen: halb Medizinmann, halb brutaler Despot. Drahtzieher jedoch war ein modernerer Typ gewesen – der Finanzier, der Mann, der das Geld und somit die Macht hat: der Doge und Kaufmann Enrico Dandolo.

Es waren Christen, die eine christliche Gesellschaftsordnung zerschlugen – das von den »ungläubigen« Muslimen bedrohte Byzantinische Reich. Die adligen Kreuzritter teilten es in kleine Staaten auf, die dem muslimischen Ansturm nicht standzuhalten vermochten, und so breitete sich der Islam über das Gebiet des heutigen Irak, der Türkei, des Libanon, des Balkans und Syriens aus.

1261 fiel Konstantinopel wieder an die Griechen. Das änderte jedoch nichts daran, dass das bereits vor dem vierten Kreuzzug geschwächte Byzantinische Reich immer weiter zerfiel und der Islam es sich Stück für Stück einverleibte.

1453 wurde Konstantinopel von den Türken erobert, die sich toleranter zeigten als die christlichen Invasoren von 1204. Sultan Mohammed II. Fatih verbot seinen Soldaten unmittelbar nach dem Einmarsch in die Stadt, diese zu plündern – ein nie da gewesener Gnadenakt. Den Griechen und Genuesern, die geflüchtet waren, sicherte er zu, dass ihnen nichts geschehen würde, wenn sie zurückkehrten; er gab ihnen sogar ihre Häuser zurück. Am 6. Januar 1454 stellte er das griechisch-orthodoxe Patriarchat wieder her, setzte einen jüdischen Rabbiner und einen armenischen Patriarchen ein. Menschen aller Konfessionen konnten sich in der Stadt sicher fühlen. Auch durften die Christen meist ungehindert ins Heilige Land reisen, in ihren Kirchen beten und ihre Pilgerstätten besuchen. Desgleichen war ihnen die Weiterführung des Johanniterordens erlaubt worden.

Zur Zeit der Kreuzzüge lag die Macht der katholischen Kirche in den Händen der Kardinäle, die ihre Nachfolger selbst bestimmten. Und ihre Macht war ungeheuer, denn die Drohung, jeder Sünder werde ewiger Verdammnis anheimfallen, verfehlte ihre Wirkung nicht. Um dem Höllenfeuer zu entgehen, bettelten selbst Könige und Kaiser um Absolution – die Vergebung aller Sünden, die, so dachten sie, nur die Kirche gewähren könne.

Es fiel den katholischen Kirchenfürsten nicht schwer, einen Kreuzzug zu fördern, der das christliche Byzantinische Reich in seinen Grundfesten erschütterte. Der Lateran konnte aber auch einen westlichen Herrscher in die Knie zwingen. Im Februar 1076 hatte Papst Gregor VII. den deutschen König Heinrich IV., den späteren Kaiser des Heiligen Römischen Reichs, gebannt – der Bann stellte die schlimmste Form kirchlicher Ächtung dar. Er hatte unter anderem zur Folge, dass die Untertanen von ihrer Gehorsamspflicht dem König gegenüber entbunden waren. Fürsten und Bischöfe drängten auf Absetzung des Königs, wenn dieser sich nicht mit dem Papst aussöhne. Daraufhin trat Heinrich im Januar 1077 den berühmten Gang nach dem im Apennin gelegenen Canossa an. Papst Gregor VII. schildert die Begebenheit so:

> Heinrich kam in eigener Person nach Canossa. Barfuß und in armseligem wollenem Gewand bat er am Tor um Einlass und flehte unter Tränen um Vergebung und Erteilung der Absolution. Drei Tage lang ging das so. Zu guter Letzt lösten wir den Bann von ihm und nahmen ihn von neuem in den Schoß der Kirche auf.[21]

Erinnern wir uns: Die katholischen Bischöfe erklärten den Angriff auf Konstantinopel für gerechtfertigt, weil die Griechen schlimmere Verräter als die Juden seien. Jedem, der gegen die

Griechen kämpfe, würden im Namen Gottes und des Papstes alle Sünden vergeben. Wenn man den Bischöfen glaubte, war der christliche Gott also durchaus mit dem Angriff auf eine andere Volksgruppe, sogar eine christliche, einverstanden. Die katholischen Bischöfe hatten Fremdenhass – insbesondere den Hass auf jene Fremden, die eine andere Sprache sprachen – nicht nur toleriert, sondern sanktioniert.

Brutalität und ethnische Intoleranz waren freilich kein Vorrecht der katholischen Kirche oder der fränkischen und venezianischen Eroberer Konstantinopels. Die griechisch-orthodoxen Byzantiner waren auch nicht besser. Christliche Sekten, die nicht vom byzantinischen Herrscher und dem Patriarch von Konstantinopel anerkannt wurden, wurden gnadenlos verfolgt. So ging Konstantinos V. Kopronymos (741–775) brutal gegen die christlichen Ikonodulen, die Bilderverehrer, vor, folterte sie aufs Grausamste und ließ ihre Prälaten köpfen.[22]

Dem blutrünstigen Eifer von Inquisitoren, die die byzantinische Kaiserin Theodora (842–856) eingesetzt hatte, fielen umgekehrt Bilderstürmer zum Opfer, nämlich 100 000 Angehörige der christlichen Glaubensgemeinschaft der Paulizianer* durch Schwert, Galgen oder Scheiterhaufen. Eine Folge solcher Gräueltaten war, dass sich die verfolgten christlichen Minderheiten mit den Muslimen verbündeten. Edward Gibbon schreibt:

> Carbeas, ein tapferer Paulizianer, dessen Vater von den byzantinischen Inquisitoren gepfählt worden war, schwor dem muslimischen Kalifen Treue. Der hemmungslose byzantinische Herrscher Michael III. musste persönlich in den Kampf

---

* Die Paulizianer verehrten den Apostel Paulus, schätzten dessen Briefe und das Lukas-Evangelium. Die heiligen Sakramente lehnten sie ebenso wie extreme Askese ab, maßen aber der Taufe große Bedeutung bei. Sie waren Bilderstürmer.

gegen die Paulizianer eingreifen. Er wurde besiegt. Gemeinsam mit seinen treuen muslimischen Verbündeten plünderte Carbeas' Nachfolger Chrysocheir die christlichen Städte Nikomedia, Ankyra und Ephesos. Die Basilika von Ephesos wurde zu einem Stall für Maultiere und Pferde. Der neue byzantinische Herrscher Basileios I. war gezwungen, um Frieden zu bitten, Lösegeld für die Gefangenen anzubieten und Chrysocheir um Gnade für seine christlichen Nächsten zu ersuchen. Chrysocheirs Antwort lautete: »Der Kaiser möge abdanken.« Woraufhin Basileios sein Heer in das Land der Abtrünnigen führte und es mit Feuer und Schwert verwüstete.[23]

10

DIE EROBERUNG LATEINAMERIKAS

(16. Jahrhundert)

Es änderte sich wahrlich nicht viel in Europa im Lauf der weiteren Jahrhunderte. Während des 14. Jahrhunderts kam es zwischen England und Frankreich zu anhaltenden kriegerischen Auseinandersetzungen[1], die meiner Meinung nach nichts anderes waren als eine Art Drogenkrieg, wobei die Droge der damaligen Zeit der Wein war. Die besten Tropfen stammten aus Aquitanien (der Gegend um Bordeaux) und dem Burgund, und die englischen und französischen Könige kämpften erbittert um diese erstklassigen Anbaugebiete – schließlich standen wirtschaftliche Interessen und eine Menge Profit auf dem Spiel.

Der Krieg dauerte mit Unterbrechungen über 100 Jahre – von 1337 bis 1453. Vordergründig ging es um Erbansprüche. Beide Herrscherfamilien waren durch Heirat miteinander verbunden, die Frage war also, wer erbte was? Zwar hinterließen auch Könige gelegentlich ein Testament, doch wie heißt es so schön: Wo ein Testament ist, da sind auch Verwandte. 1422 hatten die Engländer und ihre burgundischen Verbündeten nicht nur Aquitanien, sondern auch ganz Frankreich nördlich der Loire besetzt. Mit dem Auftreten Jeanne d'Arcs, die ihre Landsleute mobilisierte, setzte die Rückeroberung ein. Doch dann wurde die Jungfrau von Orléans von den Burgundern gefangen genommen, an die Engländer verkauft und von diesen wegen Ketzerei zum Tod auf dem Scheiterhaufen verurteilt. Ketzerei war in jenen Tagen ein beliebter Vorwand, lästige Gegner loszuwerden. Doch zu guter Letzt wechselten die Burgunder die Seiten. Bis 1453 verloren die Engländer alle französischen Territorien außer Calais, das unter Maria Tudor schließlich an Frankreich zurückfiel. Alle diese Ereignisse sind historisch belegt, niemand bestreitet sie. Dennoch werden sie in französischen Schulbüchern völlig anders dargestellt als in englischen: In den französischen Büchern sind die Franzosen die Helden, die Engländer die Schurken – bei den Engländern ist es genau umgekehrt. Doch wie auch immer: Es ging beiden Seiten ausschließlich um die Ausdehnung ihres Machtbereichs mit allen damit verbundenen finanziellen Vorteilen.

Der Feind musste jedoch nicht unbedingt aus einem anderen Land kommen. Kaum war der Hundertjährige Krieg zu Ende gegangen, da kam es in England bereits zu neuen Kämpfen, zum Ausbruch der so genannten Rosenkriege. Der Name leitet sich ab von der weißen Rose im Feldzeichen des Hauses York und der roten Rose im Wappen der Lancaster. Beide Adelsfamilien erhoben Anspruch auf den englischen Thron, weil beide von Eduard III. abstammten, der von 1327 bis 1377 regiert und den Hundertjährigen Krieg gegen Frankreich begonnen hatte. Seine Nachfahren bekriegten einander von 1455 bis 1485. Richard Plantagenet, Herzog von York, beanspruchte den Thron, fiel aber bei Wakefield in einer Schlacht gegen die Truppen des Hauses Lancaster. Sein Sohn wurde zum König ausgerufen. Dieser, Eduard IV., bereitete dem Heer der Lancaster bei Towton eine verheerende Niederlage. Es war dies die blutigste Schlacht des Krieges. Auf beiden Seiten wechselten Siege und Niederlagen ab, herrschten Verrat und Gegenverrat. Doch Eduard IV. starb als König und in seinem Bett, und zwar 1483. Sein Nachfolger und Bruder Richard III. hatte weniger Glück: Er wurde von den Truppen der Lancaster unter Führung Heinrich Tudors am 22. August 1485 bei Bosworth besiegt und getötet. Heinrich Tudor wurde Heinrich VII., und sein Sohn war jener Heinrich VIII., der seine Frauen so gern köpfen ließ.

Richard III. erlitt das Schicksal eines jeden Besiegten: Er wurde als durch und durch schlechter Charakter hingestellt. Die Geschichte wird eben von Siegern und den in ihren Diensten stehenden Bühnenautoren geschrieben. So machte Shakespeare aus Richard III. ein Ungeheuer. Erst jetzt wird er nach und nach rehabilitiert – von fleißigen Doktoranden.

Die Schlacht bei Bosworth beendete die Rosenkriege. Doch solche und ähnliche Auseinandersetzungen gab es zuhauf. In den 210 Jahren von 1469 bis 1679 verging praktisch kein Jahr, ohne dass irgendwo ein Krieg geführt worden wäre – von, mit, gegen: Österreich, Böhmen, Dänemark, England, Frankreich, verschiedene deutsche Staaten, Holland, Irland, Italien, Moldawien, Norwegen, das Osmanische Reich, Polen, Portugal, Russland, Schottland, Schweden, Spanien, Ungarn, Venedig. In manchen Jahren in diesen beiden Jahrhunderten fanden mehrere Kriege gleichzeitig statt.

Im Anhang ist unter dem Titel »Eine ernüchternde Chronologie« eine Liste dieser kriegerischen Auseinandersetzungen aufgeführt, eine jener Listen, die Schulkindern das Leben zur Hölle machen. Der Leser braucht sie nicht auswendig zu lernen. Ihm soll lediglich das erschreckende Ausmaß dieser bewaffneten Konflikte vor Augen geführt werden. Möge er an die Plünderungen, die Vergewaltigungen, das Morden, an all das Leid denken, das die großen Akquisitoren mit ihrer Habgier über die Menschheit gebracht haben.

In die Liste sind auch Religionskriege aufgenommen worden, auf die wir in Kapitel 11 eingehen werden. Der Protestantismus in seinen beiden anfänglichen Formen, dem Luthertum und dem Calvinismus, bereitete dem Bürgertum den Weg – den in den Städten siedelnden Kaufleuten und Handwerkern, die, nicht anders als zu Solons Zeiten, die Voraussetzungen für eine demokratische Gesellschaftsordnung schufen. Natürlich hatten auch katholische Kaufleute und Handwerker Anteil an der Neubelebung der Demokratie, doch vor allem durch die wechselseitige Beeinflussung mit den Protestanten.

Die Entstehung des Bürgertums, das zunehmend an Macht gewinnen sollte, war einer der beiden entscheidenden Faktoren im Europa des ausgehenden 15. und beginnenden 16. Jahrhunderts. Der andere war die Entdeckung Amerikas.

Noch schlachteten sich die großen Akquisitoren auf dem alten Kontinent im Kampf um Land und Gold gegenseitig ab, da suchten sie schon nach neuen Kriegsschauplätzen. Unter den Invasoren des neuen Kontinents taten sich besonders die spanischen Konquistadoren und unter diesen Hernando Cortez und Francisco Pizarro hervor. Sie waren aus dem gleichen Stoff wie die mythischen Helden des antiken Griechenland: Jason, der das Goldene Vlies raubte; Odysseus, der die Trojaner überlistete; Theseus, der den Minotaurus tötete und durch diesen Akt die Eroberung des minoischen Reichs durch die Griechen symbolisierte.

In unserer Geschichte Amerikas wird Cortez den Anfang machen.

Cortez (1485–1547)

Als Jugendlicher galt Cortez als streitlustiger Heißsporn und erfolgreicher Schürzenjäger. Er war 19 Jahre alt, als er 1504 von Spanien nach Hispaniola segelte, der zweitgrößten der Westindischen Inseln, die bereits von den Spaniern kolonisiert worden war (heute ist die Insel politisch aufgeteilt in Haiti und die Dominikanische Republik). Cortez wurde Grundbesitzer, arbeitete aktiv im Gemeindewesen mit und beeindruckte durch seine vornehme Art und sein aristokratisches Auftreten.[2]

Er erkrankte an Syphilis, hatte jedoch insofern Glück, als die Krankheit nie ausbrach und jenes fürchterliche dritte Stadium erreichte, das schließlich zum Tod führt.

1511 brach er als 26-Jähriger mit Diego Velázquez nach Kuba auf. Dort erwarb er ansehnlichen Grundbesitz und indianische Sklaven (der Name Indianer geht auf Kolumbus' Überzeugung zurück, dass das von ihm entdeckte Land Indien sei). Cortez errichtete das erste Haus in Santiago, der neuen Hauptstadt der Insel, wo er zwei Mal zum Gemeindeältesten gewählt wurde. Seine administrativen Fähigkeiten beeindruckten genauso wie sein vornehmes Gebaren. Vielleicht ist das der Grund, weshalb der Statthalter von Kuba, Velázquez, ihn 1518 zum Obersten Befehlshaber eines Eroberungszugs gegen Mexiko ernannte.

Cortez trieb in kürzester Zeit elf Schiffe, 16 Pferde und 508 Spanier auf, die unter ihm dienen wollten. Er war nämlich in der spanischen Gemeinde von Kuba ein äußerst angesehener Mann, manche waren sogar der Meinung, er würde einen besseren Statthalter als Velázquez abgeben. Als Velázquez das Gerede zu Ohren kam, reagierte er zornig und eifersüchtig, denn er fürchtete, Cortez werde versuchen, ihn abzusetzen. Cortez wiederum erfuhr gerüchteweise, Velázquez wolle ihn als Führer des Eroberungszugs ablösen lassen, und stach deshalb vorzeitig in See.

Als sie Mexiko erreicht hatten, erklärte Cortez seinen Soldaten, nun gebe es kein Zurück mehr. Er verlieh seinen Worten Nachdruck, indem er alle Schiffe bis auf eines in Brand stecken ließ. Siegen und erobern oder umkommen, lautete die Devise.

Cortez nutzte jede Möglichkeit, die einheimischen Stämme für sich zu gewinnen, anstatt sie zu bekämpfen. Er machte sich dabei ihren Hass gegen die Azteken zunutze, von denen sie unterdrückt wurden und denen sie Abgaben zahlen mussten. Zahlreiche Stämme, insbesondere die Tlaxcalteken, schlossen sich

Cortez an und überreichten ihm Geschenke, unter anderem 20 Frauen. Eine von ihnen, Malinche, wurde seine Geliebte. Sie lernte sehr rasch Spanisch und fungierte danach als Dolmetscherin. Wie wir noch sehen werden, spielte sie bei der Eroberung eine wichtige Rolle. Mit ihr hatte Cortez einen Sohn, Martin.

Der Aztekenherrscher Montezuma sah die Ankunft der Spanier auf der Halbinsel Yukatan gar nicht gern. Er sandte Boten zu Cortez, die den Spanier aufforderten, das Land wieder zu verlassen. Er schickte ihm aber auch kostbare Geschenke – was ein gewaltiger Fehler war. Als Cortez nämlich das Gold, das Silber und die Edelsteine sah, bestand er darauf, Montezuma in Tenochtitlán (heute Mexico City), der Hauptstadt des Reichs, aufzusuchen.

Montezuma hätte die Spanier zurückschlagen können. Doch er war ein Mann, der den Glauben seiner Väter respektierte. Und so glaubte er an die Legende vom Gott Quetzalcoatl, der eines Tages zurückkommen und über die Erde herrschen würde. Der Überlieferung zufolge hatte der Gott einen Bart, helle Haut, rote Haare und grüne Augen. Die Beschreibung traf auf Cortez zu. Montezuma hielt den Spanier offensichtlich für den Gott, dessen Erscheinen angekündigt worden war. Und so beging er jenen verhängnisvollen Fehler, der sein Schicksal und das Mexikos besiegeln sollte: Er ließ Cortez in die Stadt Tenochtitlán hinein.

Als Cortez am 8. November 1519 mit seinen Spaniern und 1 000 tlaxcaltekischen Kriegern in die Stadt einmarschierte, wurde er empfangen wie ein Gott. Wir wissen nicht, wann Cortez klar wurde, dass man ihn für Quetzalcoatl hielt. War er bereits von den Indianern auf Yukatan göttlich verehrt worden? Oder war es nur Montezuma, der einen Gott in ihm sah? Hatte Malinche ihren spanischen Herrn und Geliebten in die Geschichte von Quetzalcoatl eingeweiht? Wie auch immer – Cortez nahm Montezuma gefangen. Malinche spielte auf Geheiß ihres Herrn Spielchen mit dem Aztekenherrscher – Psychospielchen würden wir heute sagen –, die ihn zu einem willenlosen Werkzeug des Spaniers machten.

Wir wissen leider zu wenig über die junge Indianerin. Hielt auch sie Cortez für den Gott Quetzalcoatl? War sie einfach nur in ihn verliebt? Oder seine treue Dienerin, weil er ihr den gesellschaftlichen Aufstieg ermöglicht hatte?

Unsere Quellen verraten nichts über die Art von Malinches Psychospielchen. Bestärkte sie den Aztekenherrscher in seinem Glauben, dass Cortez ein Gott sei? Aber wie? Wie sie es auch angestellt haben mochte – es funktionierte jedenfalls.

Velázquez, dem Cortez zu mächtig wurde, entsandte zweimal Truppen nach Mexiko, um seine Macht einzudämmen. Cortez rieb den ersten Zug völlig auf und besiegte den zweiten, dessen Soldaten sich ihm schließlich anschlossen. Doch während er gegen seine Landsleute kämpfte, gerieten die 80 Mann, die er in Tenochtitlán zurückgelassen hatte, in Panik, als sie Tausende Azteken zu Montezumas Palast strömen sahen. Die Spanier metzelten unzählige aztekische Adlige nieder – nicht ahnend, dass sie sich nur zu einer religiösen Zeremonie hatten versammeln wollen. Sofort griff die Stadt zu den Waffen, um die Gräueltat zu rächen. Die Spanier verbarrikadierten sich in ihren Quartieren und sandten Montezuma aus, damit er sein Volk beruhige.

Montezuma hätte die Gelegenheit nutzen und seine Untertanen in den Kampf gegen die Spanier führen können. Doch er verpasste auch diese Chance. Er hatte der spanischen Krone Treue gelobt; er hatte sich zum Christentum bekehrt und in den Tempeln die heiligen Statuen der Azteken durch katholische Heiligenbilder ersetzen lassen. Die Azteken hatten den Respekt vor ihrem Herrscher verloren. Als sie ihn aus dem Palast kommen sahen, empfingen sie ihn mit einem Steinhagel. Montezuma wurde schwer verletzt und starb zwei Wochen später.

Cortez kehrte nach Tenochtitlán zurück, wurde jedoch zurückgeschlagen. Wenig später besiegte er die Azteken dann aber in der Schlacht von Otumba. Er eroberte Tenochtitlán zurück und wurde zum Herrscher des Aztekenreichs.

Sein Erfolg vertiefte Velázquez' Missgunst noch. Er intrigierte mit Freunden in Madrid gegen ihn und ließ das Gerücht verbreiten, Cortez sei so mächtig geworden, dass er sich vom spanischen Königshaus lossagen und selbst zum König krönen würde. In Briefen an den spanischen König verwahrte sich Cortez gegen diese Vorwürfe. Der Inhalt von fünf Briefen ist bekannt. Hier sind Auszüge aus dem ersten:

> Es gibt in der großen Stadt Tenochtitlán zahlreiche prachtvolle Tempel mit Götzenstatuen darin, die ich von ihren Sockeln und die Tempelstufen hinabstieß und durch Bilder von der Jungfrau Maria und unseren Heiligen ersetzte. Montezuma beobachtete es in höchster Erregung und sagte, die Götzen würden zornig, wenn man sie schlecht behandelte, und würden das Volk mit einer Hungersnot strafen. Ich ließ ihm durch die Dolmetscher mitteilen, dass er sich irre, wenn er glaube, die Götzen gnädig stimmen zu können. Er müsse lernen, dass es nur *einen* Gott gebe, einen allmächtigen Schöpfer, der Himmel und Erde und alle Dinge auf ihr und ihn und uns alle erschaffen habe. Dieser Gott sei ewig und unsterblich – ihn allein müssten sie verehren, an ihn allein glauben und an kein anderes Wesen oder Ding. Worauf Montezuma erwiderte, wenn ich ihn im wahren Glauben unterweisen wolle, würden er und sein Volk mir folgen. Und die, die bei ihm waren, stimmten ihm zu. Ich verbot ihnen, ihren Götzen Menschenopfer darzubringen, wie sie es bisher getan hatten, nicht nur, weil Gott der Herr diese Opfer verabscheute, sondern auch weil Eure heilige Majestät sie per Gesetz verboten hat. Ich befahl ihnen, jedem, der einem andern

das Leben nahm, ebenfalls das Leben zu nehmen. Was nun die Einrichtung seiner Paläste betrifft, so findet sich dort alles, was in seinem Reich vorkommt – jede Pflanze, jeder Vogel, alles Getier –, als Nachbildung in Gold, Silber, Edelsteinen und kostbaren Federn. Gold und Silber sind kunstvoller gearbeitet, als irgendein Schmied das könnte.

Die Schlüsselstellen in diesem und den anderen Briefen sind erstens der sagenhafte Reichtum der Azteken und zweitens ihre Bekehrung zum Christentum. Cortez sprach damit die Frömmigkeit und die Habgier Karls V. an. Mit den Briefen sandte er dem Monarchen Gold, Silber und Edelsteine. Dieser Reichtum beeindruckte Karl V. so sehr, dass er Cortez zum Marqués del Valle de Oaxaca erhob. Das bewahrte ihn zunächst vor weiteren Anfeindungen.

Doch der Frieden währte nicht lange. Hofschranzen sehen es nicht gern, wenn sie übergangen werden und jemand sich direkten Zugang zum Herrscher verschafft. Sie bildeten Untersuchungsausschüsse, die sich mit Cortez' Verhalten befassten. Zu guter Letzt musste er nach Spanien zurückkehren und sich vor Gericht verantworten. Zermürbt von finanziellen Problemen sowie von den ständigen Querelen und Angriffen der Höflinge, starb er krank und verarmt in seiner spanischen Heimat.

Pizarro (1478–1541)

Francisco Pizarro war der uneheliche Sohn eines armen Mädchens, das von Gonzalo Pizarro, einem Hauptmann, verführt worden war. Er wuchs bei den Großeltern mütterlicherseits auf, wo er Schweine hütete. Er lernte nie lesen oder schreiben. Sowie er alt genug war, ging er zu den Soldaten und kämpfte in Italien. 1502 segelte er nach Westindien. Elf Jahre später nahm er als Hauptmann am Eroberungszug des Spaniers Vasco Nuñez de Balboa teil, der die Landenge von Panama durchquerte und den Pazifik entdeckte. Pizarro sei ein schweigsamer Mensch ohne Ambitionen gewesen, auf den man sich in brenzligen Situationen unbedingt habe verlassen können, berichten Zeitzeugen. Er ließ sich in der neu gegründeten Siedlung Panama nieder, deren Geschicke er von 1519 an vier Jahre lang leitete und dabei ein vermögender Mann wurde.

Doch das sesshafte Leben behagte Pizarro gar nicht. Um 1524/25 brach er abermals auf, gemeinsam mit Diego de Almagro und dem Priester Hernando de Luque. Andere schlossen sich ihnen an. Von Panama aus segelten sie auf dem Pazifik nach Süden, gerieten in Stürme, verloren Männer. Dann aber, 1528, begegnete ihnen ein Schiff, das mit Edelmetallen aus Peru beladen war. Pizarro schickte einen Boten nach Panama und forderte Verstärkung an. Doch der spanische Statthalter lehnte ab und befahl Pizarro umzukehren. Auf einer Insel vor der ecuadorianischen Küste zog Pizarro mit seinem Schwert eine Linie in den Sand. Wer nach Ruhm und Reichtum strebe, möge sie überschreiten, sagte er. 13 Mann kamen der Aufforderung nach. Pizarro segelte nach Panama zurück und von dort nach Spanien, wo er den König um Erlaubnis bat, das neu entdeckte reiche Land zu erobern.

Karl V. war beeindruckt. Er erhob Pizarro in den Adelsstand und ernannte ihn zum Statthalter und Generalkapitän Neukastiliens – so hieß nun der etwa 1 000 Kilometer lange Landstrich an der Pazifikküste südlich von Panama.

Mit vier seiner Brüder kehrte Pizarro nach Panama zurück. Im Januar 1532 – Pizarro war mittlerweile 53 Jahre alt – stach er mit 180 Mann, einigen Kanonen und 37 Pferden in See und nahm Kurs auf Peru. Vier Monate später hatte er Verbindung zu Atahualpa, dem Herrscher der Inkas, aufgenommen. Dieser beriet sich mit seinen Häuptlingen. Sollten sie die Fremden angreifen und vernichten? Atahualpa entschied sich dagegen. Was konnten 180 Mann schon ausrichten? Er ließ Pizarro wissen, dass er ihm erlaube, nach Cajamarca zu kommen.

Pizarro traf am 15. November 1532 dort ein und brachte seine Geschütze in Stellung. Atahualpa hatte die Stadt verlassen und mit einem riesigen Heer außerhalb sein Lager aufgeschlagen. Von Pizarros Bruder Hernando von der Ankunft der Spanier unterrichtet, zog er am nächsten Tag, auf einer Sänfte getragen, mit einem Gefolge von drei- bis viertausend Mann in die Stadt ein. Weitere 40 000 Mann stünden bereit, berichtete Pizarros Bruder (andere spanische Zeitzeugen schätzten in ihrer grenzenlosen Angst die Zahl der Inkas auf 80 000 Mann). Francisco de Xeres, Pizarros Sekretär, schildert die Szene folgendermaßen:

> Pizarro sandte den Priester Vicente de Valverde zu dem Inkaherrscher, um ihn aufzufordern, sich zum Christentum zu bekehren und Karl V. als seinen König zu akzeptieren. Atahualpa sagte, die Spanier hätten seine Häuptlinge schlecht behandelt und zudem Tuche aus den königlichen Vorratskammern entwendet. Pater Vicente erwiderte darauf, die Christen hätten nichts dergleichen getan – der Diebstahl sei von einigen Indianern, die sie begleiteten, begangen worden. Die Tuche würden zurückgegeben werden. Er werde sich nicht von der Stelle rühren, bis alles, was ihm gehöre, zurückgegeben worden sei, erklärte Atahualpa. Dann warf er die Bibel, die der Geistliche ihm überreicht hatte, auf den Boden.

Empört über diesen Frevel, gab Pizarro den Befehl zum Angriff. Er zerrte Atahualpa von der Sänfte herunter und nahm ihn gefangen. Pizarro wusste sicherlich von Cortez, den er persönlich kennen gelernt hatte, wie nützlich eine indianische Geisel war, zumal wenn es sich um den Herrscher handelte. Atahualpas Gefolge wurde niedergemetzelt; ein Teil flüchtete.

Die Inkas waren ratlos. Atahualpa war nicht nur ihr Befehlshaber, sondern auch die Verkörperung des Sonnengottes. Seine Untertanen waren ihm zu bedingungslosem Gehorsam verpflichtet. Zwar waren sie in der Überzahl und hätten die Spanier leicht überwältigen können, aber wenn die Fremden nun ihren Herrscher töteten?

Atahualpa hatte den gleichen Gedanken. Deshalb versprach er, den Raum, in dem er gefangen gehalten wurde, mit Gold zu füllen. Dieser Raum maß etwa fünfeinhalb auf sechs Meter und war fast zweieinhalb Meter hoch. Die indianischen Soldaten begriffen: Ihr göttlicher Herrscher wollte nicht, dass sie angriffen, sondern dass sie das Gold herbeischafften, damit er sich freikaufen konnte.

Und so trugen sie Berge von Gold, aber auch Silber und Edelsteine zusammen. Freigelassen wurde Atahualpa dennoch nicht. Als Gerüchte von einem bevorstehenden Aufstand aufkamen, ging die Angst unter den Spaniern um, und Atahualpa wurde zum Tod auf dem Scheiterhaufen verurteilt. Man bot ihm an, das Urteil in Tod durch Erdrosseln umzuwandeln, wenn er sich zum christlichen Glauben bekenne. Atahualpa nahm das Angebot an. Am 29. August 1533 wurde er vor seinen Leuten erdrosselt.

Nach seinem Tod fiel das Inkareich allmählich auseinander. Cuzco, seine Hauptstadt, ergab sich Pizarro im November 1533 fast kampflos. Pizarro machte Manco Capac II., einen Halbbruder Atahualpas, unter dem Protektorat des Königs von Spanien zum Inkaherrscher und regierte durch ihn das Land. Hernando Pizarro kehrte mit Schiffsladungen Gold nach Spanien zurück und wurde für seine Verdienste zum Ritter von Santiago geschlagen, Francisco Pizarro zum Marqués erhoben.

Diego de Almagro, der das heutige Chile erobert hatte, glaubte, er sei bei der Verteilung der Beute zu kurz gekommen, und führte seine Leute gegen Pizarro. Ein Kampf um Cuzco entbrannte. Schließlich wurde de Almagro gefangen genommen und hingerichtet. Sein Sohn und einige seiner Gefolgsleute stürmten daraufhin am 26. Juni 1541 Pizarros Palast im heutigen Lima. Der alte Konquistador setzte sich zwar tapfer zur Wehr, wurde aber tödlich verwundet. Mit letzter Kraft malte er mit seinem eigenen Blut ein Kreuz auf den Fußboden, küsste es und starb. Sein letztes Wort war: »Jesus!«

Welche Erklärung gibt es für diese Eroberungen? Wie kann man Montezumas Verhalten deuten? Es wäre ein Leichtes für ihn gewesen, die Spanier zurückzudrängen. Er herrschte über ein Reich, das fast so groß war wie das heutige Mexiko, und der Handel und die Abgaben unterworfener Stämme hatten ihn reich gemacht. Sein Volk liebte und verehrte ihn. Er hatte zum Beispiel Wasserleitungen gebaut, mit denen Trinkwasser in die Hauptstadt befördert wurde. Darüber hinaus verfügte er über etliche Zehntausend Soldaten und war als Feldherr erfolgreich: 43 Schlachten hatte er zu seinen Gunsten entschieden. Die Hauptstadt des Aztekenreichs zählte 300 000 Einwohner und war damit größer als jede europäische Stadt jener Zeit. Zudem war sie hervorragend befestigt.

Genauso unerklärlich ist die Eroberung des Inkareichs durch Pizarros 180 Spanier. Die Inkas hätten die Spanier mühelos überwältigen können – schließlich gab es mehrere Millionen Indianer (obwohl diese Zahlen, wie übrigens alle zur Bevölkerung Lateinamerikas im 16. Jahrhundert, mit Vorsicht zu bewerten sind – so etwas wie eine Volkszählung kannten die Inkas mit Sicherheit nicht). Die Inkas verstanden vom Ingenieurwesen ebenso viel wie von der Goldschmiedekunst. Die tiefen Temperaturen im Gebirge nutzten sie, um Nahrungsmittel der besseren Haltbarkeit wegen einzufrieren. Eine Schrift kannten sie nicht, aber sie benutzten Knotenschnüre, mit denen sie Zahlen und Begriffsgruppen ausdrücken konnten. Das Rad war ihnen ebenfalls unbekannt. Dafür hatten sie ein besonderes Kommunikationssystem, das aus Hunderten von Staffelläufern bestand: Einer gab die zu übermittelnde Nachricht an den nächsten weiter, bis sie schließlich den Empfänger erreicht hatte.

Jared Diamond geht in seinem brillanten Buch *Arm und Reich* [3] der Frage nach, wie es möglich war, dass so wenige Spanier Mexiko und Peru erobern und Millionen Menschen besiegen konnten. Der Originaltitel seines Buchs – *Guns, Germs and Steel* – gibt die Antwort: durch Waffen, Bazillen und Stahl – plus Pferde. Aber lässt sich die Geschichte auf diesen einfachen Nenner bringen?

Die Spanier besaßen nur wenige Waffen. Sowohl die Azteken als auch die Inkas waren den Eindringlingen zahlenmäßig so überlegen, dass sie sie mit Angriffswellen von allen Seiten hätten überrennen können. Die Spanier hatten zu ihrem Schutz zwar stählerne Helme, Brustharnische und Schwerter, doch die Peltasten der griechischen Antike, Soldaten mit leichtem Schild, Schleudern, Bogen und Pfeilen, hatten oft genug die schwer gepanzerten, gut ausgebildeten Infanteristen Spartas besiegt: Sie überzogen sie einfach aus der Ferne mit einem Hagel von Steinen und Pfeilen. Und als die bewaffneten und berittenen Spanier Jahre später gegen die Indianer Argentiniens kämpften, leisteten diese erbitterten Widerstand, obwohl sie keineswegs besser ausgerüstet waren als die Azteken oder Inkas.

Die Spanier hätten Seuchen eingeschleppt, die die Indianer dahingerafft hätten, behauptet Diamond. Das ist schon richtig, aber als Cortez und Pizarro sich anschickten, Mexiko und Peru zu erobern, hatten noch keine Pocken- oder Masernepidemien unter den Einheimischen gewütet.

Nein, einer der Hauptgründe war, dass Azteken und Inkas ihre Herrscher unglücklicherweise für Götter hielten. Nachdem sie in Gefangenschaft geraten waren, forderten sie ihr Volk auf Befehl der Spanier zum Stillhalten auf, und das Volk gehorchte. Es verharrte in einem Zustand der Lähmung, der lange genug andauerte, um seinen Untergang herbeizuführen. Seuchen und Krankheiten erledigten den Rest.

Wie viele Einheimische mögen ihnen zum Opfer gefallen sein? Bis 1618 sei die Zahl der Einwohner Mexikos von ursprünglich etwa 20 Millionen auf 1,6 Millionen geschrumpft, schreibt Diamond. Mit »ursprünglich« ist die Zeit vor der ersten Epidemie 1520 gemeint.[4] Ich bezweifle nicht, dass ein hoher Prozentsatz der einheimischen mexikanischen Bevölkerung ums Leben kam – aber woher wollen wir wissen, dass tatsächlich 20 Millionen Menschen in Mexiko lebten? Oder, vor Pizarros Ankunft, zwölf Millionen in Peru?

Die Eroberung des amerikanischen Doppelkontinents führte zu einer drastischen Dezimierung der Ureinwohner. Aus Europa eingeschleppte Krankheiten waren aber nur eine Ursache. Eine weitere war die gnadenlose Ausbeutung durch die Eroberer. Einem spanischen Siedler wurde eine bestimmte Anzahl Indianer zugeteilt, die für ihn arbeiten und ihm Steuern zahlen mussten. Diese *encomienda* genannte Praxis war nichts weiter als eine Abart der Sklaverei. Eine andere Form war die Schuldknechtschaft. Indianer wurden zur Zwangsarbeit für einen spanischen Grundbesitzer herangezogen und erhielten dafür einen Lohn oder einen Anteil an der Ernte. Reichte das zum Lebensunterhalt nicht aus, konnten sie sich vom Grundherrn Geld leihen – zu solchen Bedingungen, dass sie schließlich völlig verschuldet waren und sich nie mehr aus ihrer Abhängigkeit befreien konnten.

Großgrundbesitzer waren die unumschränkten Herrscher auf ihrem Land. Sie machten die »Gesetze«, setzten sie durch, ließen jene, die dagegen verstießen, hinrichten, vergewaltigten die indianischen Frauen und – wen wundert es – erhielten die Absolution von Priestern, die auf ihren Gehaltslisten standen.

Eigentlich hatte die spanische Krone ein Interesse am Überleben der einheimischen Bevölkerung – schließlich handelte es sich um Steuerzahler. Aber die Ämter in der Kolonialverwaltung wurden an den Meistbietenden verkauft und die Beamten von den Siedlern bestochen, damit sie die Ausbeutung ihrer Arbeitskräfte in Ruhe fortsetzen konnten.

Korruption war, ebenso wie Gewalt, eine Art Erbkrankheit bei den spanischen und portugiesischen Kolonialherren Amerikas. Großgrundbesitzer stellten ihre eigenen Truppen auf und gebärdeten sich als Kriegsherren. Im 19. Jahrhundert kämpften die spanischen und portugiesischen Kolonien in Amerika erfolgreich um ihre Unabhängigkeit. Einige der in diesen Befreiungskriegen siegreichen Generäle wurden später Caudillos, Diktatoren, die ihre Privatarmee durch ein nationales Heer ersetzten und mit seiner Hilfe eine Gewaltherrschaft ausübten – ohne freilich die Korruption abzuschaffen. Der Caudillo verkaufte Regierungsämter an die Meistbietenden, die diese Ausgaben wieder hereinholten, indem sie das Geld aus dem Volk herauspressten.

Caudillos gab es bis in die Gegenwart hinein. Man denke nur an Batista, Noriega, Trujillo, Perón, Pinochet, Duvalier, Stroessner. Sie gewannen jede Wahl, weil Waffen ein überzeugendes Argument sind und weil ein Caudillo sowohl die Medien als auch die Armee kontrolliert. Die Caudillos wurden schließlich durch Militärjuntas, aus Offizieren aller Waffengattungen gebildete Regierungen, ersetzt. Sie waren, auch wenn es zuweilen einen offiziellen Regierungschef gab, die wahren Machthaber. Bolivien wurde bis in die 1980er-Jahre hinein von Militärjuntas regiert. In Argentinien war die letzte Militärjunta von 1976 bis 1983 an der Macht gewesen, in Uruguay von 1973 bis 1985. Die Liste ließe sich fortsetzen. Und Korruption blieb fast überall in Lateinamerika Teil des Systems. In Brasilien übernahm 1985 nach 21-jähriger Militärdiktatur ein Zivilist, der nicht vom Militär unterstützt wurde, die Amtsgeschäfte – José Sarney.

Rassismus spielte in dieser Entwicklung eine nicht unerhebliche Rolle. Zunächst einmal standen den ersten Siedlern nicht genug weiße Frauen zur Verfügung. Also zeugten sie Kinder mit Indianerinnen – Mestizen genannt – und mit schwarzen Sklavinnen – Mulatten. Jene Nachkommen, die eine helle Haut geerbt und einen Vater hatten, der sich zu ihnen bekannte, wurden gesellschaftlich anerkannt. Je heller die Hautfarbe, desto höher konnte man aufsteigen. Es war ein ungeschriebenes, aber nichtsdestoweniger gültiges Gesetz, auch innerhalb der Streitkräfte. Der Vergleich mit der platonischen Auffassung von der Elite, die nur Rechte, und der breiten Masse, die nur Pflichten hat, drängt sich auf – keine gute Grundlage für eine Demokratie. Immerhin begreift sich die Kirche in Lateinamerika heute nicht mehr als Dienerin des jeweiligen Machthabers. Immer mehr Geistliche wenden sich der Befreiungstheologie zu, die sich den Bürgern und nicht den Herrschenden verpflichtet fühlt – anders als der Vatikan, der Frauen, die in unsäglicher Armut leben, nach wie vor den Gebrauch von Empfängnisverhütungsmittel verbietet.

Es bleibt abzuwarten, ob es der Befreiungstheologie gelingen wird, der Demokratie mit zum Durchbruch zu verhelfen.

11

DIE GEBURT DES PROTESTANTISMUS

(1517–1610)

Luther, Calvin und Heinrich IV. von Frankreich

Der Protestantismus erschütterte Europa in seinen Grundfesten, erschütterte Königreiche und das Papsttum. Der bedeutendste Reformator war sicherlich der Augustinermönch Martin Luther, doch er war nicht der erste gewesen.

Der Engländer John Wycliffe (auch Wiclif), der um 1320 geboren wurde und 1384 starb, übersetzte die Bibel ins Englische, damit jeder das Wort Gottes lesen konnte und sich nicht auf das verlassen musste, was die Kirche als das Wort Gottes ausgab.[1] Die Heilige Schrift sei die einzige Quelle der christlichen Doktrin, predigte Wycliffe. Er forderte die Kirche zudem auf, ihre Reichtümer unter den Armen zu verteilen, was ihn bei der Geistlichkeit nicht gerade beliebter machte. Seine Schriften wurden vom Erzbischof von Canterbury indiziert.

Der Tscheche Jan Hus (um 1370–1415) wurde von den Lehren Wycliffes beeinflusst. Er lehnte sich gegen den Klerus auf, der seine wirtschaftliche Macht nutzte, um die Bauern zu unterdrücken. Er verurteilte aber auch den Ablasshandel, mit dessen Hilfe der Kampf des Papstes gegen die Gegenpäpste finanziert wurde (einmal gab es drei Päpste gleichzeitig – und jeder nannte die andern beiden Gegenpäpste). Hus, dem freies Geleit zugesichert worden war, begab sich nach Konstanz, wo das Konzil stattfand. Er wurde dennoch verhaftet und als Ketzer verbrannt.[2]

Die wahren Begründer des Protestantismus sind jedoch Martin Luther (1483-1546) und Johann Calvin (1509-64), der eigentlich Jean Cau(l)vin hieß. Ihre Reformen führten in Europa zu völlig unterschiedlichen gesellschaftlichen Entwicklungen; auch Nordamerika schlug unter dem Protestantismus eine ganz andere Richtung ein als Lateinamerika unter dem Katholizismus. Damit wären wir bei Julius II., dem kriegerischen Papst (1503-1513), und dem Bau der Peterskirche, den er durch den Ablasshandel finanzierte. Mit dem Erwerb dieser Urkunden von der Kirche wurden dem Käufer alle Sünden vergeben – er erhielt sozusagen eine Garantie dafür, dass er nicht für alle Ewigkeit in der Hölle schmoren würde. Man konnte mit einem Ablasskauf auch die Zeit eines Angehörigen im Fegefeuer verkürzen, damit er schneller ins Paradies kam. Diese Praxis war Martin Luther ein Dorn im Auge. Sie war es letztendlich, die zu seiner Rebellion gegen die Kirche führte, die Reformation auslöste und eine neue Runde von Glaubenskriegen einläutete.

Julius II. hieß vor seiner Papstwahl Giuliano della Rovere.[3] Er war 1443 als Sohn armer Eltern geboren worden, hatte aber Glück: Als sein Onkel Francesco della Rovere 1471 Papst Sixtus IV. (bis 1484) wurde, machte er den 28-jährigen Giuliano, den Sohn seines einzigen Bruders, zum Kardinal. Darüber hinaus beschenkte er ihn mit sechs Bistümern in Frankreich, drei in Italien sowie einer Reihe wohlhabender Klöster und anderer Pfründe. Dies war Nepotismus (von lateinisch *nepos* – Neffe) im ursprünglichsten Sinn des Wortes.

In den nächsten 32 Jahren zeugte Kardinal Giuliano della Rovere drei Töchter; er verbündete sich nacheinander mit dem französischen König, mit dem Kaiser des Heiligen Römischen Reichs, mit Venedig und mit den Spaniern, und jedes Mal brach er das Bündnis und wechselte die Fronten; und er kämpfte gegen die Borgia, die einen eigenen Papst, Alexander VI. (1492-1503), aufgestellt hatten. Als dieser noch Kardinal war, zeugte er Cesare Borgia und seine Schwester Lucrezia. Diese wurde entweder von ihrem Bruder oder von ihrem Vater schwanger. Alexander VI. anerkannte das Kind in einer päpstlichen Bulle als seinen und in einem zweiten Erlass als Cesares Sohn.

Alexander VI. war durch Simonie auf den päpstlichen Stuhl gelangt.[4] Der wohlhabende Kardinal della Rovere auch: Er kaufte sich die Papstwürde 1503. Kaum war er im Amt, verbot er die Simonie (was allerdings nichts daran änderte, dass sie in der Praxis weiter ausgeübt wurde). Er kämpfte an der Spitze seiner Truppen, um ausländische Mächte aus Italien zu vertreiben und den Kirchenstaat zu vergrößern, dessen Ausdehnung in jenen Tagen bereits beachtlich war. Italienische Historiker behaupten, ihm sei der Zusammenhalt der italienischen Nation zu verdanken.

Julius II. war aber nicht nur Politiker und militärischer Führer, sondern auch ein bedeutender Förderer der Künste – hier sind insbesondere Michelangelo, Raffael und Bramante zu nennen. Zudem legte er den Grundstein für den Neubau der Peterskirche. Die Vollendung des kostspieligen Bauwerks erlebte er jedoch nicht mehr: Er starb 1513. Viele der unter seiner Amtszeit entstandenen Bauten wurden 14 Jahre später von den spanischen und deutschen Söldnern Karls V. beim Sturm auf Rom zerstört.

Nach dem Tod des Papstes diente die Finanzierung der Fertigstellung der Peterskirche als zusätzlicher Vorwand für den Ablasshandel. Luther fand 1517 heraus, dass die Hälfte des für den Kirchenbau gedachten Geldes an die Fugger geflossen war. Das Bankhaus hatte Albrecht II., Erzbischof von Mainz, eine stattliche Summe für den Kauf seiner Kirchenämter (er war auch Erzbischof von Magdeburg) geliehen, die er mit Geld aus dem Ablasshandel zurückbezahlte. Dies und die Ablasspredigt Johannes Tetzels führten dazu, dass Luther seine 95 Thesen anschlug.

Die katholische Kirche belegte ihn mit dem Bann, aber Luther fand dennoch zahlreiche Anhänger. Besonders in Skandinavien, Deutschland, Böhmen, Holland, Polen und in der Schweiz übernahmen einflussreiche Männer seine Lehren. Ob dies aus aufrichtiger Überzeugung geschah oder weil sie darin eine Gelegenheit sahen, sich gegen ihre Unterdrücker – den französischen oder den spanischen König, den Papst – aufzulehnen, ist schwer zu beurteilen.

Luther wurde von den Lehren des Augustinus und des Apostels Paulus beeinflusst. Er glaubte an Prädestination, das heißt an die göttliche Vorherbestimmung hinsichtlich der Seligkeit oder der Verdammnis des Einzelnen. Wer nicht zu den von Gott Erwählten gehörte, war verdammt, mochte sein Glaube auch noch so stark sein, mochte er auch noch so viel Gutes tun. Die folgende Passage im Brief des Paulus an die Römer zog er zur Untermauerung seiner These heran:

> Denn welche er zuvor ersehen hat, die hat er auch verordnet, dass sie gleich sein sollten dem Ebenbilde seines Sohnes, auf dass derselbe der Erstgeborene sei unter vielen Brüdern.
>
> Welche er aber verordnet hat, die hat er auch berufen; welche er aber berufen hat, die hat er auch gerecht gemacht; welche er aber hat gerecht gemacht, die hat er auch herrlich gemacht. (Römer 8, 29–30)

Auch Calvin, Begründer des Puritanismus, glaubte an Prädestination, hatte aber weniger Probleme damit als Luther, dem die implizite Folgerung zu schaffen machte – dass nämlich ein gnädiger Gott manche Menschen noch vor ihrer Geburt verdammte, während andere, die Auserwählten, ungeachtet ihres Tuns von ihm bevorzugt wurden. Calvin tröstete sich mit dem Gedanken, dass Gott die Auserwählten verschonen würde – vermutlich hielt er sich selbst für auserwählt. Sowohl Luther als auch Calvin lehnten das Zwangszölibat für Geistliche ab. Es gab viele Punkte, in denen sie nicht übereinstimmten, doch dies ist kein Buch über Theologie. Uns sollen hier nur die politischen Folgen der Lehren Luthers und Calvins interessieren.[5] Halten wir also einfach fest, dass die Heilige Schrift nach Ansicht der Lutheraner alles für die Erlösung Notwendige enthielt, und Erlösung brachte nur der Glaube. Von den Sakramenten behielten sie nur die Taufe und das Abendmahl bei; die Lehre von der Transsubstantiation, also der im Messopfer sich vollziehenden Verwandlung von Brot und Wein in den Leib und das Blut Christi, lehnten sie jedoch ab. Die lutherische Kirche entwickelte sich zu einer Kirche mit bischöflicher Verfassung, die sich heute immer mehr mit der anglikanischen oder der Episkopalkirche vermischt.

Der auf Calvin sich gründende Zweig des Protestantismus betont die Erlösung des Einzelnen und die Hinwendung zum Glauben. Viele Calvinisten halten sich als von Gott auserwählt, um die Gesellschaft neu zu ordnen. Und die Lehren Luthers und Calvins führten tatsächlich zu einer radikalen Neuordnung der Gesellschaft. Calvins theologische Nachkommen heißen heute Reformierte, Presbyterianer, Wiedergeborene, Puritaner, Fundamentalisten, Baptisten oder Wiedertäufer. Der Einfachheit halber werde ich sie alle Calvinisten nennen oder auch den Oberbegriff Protestanten gebrauchen. Damit keine Missverständnisse aufkommen: Weil es dem Text dienlich ist, werden alle Calvinisten auch Protestanten sein, aber nicht alle Protestanten sind auch Calvinisten.

Vor Luthers Zeiten wurde das Wort Gottes vom Klerus interpretiert. Petrus, das angeblich von Jesus eingesetzte erste Oberhaupt der Kirche, ernannte Bischöfe durch Handauflegen. Unter den Bischöfen kristallisierte sich eine Elite heraus, die Kardinäle, die den Papst wählten. Von da an bestimmte der Papst sowohl Kardinäle als auch Bischöfe, die ihrerseits ihre

Untergebenen aussuchten. Das Wort Gottes erreichte den gewöhnlichen Christen also erst, nachdem es von einer Priesterhierarchie gedeutet worden war. Diese Hierarchie, die ihre Macht aus dem vermeintlichen Monopol auf die Lehre Gottes bezog, dehnte ihren Einfluss auf den weltlichen Bereich aus, indem sie sich das Recht zugestand, Könige zu weihen. Woraus diese wiederum die Gewissheit herleiteten, Herrscher »von Gottes Gnaden« zu sein.

Und in dieses für alle Beteiligten so angenehme Arrangement platzten die Protestanten. Sie zweifelten die Rechtmäßigkeit des kirchlichen Anspruchs, im Auftrag Gottes zu handeln, an, damit auch das Recht, Könige zu salben, und letztendlich das vermeintlich göttliche Recht des Herrschers auf Regentschaft.

Jeder Mensch, der eine Bibel besitze, sei fähig, das Wort Gottes zu verstehen, und eine priesterliche Mittlerschaft somit unnötig, erklärten die Protestanten. Luther übersetzte die Bibel aus dem Lateinischen ins Deutsche, wobei er wie Tacitus und andere lateinische Autoren das Verb meist ans Ende des Satzes stellte, was die Entwicklung der deutschen Sprache maßgeblich beeinflusste (es gibt einen Witz über einen deutschen Professor, der ein Werk in sechs Bänden schreibt und alle Verben in den letzten Band packt). Bald erschienen Bibelübersetzungen auch in anderen Sprachen, sodass jeder Normalsterbliche in der Lage war, die Heilige Schrift zu lesen. Ihre Verbreitung wurde gefördert durch Gutenbergs (um 1397 bis 1468) Erfindung des Buchdrucks mit gegossenen beweglichen Lettern. Und der Wunsch, die Bibel verstehen zu können, führte dazu, dass immer mehr Menschen lesen und schreiben lernten. Bildung wurde allmählich zum Allgemeingut – dies war wirklich eine soziale Revolution.

Darüber hinaus statteten Calvins Anhänger ihre Gemeinden mit Machtbefugnissen und einem Mitspracherecht hinsichtlich der Kirchenleitung aus – ein wichtiger Schritt in Richtung einer Wiederbelebung des solonschen Demokratieverständnisses.

Die Calvinisten waren von der Richtigkeit ihrer Lehren fest überzeugt und glaubten, sie hätten das Recht, ihre Lebensanschauung jeder Gesellschaft aufzuzwingen. Ihre Gesinnung und ihr Moralbegriff waren streng puritanisch. Sie wussten einfach, dass sie für die Propagierung ihrer sittenstrengen Ansichten prädestiniert waren.

Freilich konnte ein König argumentieren, er sei dafür prädestiniert, König zu sein. Strebten die Calvinisten seine Absetzung an, dann mit dem Gegenargument, sie seien dafür prädestiniert, ihn abzusetzen. Genau das taten sie in England: Sie köpften Karl I. und ernannten ihren Führer Oliver Cromwell zum Lordprotektor des Reichs.

Viele dieser starrsinnigen Puritaner prägten mit ihrem Lebensstil und ihren Anschauungen die von ihnen gegründeten Kolonien in Nordamerika. In vielerlei Hinsicht waren sie bewundernswerte Menschen, genau wie es im Lauf der Jahrhunderte immer wieder bewundernswerte Katholiken, Orthodoxe, Muslime und so weiter gegeben hat. Aber die Calvinisten trugen bereits die Saat jener faulen Äpfel in sich, die sie, wie andere religiöse Gruppen, unweigerlich hervorbringen würden. Ihre übertrieben wörtliche Auslegung der Heiligen Schrift führte zum Beispiel zu der Hexenverfolgung in Salem, Massachusetts, der 1692 zahlreiche Frauen zum Opfer fielen, und zu der Tragikomödie, die sich 1925 in Dayton, Tennessee abspielte, wo ein junger Lehrer vor Gericht gestellt wurde, weil er die Evolutionstheorie gelehrt hatte.

Beispiele für zeitgenössische religiöse Gauner gibt es genug, aber um einer Klage aus dem Weg zu gehen, werde ich vorsichtshalber einen fiktiven Calvinisten nennen – Elmer Gantry, Titelheld des Romans von Sinclair Lewis und Inbegriff des habgierigen Akquisitors, der mit seiner Geldgier den calvinistischen Glauben in Verruf bringt. Diese »faulen Äpfel« können die Verdienste des Calvinismus und seinen Beitrag zur Entwicklung demokratischer Institutionen sowie zum Abbau des Analphabetismus jedoch nicht schmälern. Und wo der Protestantismus stark war, sah sich die katholische Kirche zum Überdenken ihrer Position genötigt.[6]

In Europa wurden die Calvinisten von jenen verfolgt, deren Autorität sie infrage stellten: den Prälaten und den Königen. In Frankreich hießen die Calvinisten Hugenotten; 36 Jahre lang wurden sie von den Katholiken bekämpft. Überall in Europa wurden Glaubenskriege geführt, wobei jede Partei für sich in Anspruch nahm, Verfechterin des einzig wahren Glaubens zu sein. Dabei ging es höchst selten um den Glauben oder die Moral – vielmehr stand der Eroberungsdrang, die Gier nach Land und mehr Untertanen, die besteuert werden konnten, im Vordergrund. Der französische katholische König Heinrich II. unterstützte die Protestanten, weil er ein Auge auf Lothringen geworfen hatte. Protestantische deutsche Fürsten kämpften gegen französische Protestanten. Der spanische König Philipp II., Vorkämpfer des Katholizismus, verbündete sich, als es ihm opportun erschien, mit dem Protestanten Heinrich von Navarra. Katholiken bekriegten einander, Protestanten auch.

Die schillerndste Figur jener Zeit war Heinrich von Navarra, später Heinrich IV. von Frankreich (1553–1610), ein genialer Mann und ein Schurke, redegewandt und ordinär, von den konservativen Gläubigen gehasst wie kaum einer seiner Zeit. Der Bourbone wurde als Prinz von Navarra, einem kleinen protestantischen Königreich in den Pyrenäen, geboren. Von Jugend an führte der Calvinist seine Truppen gegen katholische Heere.

1570 fand der Hugenottenkrieg ein vorläufiges Ende. Nach dem Tod seiner Mutter im Juni 1572 wurde Heinrich König von Navarra. Um den Friedensschluss zu besiegeln, vermählte er sich am 18. August 1572 mit Margarete von Valois, der Schwester des französischen Königs Karl IX. Fast der gesamte protestantische französische Adel war bei der Zeremonie anwesend. Die Führer der katholischen Partei hielten dies für eine günstige Gelegenheit, die protestantische Bewegung zu zerschlagen, indem sie ihre Anführer ermordeten. In der Nacht zum 24. August, dem Bartholomäustag, wurden etliche Tausend Hugenotten mit Billigung der erzkatholischen Königinmutter Katharina von Medici abgeschlachtet. Dieses Ereignis ging als Bartholomäusnacht oder Pariser Bluthochzeit in die Geschichte ein.

Heinrich von Navarra wurde Zeuge des Massakers an seinem Gefolge. Dass er selbst überlebte, hatte er lediglich seiner Hochzeit mit der Schwester des Königs zu verdanken. Navarras Mentor, der Hugenottenführer und Admiral von Frankreich Gaspard de Coligny, Seigneur de Chatillon, wurde, ungeachtet seiner Verdienste um die französische Krone, ebenfalls ermordet.[7]

Der Herzog von Guise, Führer der Katholischen Liga, war einer der Urheber der Bartholomäusnacht. Er köderte seine Truppen mit der Aussicht auf reiche Beute – für die Söldner, die kleinen Akquisitoren, war dies ein gewichtiges Argument. Um sich im Getümmel nicht gegenseitig umzubringen, trugen sie weiße Armbinden und auf dem Hut ein weißes Kreuz. Das Läuten der Palastglocke sollte das Zeichen zum Angriff sein.

Coligny hörte Lärm und streifte seinen Morgenmantel über. Da er ein ergebener Diener des Königs war, dachte er nicht einen Augenblick daran, dass er in Gefahr sein könnte. Dann vernahm er einen Schuss im Hof. Er befahl seinem Gefolge, über das Dach zu fliehen, und sprach ein Gebet. Schon drangen seine Mörder ins Zimmer und streckten ihn mit dem Schwert nieder.

Sie warfen den Leichnam aus dem Fenster, damit der Herzog von Guise ihn identifizieren könnte. Colignys Kopf trennten sie vom Körper ab und schickten ihn nach Rom. Dann entmannten sie den Leichnam, schleiften ihn durch die Straßen und hängten ihn an den Füßen an einem Galgen auf.

Die protestantische Bevölkerung wurde niedergemetzelt, die Frauen zuerst vergewaltigt. Von Paris breitete sich die Welle der Gewalt aus, griff auf die Provinzen über, auf protestantische Städte wie Bordeaux, Bourges, Lyon, Orléans und Rouen. Die Opfer waren tüchtige Leute, nicht selten wohlhabende Bürger – ideale Objekte für Neid und Plünderungen. Die Gräuel dauerten mehrere Wochen. Die Katholiken behaupteten, nur 2 000 Menschen seien dem Blutrausch zum Opfer gefallen. Der protestantische Herzog von Sully, später französischer Finanzminister, bezifferte die Zahl der Toten auf 70 000.

Der katholische König von Spanien feierte die Ermordung der Hugenotten. Der neue Papst Gregor XIII. (1572–1585), an den Colignys Kopf geschickt worden war, hielt einen Dankgottesdienst ab und ließ eine Gedenkmedaille zur Erinnerung an die Ausrottung der Ketzer prägen.

Heinrich von Navarra blieb weiterhin Gefangener im Palast seines Schwagers Karl IX. Als dieser 1574 starb, folgte ihm sein Bruder Heinrich III. auf den Thron. Heinrich von Navarra, der, um seine Haut zu retten, während seiner Gefangenschaft konvertiert war, konnte 1576 fliehen und trat wieder zum protestantischen Glauben über. Ein Jahr später unterzeichnete er einen Friedensvertrag, der den Kämpfen zwischen dem französischen König und den Hugenotten ein Ende bereiten sollte.

1584 starb Franz, Herzog von Anjou und Bruder Heinrichs III. von Frankreich. Dieser selbst war homosexuell und kinderlos. Die Linie Valois würde folglich aussterben und Heinrich von Navarra fiel die erbrechtliche Anwartschaft auf den französischen Thron zu. Die Führer der Katholischen Liga kämpften erbittert dagegen an und schlugen die Tochter Philipps II. von Spanien als Thronfolgerin vor. Der Papst, der natürlich aufseiten der Liga stand, belegte Heinrich von Navarra mit dem Bann und sprach ihm jedes Recht auf die Erbfolge ab.

Heinrich III. erkannte, dass sein Reich ein Vasallenstaat Spaniens zu werden drohte. Er verbündete sich mit Heinrich von Navarra und ließ den Herzog von Guise im Dezember 1588 ermorden. Am 1. August 1589 wurde Heinrich III. im Auftrag der Katholischen Liga niedergestochen. Auf dem Sterbebett erklärte er Heinrich von Navarra zu seinem Nachfolger.

Als Heinrich IV. kämpfte er neun Jahre lang für sein Reich und gegen die Katholische Liga und siegte in zahlreichen wichtigen Schlachten. Aber erst durch einen erneuten Übertritt zum Katholizismus 1593 gewann er die Hauptstadt Paris. Sein Ausspruch: »Paris ist eine Messe wert« wurde berühmt. Viele bezweifelten zwar die Aufrichtigkeit dieser Bekehrung, doch man war auch des Krieges überdrüssig geworden, und so bereitete man Heinrich IV. einen triumphalen Empfang. Der Papst löste den Bann und annullierte sogar die Ehe mit Margarete von Valois, bekannt als Reine Margot (von ihr gleich mehr).

Nach einer entscheidenden Schlacht 1597 schloss Heinrich IV. im darauf folgenden Jahr Frieden mit Spanien. Ein Jahr später erklärte er im Edikt von Nantes die katholische Kirche zur Staatskirche, gewährte den Hugenotten aber Religions- und Kultfreiheit. Nach 36 Jahren waren die Religionskriege beendet und Heinrich IV. konnte sich dem Wiederaufbau seines Reichs zuwenden.[8]

Heinrich IV. hatte ein Gespür für die Auswahl der richtigen Leute. Der wichtigste Mann seines Vertrauens war Maximilien de Béthune, Herzog von Sully. Der König suchte aber auch das Bürgertum für sich zu gewinnen, weil er erkannte, dass es einen entscheidenden wirtschaftlichen Faktor darstellte.

Mit dem Abschluss internationaler Verträge kurbelte er die Wirtschaft an. Er gründete eine Militärakademie, zahlte den Streitkräften mehr Sold, verbesserte die Festungsanlagen und erneuerte die Geschütze. Er ließ Sümpfe trockenlegen, Kanäle und Straßen bauen, gründete Manufakturen für Seide, Tuche, Glas und Teppiche. Er konsolidierte nicht nur die Staatsfinanzen, sondern hinterließ zudem ein Polster von 18 Millionen Pfund, als er am 14. Mai 1610 in Paris an den Folgen eines Attentats starb, das ein fanatischer Katholik namens François Ravaillac auf ihn verübt hatte.

Heinrich IV., von den Franzosen Henri le Grand genannt, war ein gemäßigter, hochintelligenter Staatsmann, dem Bigotterie völlig fremd war. Der renommierte britische Historiker Norman Davies nennt ihn einen Zyniker.[9] Warum? Weil er wiederholt die Konfession wechselte? In Frankreich hält man dem entgegen, Heinrich IV. sei ein Pragmatiker gewesen, der tat, was getan werden musste, um dem Blutvergießen ein Ende zu bereiten und Wohlstand zu schaffen. Wer seinem Gewissen folge, gehöre der gleichen Religion an wie er selbst, sagte er einmal, und seine Religion sei die der Tapferen und der Gerechten. Konfuzius würde sein Verhalten gebilligt haben – wäre da nicht sein unmoralisches Privatleben gewesen. Solon hätte ihn gemocht – königliche Seitensprünge hin oder her. Heinrich IV. hatte Gräueltaten, Verrat, Neid, Intoleranz, Hass erlebt oder mit angesehen. Er hatte sich oft in Lebensgefahr befunden, war vom Papst geächtet worden. Dennoch hatte er sich, anders als etwa Agrippina, nicht die barbarische Moral seiner Gegner zu Eigen gemacht, um zu überleben. Er strebte nicht nach Rache, er vergab seinen Feinden. Er war ein guter Mensch. Er hatte nur einen Fehler: Er war ein großer Schürzenjäger vor dem Herrn.

Zu seiner Entschuldigung muss gesagt werden, dass es für ihn schwierig gewesen sein dürfte, für seine Gemahlin noch irgendwelche zärtlichen Gefühle zu hegen. Schließlich hatten ihr Bruder und ihre Mutter zu den Anstiftern der Bartholomäusnacht gezählt, in der Heinrichs Freunde und sein Gefolge abgeschlachtet worden waren. Und danach war er vier Jahre lang praktisch ein Gefangener des französischen Königs gewesen.

In Anbetracht seiner lebenslangen Leidenschaft für außereheliche Seitensprünge würde sich Heinrich IV. vermutlich aber auch dann ausgetobt haben, wenn seine Hochzeit nicht mit einem Blutbad geendet hätte. Seine Frau stand ihm in dieser Hinsicht in nichts nach. Aus Rache vielleicht? Oder weil heißes italienisches Blut in ihren Adern floss (ihre Mutter, Katharina von Medici, war ja Italienerin)? Ihr Bruder hatte sie ihrer »Mannstollheit« wegen vom Hof verbannt.[10] Sie war eine intelligente, gebildete Frau, eine begabte Literatin und couragiert genug, um an der Spitze ihrer Truppen sowohl gegen ihren Bruder als auch gegen ihren Gemahl zu marschieren.

Die Ehe Heinrichs IV. mit Margarete von Valois wurde nach 27 Jahren von Papst Klemens VIII. annulliert. Die zweite Frau des Königs, Maria, stammte ebenfalls aus dem Haus Medici. Sie brachte die üppige Mitgift mit in die Ehe, die Heinrich IV. zur Tilgung seiner Privatschulden benötigte.

Warum Margarete in dieser kurzen Geschichte der Welt Platz eingeräumt wird? Weil sie und ihr Ehemann so wunderbar zusammenpassten. Heinrich IV., der erfolgreichste Protestantenführer eines katholischen Staats, verstieß gegen alle strikten moralischen Regeln, die das Fundament seiner calvinistischen Erziehung gebildet hatten. Er wechselte wiederholt die Konfession, schrieb anderen jedoch nicht vor, was sie zu glauben hatten und was nicht. Als Ehemann fiel er aus der Rolle. Er war redegewandt, tapfer, sexuell zügellos und humorvoll. Die Ehe mit der Tochter seiner katholischen Gegner war eine Vernunftehe gewesen, die beide Partner nicht gewollt hatten. Er betrog sie 27 Jahre lang nach Strich und Faden, und sie, obwohl streng katholisch erzogen, betrog ihn in dieser Zeit genauso munter. Das Volk liebte seinen König und mit der Zeit erwarb sich auch Margarete die Sympathien ihrer Untertanen. Heinrichs Sohn und Thronfolger Ludwig XIII. überhäufte sie mit Ehren. Sie gab rauschende Feste und verfasste hübsche Gedichte. Ihr überraschender Tod löste in Frankreich Trauer und Bestürzung aus. Dass in einer Zeit des religiösen Fanatismus und der erdrückenden Bigotterie zwei der politisch bedeutendsten Personen auf so liebenswerte Weise verkommen waren, scheint mir ausgleichende Gerechtigkeit zu sein.

12

WO DIE SONNE, DIE NIEMALS UNTERGING, SCHLIESSLICH DOCH UNTERGING

(1783–1865)

Die Architekten der Freiheit

Nach dem Tod Heinrichs IV. brachen erneut Kriege aus. Der erste war der Dreißigjährige Krieg von 1618–1648. Es ging um die Vorherrschaft im Herzen Europas, aber auch um Glaubensfragen. Wieder kämpften Katholiken gegen Protestanten. Jede Partei suchte nach Verbündeten: Die Katholiken fanden sie im katholischen Herrscher Österreichs, die Protestanten hofften auf die Unterstützung des protestantischen Königs von Schweden und der Niederlande, die nach 80 Jahre währendem Freiheitskampf das spanische Joch abgeschüttelt hatte.

In allen Heeren kämpften Söldner. Da ihr Sold oft genug ausblieb, bedienten sie sich selbst, zogen in Rudeln durchs Land und plünderten Städte, Dörfer, Gehöfte. Nach dem Verlust der protestantischen Niederlande war das katholische Spanien nicht länger die Nummer eins in Europa. Auch das Habsburgerreich hatte Gebietsverluste hinnehmen müssen. Das protestantische Schweden verlor das Baltikum. Es war das katholische Frankreich, das die Vorherrschaft in Europa an sich riss.[1]

Im Spanischen Erbfolgekrieg von 1701 bis 1714 ging es ebenfalls um Gebietsansprüche. Der Habsburger Karl II., Herrscher Spaniens, war kinderlos gestorben. In die Auseinandersetzungen um sein Erbe waren Spanier, Franzosen, Holländer, Italiener und Engländer verwickelt. Einige Parteien trafen untereinander Regelungen, mit denen andere Parteien wiederum nicht einverstanden waren. Nach 13 Kriegsjahren einigte man sich schließlich darauf, Philipp V., den Enkel Ludwigs XIV., zum König von Spanien einzusetzen; der Habsburger Erzherzog Karl erhielt den Kaisertitel, die österreichischen Erblande und Ungarn.

Die europäische Erde sah nach diesem neuerlichen Krieg reichlich mitgenommen aus, und so schauten sich die großen Akquisitoren nach neuem Terrain um.

Die Angehörigen der indogermanischen Sprachfamilie, also die Europäer und ihre Nachfahren auf dem amerikanischen Doppelkontinent, schlugen einen Kurs ein, der sie in den nächsten 200 Jahren zur beutegierigsten Spezies in der Geschichte machen würde.

Spanier und Portugiesen kolonisierten nicht nur Nord- und Südamerika, sondern vereinnahmten auch große Gebiete in Afrika und Asien. Die Holländer ließen sich ebenfalls in Nord- und Südamerika, in Südafrika und im heutigen Indonesien nieder. Die Franzosen kolonisierten Teile Nordamerikas und Afrikas sowie Madagaskar, Laos, Kambodscha, Vietnam, Tahiti. Die Briten vertrieben die Franzosen aus Nordamerika und nahmen das Gebiet östlich der Appalachen und nördlich von Mexiko ein, ferner die meisten Inseln in der Karibik und im Südpazifik, Australien und Neuseeland, einen Großteil Afrikas, Indien (zu dem damals noch Pakistan und Bangladesch gehörten), Sri Lanka, Malaysia, Burma (heute Myanmar), Nepal, Sikkim, Bhutan. Die Deutschen errichteten Kolonien in Afrika und im Pazifik. Die Belgier eroberten den Kongo und nahmen den Deutschen nach dem Ersten Weltkrieg Ruanda und Burundi ab. Die Italiener verleibten sich Libyen, Eritrea, Somalia und Abessinien ein. Russland griff nach Sibirien, dem Kaukasus und muslimischen Territorien wie Turkestan, Kasachstan, Tadschikistan und Usbekistan. Die USA expandierten westwärts auf Indianergebiet und nach Süden in spanischsprachige Kolonien; außerdem vereinnahmten sie die Philippinen, Puerto Rico und einige Inseln im Pazifik.

Nach dem Ersten Weltkrieg verlor Deutschland alle seine Kolonien an die Siegermächte. Das Osmanische Reich verlor den Nahen Osten. 1939 befanden sich 90,5 Prozent von Afrika, 98,9 Prozent von Polynesien, 56,5 Prozent von Asien und 100 Prozent von Australien in den Händen der Europäer und ihrer amerikanischen Nachkommen.[2]

Nach dem Zweiten Weltkrieg erlangten einige Kolonien ihre Selbstständigkeit wieder: Die Kolonisatoren wurden entweder verjagt, oder aber sie wanderten freiwillig ab, weil das Geld, das sie bislang in die Kolonien investiert hatten, zu Hause in den neuen Industrien besser, das heißt gewinnbringender, angelegt war.[3]

Es mag arrogant erscheinen, die Kolonialisierung in nur wenigen Zeilen abzuhandeln. Das geschieht nicht aus Geringschätzung den kolonisierten Völkern gegenüber, für die diese Epoche einen traumatischen Abschnitt ihrer Geschichte darstellt. Für die Ureinwohner bedeutete die Kolonisation zumeist ein Sklavendasein. Sie mussten schwere Arbeiten verrichten, in den Bergwerken oder auf dem Feld schuften; der Lohn reichte kaum je zum Leben; oft wurden Familien auseinander gerissen, die Menschen als minderwertige Wesen behandelt, gedemütigt, ausgepeitscht, vergewaltigt, gelyncht. In manchen Ländern, in Britisch-Indien etwa, konnten sie es zum Richter bringen oder die Beamtenlaufbahn einschlagen, aber sie blieben immer Bürger zweiter Klasse. Einige studierten in England; kamen sie dann mit einer englischen Braut zurück, spottete man, sie hätten sich eine »LLD« erworben – womit kein akademischer Grad gemeint war, sondern eine *landlady's daughter* –, die Tochter der Vermieterin. Und dabei gab es schlimmere Kolonisatoren als die Briten.

In ihrem Kolonialreich würde die Sonne niemals untergehen, so groß sei es, pflegten die Briten zu sagen. Die ausgedehnte englische Kolonialherrschaft ist mit ein Grund dafür, warum Englisch weltweit die Verkehrssprache schlechthin geworden ist. In Indien, das eine Milliarde Menschen zählt, gibt es zwölf Hauptsprachen. Die Angehörigen dieser unterschiedlichen Sprachgruppen verständigen sich nach wie vor in Englisch.

Wer heutzutage in einem Bereich der internationalen Wirtschaft tätig ist, muss neben seiner Muttersprache Englisch beherrschen. Dem ehemaligen britischen Weltreich haben wir mit dieser Sprache das wichtigste internationale Kommunikationsmittel zu verdanken. Und darüber hinaus das Land, in dem die Sonne schließlich doch unterging – die Vereinigten Staaten von Amerika, gegründet aus 13 englischen Kolonien, heute die einzige übrig gebliebene Supermacht.

Die Vereinigten Staaten entstanden in mehreren Phasen. Die erste war die wichtigste: die Unabhängigkeit von England. Die Kolonien lehnten sich gegen eine monarchistische Regierungsform auf, die den englischstämmigen Siedlern verbot, Vertreter in das Londoner Parlament zu wählen, das andererseits aber die Gesetze für die amerikanischen Kolonien erließ. Viele Siedler waren Calvinisten und vor der Verfolgung durch die Katholiken oder der Diskriminierung durch die Kirche von England geflohen. Wie die Calvinisten in Holland lange gegen die katholische Herrschaft der Spanier gekämpft hatten, so hatten auch die britischen Calvinisten einen ihrer Könige, Karl I., gestürzt und 1649 enthauptet. Danach hatten sie England bis 1660 regiert, waren aber untereinander so zerstritten, dass die Wiederherstellung der Monarchie unumgänglich gewesen war. Und so war Karl II. seinem Vater auf den Thron gefolgt.

Die Calvinisten hatten keine Angst vor Respektspersonen wie dem englischen König, der auch das Oberhaupt der Kirche von England war. Schließlich hielten sie sich, was die Auslegung der Heiligen Schrift betraf, jedem Erzbischof für ebenbürtig, wenn nicht gar überlegen. Und im Gegensatz zu den von Spanien und Portugal nach Lateinamerika ausgewanderten Katholiken waren die in die Kolonien emigrierten, oftmals weltoffene Katholiken. In Maryland, einer der 13 Kolonien, war der Anteil der katholischen Bevölkerung besonders hoch, und doch wurde hier ein Gesetz verabschiedet, das Religionsfreiheit garantierte. Im kolonialen, katholischen Lateinamerika wäre so etwas undenkbar gewesen.

London erließ eine Reihe von Steuergesetzen für die 13 Kolonien und untersagte die Besiedlung der Gebiete westlich der Appalachen. Zur Durchsetzung dieser Regelungen wurden britische Truppen, die zum Teil mit den Steuergeldern der Kolonisten bezahlt wurden, in die Kolonien entsandt. 1775 kam es zu ersten bewaffneten Auseinandersetzungen. Am 4. Juli 1776 erklärten die 13 Kolonien ihre Unabhängigkeit. Ihre Vertreter stimmten den so genannten Konföderationsartikeln zu, einem Entwurf der künftigen Verfassung der neuen Nation. Dies war einer der denkwürdigsten Momente in der Geschichte. Die tief greifenden Veränderungen, die dadurch eingeleitet wurden, wirken noch heute nach, und die Worte, in welche sie gefasst waren, sprechen den meisten zivilisierten, freiheitsliebenden Menschen aus dem Herzen.

Dennoch ist von angesehenen amerikanischen Historikern immer häufiger zu hören, diese sagenhaften Gründerväter* seien alles andere als vollkommen gewesen. Aber welcher Vater ist das schon? Wir wollen trotzdem kurz auf diese Schwächen eingehen, und sei es nur, um zu beweisen, dass Menschen mit

---

* Als Gründerväter werden nicht nur jene Männer bezeichnet, die die Unabhängigkeitserklärung oder die Konföderationsartikel unterzeichneten. George Washington unterschrieb keines der beiden Dokumente, und doch gehört er mit Sicherheit dazu.

kleinen Fehlern zu großen Taten fähig sind. Wäre das nicht so, würden wir Menschen immer noch in Höhlen hausen und Säbelzahntigern aus dem Weg gehen.

Francis Jennings, ein renommierter Historiker, berichtet, Gründervater John Hancock sei der größte Schmuggler von Boston gewesen, Henry Laurens der größte Sklavenhändler, und George Washington und Benjamin Franklin seien auf moralisch und gesetzlich nicht ganz einwandfreie Art zu Grundbesitz gekommen.[4] Nichtsdestoweniger haben wir diesen Männern die *Unabhängigkeitserklärung* zu verdanken. Hier einige Auszüge:

Folgende Wahrheiten erachten wir als selbstverständlich:

dass alle Menschen gleich geschaffen sind; dass sie von ihrem Schöpfer mit gewissen unveräußerlichen Rechten ausgestattet sind; dass dazu Leben, Freiheit und das Streben nach Glück gehören; (…) dass, wenn immer irgendeine Regierungsform sich als diesen Zielen abträglich erweist, es Recht des Volkes ist, sie zu ändern oder abzuschaffen und eine neue Regierung einzusetzen (…). Daher tun wir feierlich kund und zu wissen, dass diese Vereinigten Kolonien freie und unabhängige Staaten sind und es von Rechts wegen bleiben sollen; dass sie von jeglicher Treuepflicht gegen die britische Krone entbunden sind; (…) und dass sie als freie und unabhängige Staaten das Recht haben, Krieg zu führen, Frieden zu schließen, Bündnisse einzugehen, Handel zu treiben und alle anderen Handlungen vorzunehmen und Staatsgeschäfte abzuwickeln, zu denen unabhängige Staaten rechtens befugt sind.[5]

»Folgende Wahrheiten erachten wir als selbstverständlich: dass alle Menschen gleich geschaffen sind; dass sie von ihrem Schöpfer mit gewissen unveräußerlichen Rechten ausgestattet sind; dass dazu Leben, Frei-

heit und das Streben nach Glück gehören.« Dies sind sicherlich die einprägsamsten, meistzitierten Worte dieser Erklärung. Die wichtigsten indes, die weitreichendsten, die revolutionärsten sind: *»Wir, die in einem gemeinsamen Kongress versammelten Vertreter der Vereinigten Staaten von Amerika, tun namens und im Auftrag der anständigen Bevölkerung dieser Kolonien kund ...«* 2370 Jahre, nachdem Solon im antiken Athen die Grundsätze seiner Demokratie entwarf, wurden sie in Nordamerika in die Wirklichkeit umgesetzt. Die Regierung handelt im Namen und im Auftrag des Volkes. Voraussetzung hierfür ist, dass sie vom Volk gewählt wurde. Die Erbmonarchie wird damit für ungültig erklärt, ebenso die Monarchie von Gottes Gnaden und jede andere Form von Autorität, die nicht seitens des Volkes ermächtigt wurde.[6] Das Volk hat das Recht, eine Regierung ab- und eine andere einzusetzen. (Wir erinnern uns: Konfuzius sagte, ein Herrscher stürze, wenn er das »Mandat des Himmels« verliere – die Unterstützung seiner Untertanen.) Eine so schwerwiegende Entscheidung dürfe aber nicht leichtfertig getroffen werden: »... eine geziemende Rücksichtnahme auf die Meinung der Menschheit (erfordert es), dass (das Volk) die Gründe darlegt, die es zu der Trennung veranlassen«, heißt es im ersten Absatz der größtenteils von Thomas Jefferson verfassten Unabhängigkeitserklärung. Dann folgt eine lange Liste von Gründen, die zur Abwendung vom englischen »Tyrannen« Georg III. führten. Hier einige Auszüge:

> Er hat seinen Gouverneuren verboten, Gesetze von sofortiger und drängender Wichtigkeit zu erlassen (...). Er hat wiederholt Abgeordnetenkammern aufgelöst (...) und sich geweigert, neue Vertretungen wählen zu lassen. Er hat sich bemüht, die Besiedlung dieser Staaten zu hemmen; zu diesem Zweck hat er den Vollzug der Einbürgerungsgesetze für Ausländer behindert. Er hat Richter hinsichtlich der Amts-

dauer und der Höhe und des Zahlungsmodus ihrer Gehälter von seinem Willen allein abhängig gemacht. Er hat in Friedenszeiten ohne Zustimmung unserer gesetzgebenden Versammlung auf unserem Boden stehende Heere unterhalten. Er hat danach gestrebt, das Militär von der Zivilgewalt unabhängig zu machen und es ihr überzuordnen. Er hat sich mit anderen zusammengetan, um uns eine Form der Rechtsprechung aufzuzwingen, (…) und er hat ihren Maßnahmen einer vorgeblichen Rechtsprechung seine Billigung erteilt: um unseren Handel mit allen Teilen der Welt zu unterbinden; um uns ohne unsere Einwilligung Steuern aufzuerlegen; um uns in vielen Fällen des Rechtes auf ein ordentliches Verfahren vor einem Geschworenengericht zu berauben. Er hat unsere Meere geplündert, unsere Küsten verheert, unsere Städte niedergebrannt und unsere Bürger getötet. Ein Monarch, dessen Charakter durch jede seiner Handlungen in dieser Weise gekennzeichnet wird, die einem Tyrannen zuzutrauen sind, kann nicht geeignet sein, über ein freies Volk zu herrschen.[7]

Diese Beschwerden dürften übertrieben gewesen sein, aber Krieg ist nun einmal Krieg, und die Wahrheit, so sagt man, ist stets das erste Kriegsopfer. Worte allein reichten freilich nicht, um die Unabhängigkeit durchzusetzen. Dafür musste Blut fließen – acht Jahre lang. 1783 wurden die Vereinigten Staaten im Vertrag von Paris formal anerkannt. Dass sich der Konflikt so lange hingezogen hatte, lag zum Teil daran, dass die erste Verfassung keine ausübende Zentralgewalt vorsah. Nachdem George Washington seine Aufgabe erfüllt hatte – nämlich die Briten zur Kapitulation zu zwingen –, lehnte er das Angebot, Herrscher auf Lebenszeit seines neuen Landes zu werden, ab.[8] Stattdessen kehrte er auf seine Plantage zurück. Später wurde er zum Präsidenten des Verfassungskonvents ernannt, der den

Vereinigten Staaten ihre erste Verfassung gab, und 1789 zum ersten Präsidenten gewählt.

Das Recht der 13 Einzelstaaten wurde dem Bundesrecht, ausgeübt von dem aus dem Senat und dem Repräsentantenhaus bestehenden Kongress und dem Obersten Gerichtshof, untergeordnet. Die Richter des Obersten Gerichtshofs wurden vom Präsidenten ernannt und vom Senat bestätigt. Die Senatoren wurden anfangs nicht direkt gewählt, sondern von den Einzelstaaten berufen. Wie im Athen Solons hatten nur Männer ein Stimmrecht, nicht aber Frauen und Sklaven. Es sollte noch lange dauern, bis alle Bürger, ungeachtet ihres Geschlechts oder ihrer Rasse, wählen durften.

Und die Indianer? Entweder wurden sie ausgerottet oder durch Seuchen dezimiert oder aus ihren angestammten Gebieten vertrieben und in »Reservate« gepfercht, meist Land, das sich weder zum Ackerbau noch zur Viehzucht eignete. Ironischerweise stellte sich in manchen Fällen heraus, dass diese Reservate reiche Öl- und Gasvorkommen besaßen. Diese unmenschliche Behandlung war nicht verwunderlich, denn schon in der Unabhängigkeitserklärung heißt es: »Er (gemeint ist der englische König) hat im Innern Aufstände in unserer Mitte angezettelt und versucht, auf unsere Grenzbewohner die erbarmungslosen indianischen Wilden zu hetzen, deren Kriegführung bekanntlich darin besteht, ohne Unterschied des Alters, Geschlechts oder Zustands alles niederzumetzeln.«[9] Was hätten die guten Siedler anderes tun können, als ihre Frauen und Kinder dadurch zu verteidigen, dass sie »ohne Unterschied des Alters, Geschlechts oder Zustands« die indianischen »Wilden« niedermetzelten? Natürlich verteidigten auch die Indianer ihr Land, ihre Frauen und ihre Kinder.

Die Saat der Demokratie – dass nämlich alle Macht vom Volk ausgehe – war ausgebracht worden. Zwar beschränkte sich diese Demokratie oft genug auf eine bestimmte Schicht oder

Rasse, aber sie war da, latent vorhanden, wie ein Immunsystem, das sich gegen eine politische Seuche zur Wehr setzt. Die Menschen – sofern sie weißer Hautfarbe waren – konnten von einem neuen Anfang in Amerika träumen, wo sie frei von Unterdrückung, frei von Ausbeutung durch Großgrundbesitzer sein würden, die ihre Privilegien oft genug geerbt hatten; wo es Land für alle gab, mehr Land, als sie jemals zu hoffen gewagt hätten – man brauchte es den Indianern bloß wegzunehmen.

Ganze Schiffsladungen voll Menschen trafen aus Europa ein – Abenteuerlustige, wagemutige Menschen, die die Chance erkannten, die dieses große Land mit seinen wertvollen Ressourcen ihnen bot. Die Vereinigten Staaten hatten keineswegs ein Monopol auf Erfinder, Wissenschaftler, handwerklich Geschickte oder Industrielle, doch schienen sie die unternehmungslustigeren unter ihnen anzuziehen wie ein Magnet. Diese Gesellschaft aus freien Menschen und einem Heer von Sklaven war eine berauschende Mischung. Würde sie die Einheit wahren und Aushängeschild der Demokratie bleiben können?

Die Vereinigten Staaten waren nicht das einzige Land, in dem Sklavenhaltung üblich war: 65 Prozent aller afrikanischen Sklaven waren für die Zuckerrohrplantagen in der Karibik bestimmt. Mit diesen ließen sich enorme Profite erzielen. Eine Zuckerrohrplantage auf Barbados verzinste Investitionen mit jährlich 50 Prozent. Im Süden der Vereinigten Staaten betrug der Anteil der Sklaven an der Bevölkerung etwa 40 Prozent; sie arbeiteten auf den Tabak- und Baumwollpflanzungen. In South Carolina waren rund zwei Drittel der Bevölkerung Sklaven, in Mississippi 55 Prozent. Die Wirtschaft der Südstaaten beruhte auf der Sklavenhaltung und florierte durch sie – das Pro-Kopf-Einkommen der Weißen war hier höher als im Norden.[10]

Die Sklaverei wurde bald heftig angeprangert. Quäker und Methodisten starteten Kampagnen sowohl gegen die Sklavenhaltung als auch gegen die Art und Weise, wie die Schwarzen aus ihrer Heimat geraubt oder von ihren Stammesführern verkauft, von Händlern mit Ketten gefesselt und in Schiffsladeräume gepfercht wurden. Das Grauen der Sklaverei wurde aufgedeckt, die Öffentlichkeit aufgeklärt. Erste Erfolge konnte die Bewegung in Europa verbuchen: In England wurde 1807 der Sklavenhandel verboten und 1834 die Sklaverei in allen englischen Kolonien aufgehoben.

Auch in einigen nördlichen Staaten der USA wurde die Sklaverei abgeschafft, sodass der moralische Druck auf die Sklaven haltenden Staaten wuchs. Die Entwicklung im Norden und im Süden verlief unterschiedlich. Der Norden wurde industrialisiert.

> Weiße Südstaatler sahen im Norden ein hässliches Hindernis, das einem romantischen Schicksal im Weg stand – einen sichtbaren Ausdruck jener kalten, berechnenden Menschen, die nicht zulassen wollten, dass die reizvolle, weißsäulige, halb der Fantasie entsprungene Südstaatentradition weiterlebte.[11]

Abgesehen vom Norden und dem Süden gab es noch jene Territorien, die auf ihre Anerkennung als selbstständiger Staat warteten, insbesondere Kansas. Sollte Sklavenhaltung in diesen Gebieten erlaubt werden oder nicht? Der Süden war dafür, der Norden dagegen. Dann gab es jene, die einen Kompromiss für möglich hielten, aber es gab auch Fanatiker. Gegner der Sklaverei wie etwa John Brown brachten Leute um, die sich dafür aussprachen, und umgekehrt. Zu den Befürwortern der Sklaverei zählte Preston Brooks, Kongressmitglied aus South Carolina. Er prügelte eines Tages wie ein Besessener auf Senator Charles Sumner ein, der sich für die Abschaffung der Sklaverei aussprach.[12] Schon wurde von Sezession gesprochen.

South Carolina fürchtete den wirtschaftlichen Ruin nach Abschaffung der Sklaverei – die Zuckerrohrpflanzer in der Karibik wussten ein Lied davon zu singen. Aus Angst vor dem wachsenden politischen Einfluss der Sklavengegner in den Nordstaaten erklärte South Carolina seinen Austritt aus der Union. Andere Südstaaten folgten.

Präsident Abraham Lincoln war nicht gewillt, die Abspaltung hinzunehmen. Die Folge war der so genannte Sezessionskrieg, der eine halbe Million Menschen das Leben kostete. Der Süden hatte die findigeren Generäle, der Norden seine Industrie, mehr Menschen und zwei Generäle, Ulysses S. Grant und William Tecumseh Sherman, die nicht besonders einfallsreich, aber hartnäckig und unbarmherzig waren.

1863 verkündete Lincoln die Emanzipation der Sklaven. Dadurch habe der Norden 180 000 schwarze Soldaten hinzugewonnen, sagte er; vielleicht waren sie es, die das Schicksal des Südens besiegelten. Lincoln wurde tragischerweise im selben Jahr, als der Norden den Krieg gewann, nämlich 1865, ermordet. Seine Politik der Aussöhnung mit dem Süden starb mit ihm.

Nach dem Krieg wurde der Süden von Spekulanten, die am Wiederaufbau verdienen wollten, ausgenommen. Alte Übel wucherten von neuem. Das Wahlrecht für Männer war mittlerweile Gesetz geworden, doch der Süden sorgte dafür, dass Schwarze es nicht ausüben durften. Noch 100 Jahre nach dem Bürgerkrieg wurden in den Südstaaten Weiße, die Schwarzen beim Wählen helfen wollten, erschossen.

Rassismus, jenes uralte moralische Geschwür, ist nicht auszurotten. Und er ist keineswegs ein Vorrecht der Weißen. Die Chinesen und andere Menschen gelber Hautfarbe zum Beispiel sind rassistisch den Weißen, Schwarzen und Braunen gegenüber.* Überall auf der Welt gibt es engstirnige Menschen, die

---
* Ich weiß, wovon ich spreche. Ich war als Kriegsgefangener in Korea selbst Zielscheibe koreanischer und chinesischer rassistischer Witze.

sich minderwertig und unterlegen fühlen und deshalb eine Gruppe brauchen – und sich eine suchen –, der sie sich überlegen fühlen können. Das ist mit ein Grund, weshalb Schwarze in den USA immer noch als Bürger zweiter Klasse behandelt werden. Aber das Land hat Fortschritte gemacht.

Calvinistische, religiöse schwarze Führer, allen voran Martin Luther King, kämpften in vorderster Front für die Bürgerrechte der Schwarzen, insbesondere für das Wahlrecht, für die Abschaffung der Rassentrennung in den Schulen und für die Gleichbehandlung der Bürger vor dem Gesetz. Viele Weiße unterstützten sie darin, weil sie das als Demokraten und Christen für ihre Pflicht hielten. Die amerikanische Gesellschaft hat das Gedankengut Solons und Jesu Christi aufgegriffen und umgesetzt, um *einige* ihrer weißen Mitglieder vor Unterdrückung durch die großen Akquisitoren zu schützen, dabei jedoch einer ganzen Gruppe, nämlich den Schwarzen, den Zutritt zu dieser Gesellschaft verwehrt. Zählen die Schwarzen nicht zu den Menschen, die alle gleich geschaffen wurden?

Lange Zeit schien es so. Doch das ändert sich allmählich. 1965 wurde ich in Selma, Alabama Zeuge, wie Schwarze, die für ihr Wahlrecht demonstrierten, angegriffen und verprügelt wurden. Vor kurzem nun wurde in Selma zum ersten Mal ein Schwarzer zum Bürgermeister gewählt. Die Macht des Volkes zeigt Wirkung.

Bis zur Überwindung des Rassismus in den USA ist es noch ein weiter Weg. Amerikanische Politiker, die scharf mit despotischen Regimes ins Gericht gehen, werden sich bis dahin vorhalten lassen müssen, dass sie zunächst einmal im eigenen Land die Unterdrückung von Schwarzen und Indianern beenden sollten, bevor sie andere Machthaber kritisieren. Dennoch bleibt festzuhalten, dass die Vereinigten Staaten durch die Übernahme der solonschen Gesellschaftsordnung und gelegentlicher christlicher Barmherzigkeit (zunächst nur den Weißen, später auch anderen gegenüber) einen Meilenstein in der Geschichte gesetzt und anderen Nationen den Weg gewiesen haben.

Wir werden später noch ausführlich auf die USA zurückkommen. Zunächst einmal müssen wir uns mit den Folgen befassen, die jene berühmten Worte aus der Unabhängigkeitserklärung – namens und im Auftrag der Bevölkerung – in anderen Ländern hatten.

13

DIE FRANZÖSISCHE REVOLUTION UND IHRE FOLGEN

(1789–1821)

Menschliche Leistungen sind nicht vollkommen. Doch die Idee, dass Herrscher »namens und im Auftrag des Volkes« handeln, hatte sich nach ihrer Umsetzung nicht nur als praxistauglich erwiesen, sie verbreitete sich auch.

Die Verfassungstheoretiker der Französischen Revolution, unter ihnen der Adlige Honoré Gabriel Mirabeau, der ausdrücklich auf die amerikanische Verfassung Bezug nahm, griffen sie fast sofort in ihrer *Erklärung der Menschen- und Bürgerrechte* auf. Nicht lange nach der Französischen Revolution brachen auf dem Balkan Befreiungskriege aus. Und die Iren lehnten sich wieder einmal gegen die britische Herrschaft auf (mehr über die Grüne Insel später). Der Geist der amerikanischen Unabhängigkeit hatte ganz Europa erfasst. In Frankreich führten aber noch andere Gründe zur Revolution: Zu viele adlige, feudale Großgrundbesitzer unterdrückten die Bauern, beuteten sie aus und waren schlicht unfähig, die wachsende Bevölkerung zu ernähren. Hinzu kam, dass das Bürgertum ein politisches Mitspracherecht forderte. Montesquieu, dessen philosophische Schriften den Entwurf der amerikanischen Verfassung beeinflusst hatten, erfreute sich bei den aufsässigen Franzosen großer Beliebtheit. Und der französische König hatte tatsächlich die rebellischen amerikanischen Siedler unterstützt, die doch erklärt hatten, alle Menschen seien gleich geschaffen und sollten von vom Volk gewählten Vertretern regiert werden.

Fielen in der Beraterrunde Ludwigs XVI. vielleicht Sätze wie: »Die Briten haben uns aus Nordamerika geworfen – wäre es nicht schön, wenn sie jetzt selbst davongejagt würden?« Höchstwahrscheinlich schon. Aber kam niemandem aus der Umgebung des Königs der Gedanke, was für Folgen die Ablösung der Erbmonarchie durch eine gewählte republikanische Regierung haben könnte – dass nämlich in anderen Ländern das Gleiche passieren würde? Denn genau das geschah. Das politisch ambitionierte französische Bürgertum sagte sich: »Wir haben den Amerikanern zur Freiheit verholfen. Warum sollten wir nicht uns selbst zur Freiheit verhelfen?«

1787 wurde die amerikanische Verfassung unterzeichnet. Bald danach kam es in größeren französischen Städten zu Unruhen und Volkserhebungen. Der König und seine Minister sicherten zwar Verbesserungen zu, doch nichts geschah, weil der Adel alle Reformen ablehnte. Die Ernte 1788 fiel schlecht aus, Lebensmittel wurden noch knapper, das Volk hungerte. Marie-Antoinette, die Gemahlin Ludwigs XVI., soll gesagt haben: »Wenn sie kein Brot haben, sollen sie doch Kuchen essen!« Am 14. Juli 1789 stürmten die Pariser die Bastille, ursprünglich eine Festung, die als Kerker diente. Nur sieben Gefangene waren dort noch inhaftiert. Sie verstanden vermutlich gar nicht, warum sie von einer triumphierenden Menge befreit wurden. Ein Symbol der Unterdrückung war gefallen.

Talleyrand (1754–1838)

Ludwig XVI. berief die Generalstände – bestehend aus dem Adel, dem Klerus und dem *Tiers État*, dem dritten Stand, meist Vertreter des gebildeten Bürgertums – zur Bewältigung der Krise ein.[1] Aus diesen Generalständen ging die Verfassunggebende Nationalversammlung hervor. Ihr gehörte auch Charles Maurice de Talleyrand an, Bischof von Autun, ab 1807 Herzog von Talleyrand-Périgord und ab 1806 Fürst von Bénévent. Der 1754 in Paris geborene Adlige hatte einen Klumpfuß und konnte deshalb nicht, wie es in seiner Familie Tradition war, die militärische Laufbahn einschlagen. Im Priesterseminar wollte man ihn nicht haben, weil er sich eine Geliebte nahm – die erste von unzähligen, die noch kommen sollten. Aufgrund seiner hervorragenden Beziehungen wurde der junge Talleyrand dennoch zum Abt der angesehenen Abtei St. Denis in Reims ernannt.

Talleyrand, Vertreter der konservativen Geistlichkeit und Verfechter der Kirchenrechte, trat in der Nationalversammlung zur Überraschung aller für eine Reihe von Reformen ein. Er schlug eine Verfassung vor, die eine parlamentarische Regierung vorsah, die Abschaffung des Kirchenzehnten sowie die Einziehung der Kirchengüter zur Tilgung der Staatsschulden. Die Nationalversammlung hob das Feudalsystem auf: Alle Menschen hätten das Recht auf Freiheit, Gleichheit und Widerstand gegen Unterdrücker. Für die Sklaven in den französischen Kolonien galt dies allerdings nicht. Die Verwaltung in den Provinzen wurde rationalisiert. Die Gerichte, bislang willfährige Instrumente des Königs, wurden durch ein einheitliches Gerichtswesen ersetzt, und die Richter würden künftig vom Volk gewählt werden. Talleyrand spielte bei der Durchsetzung dieser Maßnahmen eine wichtige Rolle: Er wusste immer als Erster, woher der Wind wehte.

Die Mehrheit der Nationalversammlung setzte sich für eine konstitutionelle Monarchie ein – mit einem an die Verfassung gebundenen König und einer Regierung aus Volksvertretern –, wie sie heute in England, Skandinavien, Spanien, Belgien und den Niederlanden üblich ist. Ludwig XVI. begriff indes nicht, dass die Zeit für Veränderungen gekommen war. Sein Widerstand gegen die Reformen der Nationalversammlung führte schließlich dazu, dass er und seine Gemahlin unter der Guillotine starben.[2] Nach ihrer Hinrichtung wurde aus ihrem Sohn Ludwig XVII. Der junge König starb im Alter von zehn Jahren im Gefängnis an Tuberkulose.[3]

Die europäischen Monarchien hatten bisher stillgehalten. Das änderte sich, als die Nationalversammlung eine ihrer Forderungen internationalisierte, indem sie verkündete: »Die Menschen haben überall ein Recht auf Selbstbestimmung.« Unterdrückte Nationalitäten, die im heutigen Holland, Belgien, Irland und Italien das Joch ihrer ausländischen Herren abzuschütteln versuchten, begrüßten die Vorstöße der Franzosen und wurden deshalb verfolgt. Das revolutionäre Frankreich sagte seinen Nachbarn den Kampf an, um die Revolutionäre in den Nachbarstaaten zu unterstützen.

Die Monarchien reagierten mit Bestürzung. Dass die Franzosen ihren König hingerichtet hatten, war schlimm genug, aber wollten sie jetzt alle Monarchen stürzen? Österreich und Preußen entsandten Truppen. Als diese auf Paris marschierten, wurde Frankreich von einer Woge des Patriotismus erfasst. Tausende meldeten sich freiwillig. Sie zogen in den Kampf und sangen dabei die *Marseillaise*, das Revolutionslied, das zur blutrünstigsten Nationalhymne der Welt wurde:

Entendez-vous, dans les campagnes,
Mugir ces féroces soldats ?
Ils viennent jusque dans nos bras
Égorger nos fils, et nos compagnes.
Aux armes, citoyens !
Formez vos bataillons !
Marchons, marchons !
Qu'un sang impur abreuve nos sillons.

(Hört ihr das Brüllen der barbarischen Soldaten draußen auf dem Feld? Sie kommen, um uns unsere Söhne und unsere

Frauen zu entreißen und zu ermorden. Zu den Waffen, Bürger! Nehmt Aufstellung! Vorwärts! Vorwärts! Soll ihr unreines Blut unsere Äcker tränken.)

Man beachte die Formulierung *sang impur* – unreines Blut.

Überall in Europa lebten, unter *einer* Krone vereint, unterschiedliche ethnische Gruppen friedlich, wenn vielleicht auch nicht gerade in Freundschaft, nebeneinander. Die Franzosen marschierten jetzt zu einem Lied, das zum Völkerhass aufrief. Dies stellte eine Bedrohung für das multiethnische Gefüge der Königreiche dar. Die Franzosen schlugen die Preußen zurück, die sich daraufhin mit Österreich und England verbündeten.

Angesichts der ernsten außenpolitischen Lage ermächtigte der Nationalkonvent den so genannten Wohlfahrtsausschuss *(Comité de salut public)*, ein eine Million Mann starkes Heer aufzustellen. Zur Finanzierung der enormen Kosten wurden die Steuern stark angehoben und eine Preisbindung verordnet. Ein Aufruhr war die Folge, der blutig niedergeschlagen wurde. Hunderttausende wurden verhaftet. Etliche Tausend starben unter dem Fallbeil, ohne dass sie angeklagt oder verurteilt worden wären. Diese Phase der Revolution wurde bekannt als *La Terreur*, die Schreckensherrschaft.

Die französische Armee siegte, nicht zuletzt dank genialer Feldherren wie Murat, Soult und Ney, die alle drei aus einfachsten Verhältnissen stammten und unter Napoleon zu Marschällen aufsteigen würden. Was für eine eindrucksvolle Demonstration dafür, dass Nichtadlige Adlige übertrumpfen konnten. Nach dem Sieg waren der Wohlfahrtsausschuss und sein Terrorregime überflüssig geworden. Robespierre wurde mit 21 Getreuen, unter ihnen Saint-Just und Couthon, am 27. Juli 1794, dem 9. Thermidor, verhaftet und einen Tag später – guillotiniert. Robespierre und Saint-Just wurden wiederholt als Streiter für das Volk dargestellt, die durch die Umstände zum harten Durchgreifen gezwungen gewesen seien. Es gelang ihnen tatsächlich, zumindest für einige Zeit, die Republik zu retten. Massenmörder waren sie trotzdem, unter welchem Blickwinkel man die Sache auch betrachten mag. Saint-Just sagte einmal: »Wir müssen nicht nur die Verräter bestrafen, sondern jeden, der keine Begeisterung zeigt. Es gibt nur zwei Arten von Bürgern: die guten und die schlechten. Den guten ist die Republik Schutz schuldig, den schlechten nur den Tod.« Hitler und Stalin dachten genauso.

Frankreich erhielt eine neue Verfassung, die ein Zwei-Kammer-System – einen »Rat der Alten« *(Conseil des Anciens)* und einen »Rat der Fünfhundert« *(Conseil des Cinq-Cents)* – sowie ein fünfköpfiges »Direktorium« *(Directoire)* vorsah. Die Ähnlichkeiten mit der Verfassung der USA sind unverkennbar. Das Bürgertum hatte, wie in den Vereinigten Staaten, eindeutig die Macht übernommen.

Napoleon (1769–1821)

Als der 26-jährige General Bonaparte 1795 den royalistischen Aufstand in Paris niederschlug, hatte er sich bereits als brillanter Stratege einen Namen gemacht: Er hatte Armeen besiegt, die seinen miserabel ausgerüsteten Truppen zahlenmäßig weit überlegen waren. Nachdem er in einer Schlacht verwundet worden war, trug er nur noch scharlachrote Hosen, damit seine Soldaten beim nächsten Mal nicht sehen würden, dass er blutete – sie hielten ihn nämlich für unverwundbar. Und sie liebten ihn. Sie gaben ihm den Spitznamen *Le Petit Tondu* – der geschorene Kleine. Für die damaligen Verhältnisse war Napoleon mit 1,65 Meter durchschnittlich groß. Und doch sagt man heute noch kleinen Männern, die andere gern herumkommandieren, nach, sie hätten einen »Napoleonkomplex«.

Napoleon wurde als Napoleone Buonaparte am 15. August 1769 auf Korsika geboren, aber in französischen Schulen erzogen. Er war als junger Mann Leutnant der Artillerie geworden, schloss sich jedoch schon bald der Revolution an. Das republikanische Frankreich setzte seine Eroberungszüge in Europa fort und gab seine Errungenschaften an seine »Schwesterrepubliken« weiter. Das einzige Land, das beharrlich Widerstand leistete, war England. Napoleon fasste den Plan, die Engländer durch die Einnahme Ägyptens zu schwächen – damit wäre ihnen nämlich der kürzeste Weg zu ihren Besitzungen auf dem indischen Subkontinent abgeschnitten. Im Juli 1798 besetzte er Kairo. Doch im August wurde die französische Flotte bei Abukir durch den britischen Admiral Horatio Nelson vernichtet. Manche vertreten die Auffassung, in Ägypten seien damals der bedeutendste General und der bedeutendste Admiral der Welt aufeinander getroffen. Bis zum heutigen Tag sind in Kriegen, die fern der Heimat geführt werden, die Seeschlachten die entscheidenden.* Abukir bildete da keine Ausnahme.

Zur gleichen Zeit wurde in Europa die französische Armee von einer neuen Koalition aus Briten, Russen, Österreichern und Türken geschlagen. Napoleon kehrte nach Frankreich zurück, stürzte das Direktorium in der Nacht vom 9. auf den 10. November 1799, dem 18. Brumaire, und machte sich selbst zum Ersten Konsul, was praktisch einer Alleinherrschaft gleichkam, denn die anderen beiden von ihm ernannten Konsuln besaßen nur beratende Stimme. Während George Washington an die Demokratie glaubte und die Rolle des Alleinherrschers abgelehnt hatte, sah sich Napoleon als der allen anderen Überlegene an und leitete daraus (in Übereinstimmung mit der Auffassung Platons) das Recht ab, die Macht zu übernehmen.

---

* So sind die US-Streitkräfte bei Auslandseinsätzen auf ihre Flottenverbände, deren Mittelpunkt die Flugzeugträger sind, angewiesen.

Die Revolution war zu Ende. Talleyrand, ein vorzüglicher Außenminister, verhandelte mit Österreich und England, und zum ersten Mal seit 1793 schwiegen die Waffen.[4] In Paris kehrte Ruhe ein. Nach der Schreckensherrschaft atmete die Bevölkerung auf, die Anspannung wich, man genoss das Leben und vergaß die Moral. Reiche junge Bürgerliche entdeckten die Freude an extravaganter (und bei den Damen sehr offenherziger) Kleidung und fanden alles *incroyable* – unglaublich. Daher nannte man diese Modenarren mit der affektierten Aussprache auch die Incroyables.

Zu den führenden Damen der Gesellschaft gehörte Josephine Tascher de la Pagerie, Vicomtesse de Beauharnais. Sie war auf Martinique geboren worden und die Witwe des während der Schreckensherrschaft hingerichteten Vicomte de Beauharnais, von dem sie zwei Kinder hatte. Noch vor der Ägyptischen Expedition war Napoleon auf sie aufmerksam geworden. Josephine heiratete ihn, erwiderte seine Leidenschaft aber nicht. Während er in Ägypten war, flirtete sie hemmungslos mit einem Offizier, hatte möglicherweise eine Affäre mit ihm. Napoleon verzieh ihr seinen Stiefkindern zuliebe, denen er sehr zugetan war. Er schrieb Josephine von allen Kriegsschauplätzen glühende Liebesbriefe, die sie jedoch nicht beantwortete.

An Weihnachten 1799 verkündete Napoleon eine neue Verfassung. Darin war allerdings wenig von Menschenrechten, von Freiheit oder Gleichheit die Rede. Vielmehr wurde jenen, die durch die Revolution reich geworden waren, zugesichert, dass sie weder den Aristokraten (die »für immer« aus Frankreich verbannt wurden) noch der Kirche ihr Eigentum zurückgeben müssten. Und Talleyrand selbst verdiente nicht schlecht am Verkauf konfiszierter Kirchengüter.

Mit dieser Konsularverfassung lag alle Macht in Napoleons Händen: Er bestimmte die Mitglieder der gesetzgebenden Körperschaft, alle Beamten, darunter auch die Offiziere, die Richter (deren Unabhängigkeit er durch Ernennung auf Lebenszeit gewährleistete) und die Präfekten, die die einzelnen Departements, die Verwaltungsbezirke, leiteten. Er gründete die französische Staatsbank, stabilisierte die Währung und verbesserte das Schulwesen.

Zu seinen bedeutendsten Vermächtnissen zählt der *Code civil*, ein Gesetzeswerk, das 1804 in Kraft trat und besser als *Code Napoléon* bekannt ist. Seine Artikel garantieren die Freiheit des Einzelnen, Gewissensfreiheit, Gleichheit vor dem Gesetz, die Trennung von Staat und Kirche. Allerdings wurden die Bischöfe von Napoleon bestimmt – mit Zustimmung von Papst Pius VII., der angesichts der französischen Truppen, die ihm im Nacken saßen, gar keine andere Wahl gehabt hatte. Der *Code Napoléon* schützte die Rechte der Bürgerlichen – Eigentumsrecht, Erbrecht, das Recht der Arbeitgeber (nicht aber das der Arbeiter). Das unter der Revolution eingeführte Scheidungsgesetz wurde beibehalten. Nach heutigen Maßstäben wurden die Rechte der Frau eher vernachlässigt.[5] Zusammenfassend lässt sich sagen, dass das Gesetzeswerk endlich Ordnung brachte in einen Wust von Gesetzen, Gewohnheiten und alten Feudalrechten. Der *Code Napoléon* wirkt in der Gesetzgebung vieler europäischer und lateinamerikanischer Staaten sowie in jener der kanadischen Provinz Quebec nach. Seine Gesetze haben heute noch Gültigkeit im US-Bundesstaat Louisiana, der bis 1803, als Thomas Jefferson das Territorium von Napoleon erwarb, französischer Besitz war.

Besonders wichtig war Napoleon das Militär. Er führte die allgemeine Wehrpflicht ein (wer einberufen wurde und vermögend genug war, konnte sich allerdings einen Ersatzmann kaufen). Jeder Soldat hatte die gleiche Chance auf Beförderung. Zwei Militärakademien wurden gegründet – Saint-Cyr für die Ausbildung von Infanterieoffizieren und die École Polytechnique in Paris für die Artillerie und das Ingenieurwesen. Beide Akademien gibt es noch heute.

Napoleon war ein militärisches Genie vom Schlag eines Alexander des Großen, eines Hannibal, eines Saladin, eines Dschingis Khan. Er gewann jede Schlacht und kontrollierte bald die europäische Küste von Westitalien über Spanien bis nach Holland hinauf. Britische Schiffe durften die dortigen Häfen nicht mehr anlaufen. Und so erklärte England im Frühjahr 1803 Frankreich den Krieg. Napoleon traf Vorbereitungen für die Eroberung der Insel.

Während die Kriegsflotte gebaut wurde, ließ sich Napoleon am 2. Dezember 1804 zum Kaiser krönen. Er hatte bewiesen, dass er, was die Instinkte eines großen Akquisitors betraf, den europäischen Herrscherfamilien in nichts nachstand. Wie diese legte er einen ungezügelten Expansionsdrang an den Tag und erhob seine Brüder und Schwäger zu Königen anderer Staaten. Er schuf einen napoleonischen Neuadel, indem er seine treuen Diener zu Baronen, Grafen, Vicomtes, Marquis, Herzögen und sogar Fürsten machte. »*Pourvou qué ça doure* (hoffentlich bleibt das so)«, pflegte seine Mutter Letizia beim Anblick ihrer lamettabehängten Verwandtschaft in ihrem korsischen Akzent zu sagen.

Napoleons Englandfeldzug schlug fehl. Am 21. Oktober 1805 wurde die französisch-spanische Flotte, die Truppen nach England transportieren sollte, vor Trafalgar, einem Kap an der spanischen Atlantikküste, von Admiral Nelson vernichtet. Nelson hatte die Warnung seiner Offiziere in den Wind geschlagen und verfolgte die Schlacht auf dem Quarterdeck seines Flaggschiffs *Victory* in glitzernder Paradeuniform, was ihn zu einer leichten Zielscheibe machte. Er sei an der Wirbelsäule getroffen, sagte der Admiral. Dann starb er. Er hatte England gerettet und die britische Seeherrschaft gesichert. Sein Leichnam wurde, in einem Fass Rum konserviert, nach London zurückgebracht. Wie in der englischen Navy gern erzählt wird, sollen die Matrosen den Rum unterwegs getrunken haben.[6]

England suchte weiter nach Verbündeten gegen Napoleon, und dieser gewann weiterhin alle Festlandsschlachten. Am 13. November 1805 nahm er Wien ein. 19 Tage später, am 2. Dezember, besiegte er, obwohl seine Truppen zahlenmäßig unterlegen und vom Nachschublager weit entfernt waren, die russischen und österreichischen Heere bei Austerlitz (heute Slavkov u Brna in Tschechien östlich von Brünn). Diese Schlacht wird gern als Paradebeispiel für sein strategisches Genie angeführt.[7]

Noch wäre es möglich gewesen, einen Friedensvertrag auszuhandeln. Talleyrand wusste, es würde ein böses Ende nehmen, wenn der Krieg nicht bald beendet würde – Frankreich drohte auszubluten. Aber Napoleon war anderer Ansicht, überwarf sich mit Talleyrand und sagte über ihn, er sei nichts weiter als »*de la merde dans un bas de soie*« – ein mit Scheiße gefüllter Seidenstrumpf. Talleyrand, dem dies zugetragen wurde, bemerkte daraufhin: »Ein Jammer, dass ein so großer Mann so schlechte Manieren hat.« 1807 wurde er entlassen.[8]

Napoleon wollte, dass die Engländer um Frieden bettelten. Stattdessen griffen sie an. 1809 landeten sie in Portugal und marschierten in Spanien ein. Unter Arthur Wellesley (dem späteren Herzog von Wellington) errangen sie erste Siege über die napoleonischen Truppen.

Noch konnte das seiner Macht und seinem Ansehen nichts anhaben. Da Josephine ihm keinen Erben geboren hatte, ließ er die Ehe vom Papst annullieren. (Josephine bekam Schloss Malmaison, wo sie ein Leben in Luxus führte. Napoleon kam für alle ihre Schulden auf.) Seine zweite Frau, die österreichische Kaisertochter Marie Louise, heiratete er 1810. Mit ihr hatte er einen Sohn, den 1811 geborenen Napoleon II., den er zum König von Rom machte.

Unterdessen hatte sich Talleyrand zu Geheimgesprächen mit dem russischen Zaren Alexander I. getroffen. Aus Verärgerung über Napoleon? Oder, wie seine Bewunderer meinen, um Kontakte herzustellen, die Frankreich behilflich sein würden, wenn Napoleons Glückssträhne zu Ende ging? Der Zar ließ bald durchblicken, dass er weder Napoleons Vorherrschaft in Europa akzeptieren noch sich an der Kontinentalsperre gegen England beteiligen würde. Napoleon beging den verhängnisvollsten Fehler seiner Karriere: 1812 marschierte er mit fast einer halben Million Mann, von denen nur ein Teil Franzosen waren, in Russland ein. Die Russen unter Feldmarschall Kutusow, den Napoleon bei Austerlitz besiegt hatte, zogen sich zurück und steckten dabei alles in Brand, sodass die Franzosen keinerlei Möglichkeit hatten, sich Verpflegung zu beschaffen. Als Napoleon Moskau einnahm, war die Stadt größtenteils niedergebrannt.

Der strenge russische Winter zwang ihn zum Rückzug. Die meisten seiner Verbündeten fielen von ihm ab. In Paris kam es sogar zu einem Aufstand, den Napoleon allerdings niederschlagen konnte. Dann stellte er ein neues Heer auf – er hatte nur 10 000 Soldaten aus Russland zurückgeführt. Er gewann noch einige Schlachten, aber Frankreich war erschöpft und des Kriegführens müde. Im Oktober 1813 wurde das napoleonische Heer von einer Koalitionsarmee in der so genannten Völkerschlacht bei Leipzig besiegt. Dennoch gab sich Napoleon nicht geschlagen. Mit frischen Verbänden errang er einige weitere unglaubliche Siege – allerdings keine entscheidenden. Am 31. März 1814 kapitulierte Paris. Mit Ludwig XVIII., dem Bruder Ludwigs XVI., kehrten die Bourbonen zurück. Napoleon dankte am 6. April 1814 ab und wurde auf die Insel Elba verbannt. Er war noch keine 45 Jahre alt.

Der Adel kehrte aus dem Exil zurück und versuchte die Zeiger der Uhr zurückzudrehen. Doch das Volk war nicht gewillt, die unter der Revolution und unter Napoleons Herrschaft erlangten Errungenschaften wieder preiszugeben oder den erworbenen Grundbesitz an die früheren Besitzer, seien es nun die Aristokratie oder der Klerus, zurückzugeben.

Diese innere Unzufriedenheit nutzte Napoleon zu einem Versuch, die Macht zurückzuerobern. Am 1. März 1815 kehrte er nach Frankreich zurück. Die Herrschaft der »Hundert Tage« begann. Viele seiner ehemaligen Soldaten schlossen sich ihm an. Er marschierte in Belgien ein, besiegte Blücher am 16. Juni 1815. Zwei Tage später stand er Wellington bei Waterloo gegenüber und wurde geschlagen. Einer seiner Generäle war nicht rechtzeitig eingetroffen – dafür erhielt Wellington Unterstützung von den Preußen, die Napoleon auf dem Rückzug geglaubt hatte, die jetzt aber den Franzosen in den Rücken fielen.

Napoleon wurde auf die kleine Atlantikinsel St. Helena verbannt, wo er am 5. Mai 1821 im Alter von 51 Jahren starb. Die genaue Todesursache ist unklar. Die Theorie vom Magenkrebs scheint mittlerweile widerlegt: Wer an Magenkrebs erkrankt, magert stark ab, Napoleon aber war ziemlich dick, als er starb. Eine andere Theorie besagt, er sei mit Arsen vergiftet worden – Spuren des Gifts wurden in einer Haarlocke nachgewiesen. Die Diskussion wird weitergehen.[9]

Frankreich konnte von Glück sagen, dass Arthur Wellesley, Herzog von Wellington, ein zivilisierter Mann war. Die Bedingungen, die er und seine Verbündeten dem besiegten Land diktierten, sahen lediglich eine Besatzungszeit von drei Jahren vor, falls Frankreich Reparationszahlungen leistete. Talleyrand, Außenminister der Restauration, war ein äußerst geschickter Verhandlungspartner, machte jedoch einen Fehler: Frankreich musste ein beträchtliches Gebiet westlich des Rheins, unter anderem Saarlouis, Saarbrücken und Landau, an Preußen abtreten. Ein Gebiet, das seit Ludwig XIV. französisch gewesen war. Da der Rhein die natürliche Grenze zwischen Deutschland und Frankreich bildete, mussten die französischen Flussschiffer auf dem Weg von und zur Nordsee jetzt durch deutsches Gebiet, was den Deutschen ein Druckmittel in die Hand gab: Sie konnten jederzeit den französischen Handel blockieren. Der Streit um dieses Territorium sollte in den Auseinandersetzungen zwischen beiden Staaten während der folgenden anderthalb Jahrhunderte eine wesentliche Rolle spielen.

Noch eine Nachbemerkung zu Talleyrand. Er war ein korrupter, lüsterner Geistlicher. Er beging Verrat an Ludwig XVI., an seiner Kirche, an Napoleon, der ihn zum Fürsten erhoben hatte. War er eine Ratte, die von diversen sinkenden Schiffen flüchtete? Ja. Doch den schrecklichsten Verrat beging er stets dann, wenn das Wohl Frankreichs es erforderte. Ludwig XVI. versuchte er, um ihn zu retten, von der konstitutionellen Monarchie als letztem Ausweg zu überzeugen. Napoleon versuchte er, um ihn und Frankreich zu retten, von der Notwendigkeit eines Friedensschlusses zu überzeugen. Der intelligente, scharfsinnige Talleyrand war die dominierende Figur auf dem Wiener Kongress (1814–1815), wo über die europäische Ordnung nach den Napoleonischen Kriegen beraten wurde und der Franzose sich erfolgreich um Schadensbegrenzung für Frankreich bemühte. Bis zu seinem Tod 1838 – er wurde 84 Jahre alt – konnte er noch zahlreiche weitere diplomatische Erfolge für sich verbuchen. Jeder gut informierte, gebildete Diplomat rühmt seine außerordentliche Geschicklichkeit.

Wie ist Napoleon einzuschätzen? Er war ein großer Akquisitor. Macht und Besitz schienen ihn jedoch weniger zu reizen als der gewaltsame Prozess ihrer Aneignung: Krieg. Genialer Feldherr, der er war, liebte er das Erregende der Kriegführung, der Schlachten. Das kostete allein in Frankreich einer halben Million Menschen das Leben. Viele weitere wurden verstümmelt. Als ihm einmal eine lange Liste von Kriegsopfern vorgelegt wurde, sagte er: »Paris wird in einer einzigen Nacht genug Menschen machen, um sie zu ersetzen.«

Napoleon war kein Hitler oder Stalin. Weder schlachtete er die Zivilbevölkerung ab noch behandelte er andere Völker oder Volksgruppen als minderwertig. Er befreite die Juden aus ihren Gettos und gestand ihnen die gleichen Rechte wie den übrigen Franzosen zu. Und die Folgen seiner Herrschaft hatten entscheidenden Einfluss auf Europa.

Zwar beendete er die Revolution und war kein Demokrat wie George Washington. Doch sein Gesetzeswerk, das die Freiheit des Einzelnen, Gewissensfreiheit, Gleichheit vor dem Gesetz und die Trennung von Staat und Kirche garantierte, beeinflusste die Gesetzgebung in vielen anderen europäischen Ländern. Französische Truppen sorgten für die Verbreitung der Ideale der amerikanischen Revolution – dass nämlich das Volk ein Recht darauf habe, von gewählten Vertretern regiert zu werden. Dieses Ideal vermochte sich nicht überall auf Anhieb durchzusetzen, aber letztendlich konnte es sich doch behaupten.

Napoleon ist der französische Mythos schlechthin. Selbst jene französischen Schriftsteller, die keineswegs mit allen seinen Taten einverstanden sind, verehren ihn. Die Franzosen haben oft das Gefühl, sie würden den Maßstäben, die er gesetzt hat, nicht gerecht werden. Tief im Innern ist selbst der demokratischste Franzose der Überzeugung, es wäre besser um die Welt bestellt, wenn Napoleon nicht besiegt worden und das Französische, nicht das Englische, die wichtigste Weltsprache geworden wäre.

14

PROMETHEUS UND DIE PAX BRITANNICA

(19. Jahrhundert)

Zwei Phänomene im 19. Jahrhundert erwiesen sich als richtungweisend: zum einen der rasante wissenschaftliche und technische Fortschritt, dessen Früchte uns heute umgeben, und zum anderen eine Weiterentwicklung in der Umsetzung des solonschen Demokratieverständnisses.

Der Titan Prometheus stahl den Göttern das Feuer und gab es den Menschen. Die griechische Sage allegorisiert, wie der Mensch die Angst vor dem Feuer verlor, es zu nutzen anfing und herausfand, wozu es gut ist. Dies war der erste große Schritt. Auch das 19. Jahrhundert barg Kräfte wie das Feuer in sich, Kräfte, die zu gebrauchen eigentlich den Göttern vorbehalten war:

- die Geschwindigkeit, uns schneller und weiter auf der Erde und über ihr zu bewegen;
- die Gabe, mit unserer Stimme riesige Entfernungen zu überwinden, sodass andere unsere Worte in dem Moment hören können, in dem wir sie aussprechen;
- die Kraft des Blitzes, gebändigt und mittels Wandsteckdosen jederzeit zu unserer Verfügung;
- die Gabe zu heilen wie Äskulap, der griechische Gott der Heilkunde;
- die Kunst, Waffen und Werkzeuge herzustellen wie Hephaistos, der griechische Gott des Erdfeuers und Schutzgott der Schmiedekunst;

- die intellektuellen Fähigkeiten Athenes, die dafür sorgen konnte, dass das menschliche Hirn unglaublich komplexe Vorgänge verstand;
- die Macht eines Zeus, Feinde, ja die ganze Welt mit einem nuklearen Blitzstrahl zu vernichten.

Wozu nutzte das menschliche Hirn denn nun seine Fähigkeiten im 19. Jahrhundert? Hier eine kleine Auswahl von Erfindungen: Dampfmaschinen, Verbrennungsmotoren, Telefon, drahtlose Funkverbindung (der Italiener Marconi führte 1896 die erste drahtlose Übertragung von Funksignalen durch); Musik, die zu Hause aus einem Kasten kam – dem Grammophon; bewegliche Bilder, die von einer Spule auf eine Leinwand projiziert wurden; die Atomwissenschaft, die Gutes ebenso wie Böses zur Folge hatte; Stahl, der ganze Kontinente in Form von Eisenbahnschienen umspannt und Wasser in Form von anmutigen Bögen überbrückt; das Maschinengewehr; die Anfänge der modernen Medizin; gewaltige Fortschritte in der Chemie, darunter auch das Dynamit des schwedischen Sprengstoffherstellers Alfred Nobel, der hoffte, seine Erfindung wäre furchterregend genug, um den Krieg zu beenden. (Bei seinen Experimenten jagte Nobel, der dem Nobelpreis seinen Namen gab, seine ganze Fabrik in die Luft. Unbeirrt machte er weiter und wurde zum Prototyp des verrückten Wissenschaftlers. Er verdiente aber einen Haufen Geld mit seinen Erfindungen.)

Im 19. Jahrhundert fand die so genannte Industrielle Revolution statt – die Mechanisierung der Industrie durch Maschinen. In der Hoffnung auf Arbeit in den neuen Fabriken strömte die Landbevölkerung in die Städte. Überall entstanden Elendsquartiere. Zahlreiche Berufsstände, zum Beispiel die Weber, verloren durch die Maschinen ihre Arbeit. Es kam zu Unruhen. In England entstand die Maschinenstürmerbewegung der *Lud-*

diten, benannt nach dem Arbeiter Ned Ludd, der durch die Zerstörung von Maschinen auf das Los der Arbeiter aufmerksam machen wollte. Sie wurden von der Regierung verfolgt, gehenkt oder deportiert.

Das 19. Jahrhundert war ein gefährliches, unruhiges, rebellisches Zeitalter. Der Geist der amerikanischen Revolution war nach Europa geweht und durch die Französische Revolution und ihre napoleonische Spielart überall verbreitet worden. Die Saat des solonschen Demokratieverständnisses keimte in ganz Europa, doch waren einige der zarten Pflänzchen durch Anarchismus und Kommunismus intellektuell deformiert. Die etablierten Akquisitoren, die großen wie die kleinen, bemühten sich nach Kräften, die keimende Saat niederzutrampeln. Als ihnen im eigenen Land im Zug einer zunehmenden Demokratisierung immer mehr Hindernisse in den Weg gelegt wurden, wichen sie in andere Staaten aus. Die politischen Grundstrukturen im Europa des 19. Jahrhunderts lassen sich wie folgt zusammenfassen:

- Der Adel versucht an der Macht festzuhalten, die er auf keinen Fall mit den unteren Schichten teilen will.
- Das Großbürgertum hat auf Kosten des Adels eine gewisse Macht erlangt und ein Parlament eingesetzt, will aber den unteren Schichten das Wahlrecht verweigern.
- Das Kleinbürgertum hat auf Kosten des Großbürgertums eine gewisse Macht erlangt, will aber ebenfalls den unteren Schichten das Wahlrecht verweigern.
- Die Arbeiterklasse will die Macht mit dem Kleinbürgertum teilen, was allerdings nicht immer gelingt.[1]
- Menschen, die die gleiche Sprache sprechen, aber in verschiedenen Staaten unter verschiedenen Machthabern leben, streben nach nationaler Einheit und Unabhängigkeit.[2]

Am Beispiel Frankreichs lässt sich das obige Schema am besten illustrieren. Die bürgerliche Revolution dort stürzte die Monarchie und den Adel, wurde aber von Napoleon ausgebremst, der seinerseits 1815 abgesetzt wurde. Es folgte die Restauration: Die Monarchie wurde wiederhergestellt, die Adligen kehrten zurück, weigerten sich aber, die Macht mit dem Großbürgertum zu teilen. Dieses lehnte sich 1831 erneut auf, weigerte sich aber, seine Macht mit dem Kleinbürgertum zu teilen. Daraufhin zettelte dieses 1848 eine Revolution an, weigerte sich aber seinerseits, seine Macht mit der Arbeiterklasse zu teilen. Dies führte zu einem neuen Albtraum – der Aufspaltung in Bürgertum und Proletariat. Eifernde Intellektuelle, die sich Anarchisten und Kommunisten nannten, machten die Sache der Arbeiter zu der ihren.

Der französische Anarchist Pierre Joseph Proudhon war nicht so gefährlich, wie er tat, auch wenn er 1840 den Satz »Eigentum ist Diebstahl« geprägt hatte, einen Satz, der jahrzehntelang wie eine Mauer zwischen den bürgerlichen Demokraten und den Arbeitern stand.[3] Proudhons Forderung, die Zentralgewalt der Regierung abzuschaffen, verschreckte das Bürgertum, das von der Bürokratie lebte, noch mehr. Dann kamen Karl Marx und Friedrich Engels, die 1848 das *Kommunistische Manifest* veröffentlichten und feststellten, der Klassenkampf habe immer schon die Geschichte bestimmt. Doch bald würde die Herrschaft des Proletariats anbrechen und die besitzenden Klassen, die Kapitalisten, würden verschwinden. »Proletarier der Welt, vereinigt euch«, forderte das *Kommunistische Manifest*. »Ihr habt nichts zu verlieren außer euren Ketten.« Vieles an der marxschen Kritik an den Reichen klingt an die Worte Jesajas und Jesu Christi an.

Die sozialistische Bedrohung war mit ein Grund für die Wahl Louis-Napoléon Bonapartes, eines Neffen Napoleons, 1848 zum französischen Präsidenten. 1852 ließ er sich zum Kaiser ausrufen und beendete als Napoleon III. die bürgerliche Revolution. Doch dann kam es 1870 zum Krieg mit Preußen. Napoleon III. wurde besiegt und gefangen genommen. In Paris brach die Revolution aus, die Republik wurde proklamiert. Den Arbeitern, die heldenhaft gegen die Preußen gekämpft hatten, verweigerte das Bürgertum jedoch das Wahlrecht. Das führte 1871 zum Aufstand der Arbeiterschaft und zur Gründung der Pariser Kommune, einem Stadtparlament, das verschiedene demokratisch-egalitäre und sozialistische Richtungen repräsentierte. Diese Kommunarden, wie sie sich nannten, errichteten Straßenbarrikaden, plünderten, brannten öffentliche Gebäude nieder, darunter auch den Tuilerienpalast. Die Regierungstruppen schritten ein, metzelten 20 000 Aufständische nieder, verhafteten 40 000 weitere und deportierten 7 000 in die überseeischen Strafkolonien.

Unterdessen hatte sich Otto von Bismarck, Ministerpräsident Preußens, zum Verfechter einer deutschen Einheit und eines pangermanischen Patriotismus gemacht. Politische Strömungen wie Anarchismus, Sozialismus, Kommunismus hielt er für Teufelszeug. Als aristokratischer Großgrundbesitzer empörte er sich über die Forderung nach Abschaffung von Privateigentum. Er mochte nicht einmal die Liberalen im preußischen Parlament – und diese ihn genauso wenig. Doch da sie die Schaffung eines einzigen gemeinsamen Staats für alle Deutschsprachigen anstrebten – nach der Neuordnung Europas durch den Wiener Kongress gab es neben 25 deutschen Einzelstaaten etliche weitere, in denen Deutsch gesprochen wurde –, unterstützten sie Bismarck.

Er führte drei kurze Kriege – gegen Dänemark, Österreich und 1870/71 gegen Frankreich. Preußen gewann auch diesen letzten Krieg und nahm Frankreich Elsass-Lothringen ab, das nicht nur einen hohen Anteil einer Deutsch sprechenden Bevölkerung hatte, sondern auch reich an Kohle- und Eisenvorkommen war. Das vergaßen die Franzosen nie. Wir werden später im Zusammenhang mit dem Ersten Weltkrieg darauf zurückkommen. Für diese Kriege hatte sich Preußen mit anderen deutschen Staaten verbündet. Dieses Bündnis nutzte Bismarck zur Bildung des Deutschen Reichs unter Preußens Führung. Lediglich Österreich schloss sich nicht an. König Wilhelm I. von Preußen wurde zum deutschen Kaiser proklamiert und Bismarck wurde Reichskanzler und Außenminister. Dennoch gewannen auch in Deutschland die Linken immer mehr Anhänger. Man sollte sie alle wie die Ratten erschlagen, sagte Bismarck einmal.

Er versuchte die Arbeiterschaft auf die Seite des Bürgertums zu ziehen, indem er eine Unfallversicherung, eine Altersversorgung und sogar den Vorläufer einer Krankenversicherung schuf. In dieser Hinsicht war er seiner Zeit weit voraus. Trotzdem wurde die Linke mit jeder Wahl stärker. Bismarck wandte Repressalien an (unter anderem auch gegen die Katholiken), doch auch das half nichts. 1890 wurde der knapp 75-Jährige vom neuen deutschen Kaiser Wilhelm II. entlassen. Der aus einem altmärkischen Adelsgeschlecht stammende Fürst von Bismarck, Herzog von Lauenburg, Graf von Bismarck-Schönhausen, hatte neben seinen Titeln auch ein ansehnliches Vermögen erworben und konnte sich ganz seinen Memoiren widmen. Seine Schriften legten den Grundstein für jenen deutschen Hurrapatriotismus, der Hitler so gelegen kommen sollte.[4]

Aber nicht nur in Deutschland, auch anderswo manifestierten sich nationalistische und demokratische Strömungen. Die Italiener kämpften gegen die Österreicher in ihrem Land und jagten sie davon. Belgien, die Niederlande und Dänemark erreichten die Demokratisierung ihrer politischen Institutionen auf friedlichem Weg. Im österreichischen Vielvölkerstaat zeigte sich der Kaiser flexibel und vermied dadurch einige blutige Auseinandersetzungen. Ungarn, das zu Österreich gehörte, wurde zu dessen mehr oder weniger ebenbürtigem Partner erhoben. Andere Untertanen der österreichischen Krone wie etwa die bosnischen Serben wollten sich dagegen nicht mit der Fremdherrschaft abfinden. Dieser schwelende Konflikt sollte schließlich zum Ersten Weltkrieg führen.

Auf dem Balkan erhoben sich Christen gegen ihre türkischen Herren. Als Erstes erlangte Griechenland 1829 die Freiheit. Serbien, Bulgarien, Rumänien folgten. Bei allen diesen bewaffneten Auseinandersetzungen hatten stets die Großmächte Österreich-Ungarn, England, Frankreich, Deutschland und Russland ihre Hände im Spiel und standen gelegentlich selbst kurz vor einem Krieg. Im Krimkrieg (1853–1856) standen sich Russland auf der einen Seite und England, Frankreich und die Türkei auf der anderen gegenüber. Russland strebte zum Schutz der christlichen Bevölkerung die Errichtung eines Protektorats im türkischen Teil des Balkans an. England und Frankreich unterbanden jeden russischen Versuch einer Expansion in Richtung Mittelmeerraum.

Kommen wir jetzt zu England, das Napoleon besiegt hatte und die unangefochtene Supermacht jener Zeit geworden war. Die 100 Jahre zwischen dem Sieg über Napoleon und dem Ausbruch des Ersten Weltkriegs wurden als *Pax Britannica*, britischer Friede, bezeichnet. Natürlich gab es auch in diesen 100 Jahren Kriege, jedoch keine napoleonischen Ausmaßes.

Die industrielle Revolution hatte in England Ende des 18. Jahrhunderts begonnen. Das Inselreich war nicht umkämpft gewesen wie andere europäische Nationen. Seine Infrastruktur war intakt. Es besaß ein ausgedehntes Kanalnetz, ausgezeichnete Häfen und reiche Kohle- und Eisenerzvorkommen. Das wirtschaftliche Wachstum war enorm – das Bevölkerungswachstum und der Anstieg des Arbeitskräftepotenzials auch. Adlige verheirateten ihre Söhne mit Töchtern von Bürgerlichen, die durch die Ausbeutung der Kolonien oder durch den Bau von Fabriken gewaltige Vermögen angehäuft hatten. Wer sein Geld in oder mit den Kolonien verdient hatte, wurde Nabob genannt. Die Stahl-, Eisenbahn- oder anderen Millionäre, die durch skrupellose Ausbeutung reich geworden waren, bezeichnete man Ende des 19. Jahrhunderts, insbesondere in den USA, als *robber barons*. Töchter dieser amerikanischen Großkapitalisten suchten sich ihre Ehemänner gern unter dem britischen Adel. Auch Jennie Jerome, Mutter von Winston Churchill, gehörte dazu. Dieser Geldadel errichtete Traumpaläste und renovierte alte Schlösser mit ungeheurem Aufwand. Neureiche, diamantenbehängte Debütantinnen wurden bei Hofe eingeführt. Englands wohlhabende Elite tanzte, feierte, ging auf Fuchsjagd und wurde zum Trendsetter für die Crème de la Crème anderer Länder.

Dort, wo dieser Reichtum seinen Ursprung hatte, in den Fabriken und den Bergwerken, war das Leben die Hölle. Man konnte kaum atmen, immer wieder kam es zu grässlichen Unfällen, die Arbeitszeit war lang, und die Arbeiter hatten keine Möglichkeit, Einfluss auf die Arbeitsbedingungen zu nehmen. Zögerlich begannen sich jedoch Gewerkschaften zu bilden, wurden öffentliche Protestkundgebungen abgehalten. Das Establishment betrachtete es mit Sorge.

1819 stiegen die Lebensmittelpreise. Arbeiter in Handwerksbetrieben wurden durch Maschinen ersetzt. Die Nachfrage ging zurück, die Wirtschaft geriet in eine Krise, und selbst Arbeiter in den neuen Fabriken mit dampfbetriebenen Anlagen mussten entlassen werden. Am 16. August demonstrierten auf dem St.-Peters-Feld in Manchester 60 000 Menschen, um auf ihre Notlage aufmerksam zu machen, aber auch um das Wahlrecht für alle männlichen Bürger zu fordern. Die Demonstranten, darunter viele Frauen und Kinder, waren unbewaffnet. Sie waren laut, aber friedlich. Dennoch jagten sie den Reichen Angst ein. War dies der Auftakt zu einer Revolution wie in Frankreich? Der Magistrat beschloss, mit aller Entschiedenheit vorzugehen. Berittene Milizen, das 15. Husarenregiment und die Cheshire Volunteers, eine Art Bürgerwehr, preschten mit ihren Pferden in die Menge und hieben mit Schwertern auf die Menschen ein. Offiziell wurden 500 verwundet, elf getötet. Die Demonstranten schätzten die Zahl der Opfer weitaus höher, die Behörden niedriger. Das Blutbad ging als Peterloo-Massaker (eine ironische Anlehnung an Waterloo) in die Geschichte ein. Die britischen Arbeiter haben es nicht vergessen.*

Nicht minder skrupellos war der alte Geldadel, der seinen Reichtum auf Landbesitz gründete. In Schottland wurden die Bauern gewaltsam vertrieben, weil das Land für Schafweiden gebraucht wurde. Wer trotzdem blieb, musste einen sehr viel höheren Pachtzins entrichten und durfte seine eigenen Schafe nicht mehr auf dem Land, das vorher Gemeindeeigentum gewesen war, weiden lassen. Nutznießer waren die Vereinigten Staaten und Kanada – viele der von ihrem Land verjagten Schotten wanderten dorthin aus. Nach dem Bürgerkrieg gab es in den USA genug Land für die Weißen, die es den Indianern abnahmen, und die rasche Industrialisierung schuf Arbeitsplätze in Hülle und Fülle.

Ein flüchtiger Blick auf die britische Geschichte könnte den Eindruck erwecken, die Demokratie habe früher, vielleicht vor Napoleons Sturz oder sogar vor dem amerikanischen Unabhängigkeitskrieg, in England Einzug gehalten. (Man hört immer wieder Amerikaner sagen, ihre politischen Institutionen seien von den Briten übernommen worden. Darüber lässt sich streiten.) Doch dem ist nicht so. 1815 gab es in England ein Parlament mit einem Unterhaus, dessen Mitglieder gewählt wurden, und einem Oberhaus, dessen Sitze vererbt wurden. Das Unter-

---

* Als ich im Zweiten Weltkrieg mit britischen Werftarbeitern sprach, die mit der Reparatur meines Zerstörers beschäftigt waren, kamen sie auf das Massaker von Peterloo zu sprechen und meinten, so würde die Geschäftsleitung auch heute noch gern mit ihnen umspringen.

haus hatte aber nicht die Macht, die es heute besitzt. Darüber hinaus wurde es von den adligen Grundbesitzern durch Wahlkreise, so genannte *pocket boroughs*, kontrolliert, die sich in ihrem Besitz befanden. Manche dieser Wahlkreise zählten vielleicht nur ein paar Dutzend Einwohner, die aber alle vom Grundherrn abhängig waren und daher wählten, wie ihnen befohlen wurde. Von 658 Sitzen gehörten fast 150 zu solchen *pocket boroughs*. Die Sitzverteilung fiel zudem zugunsten des niederen Landadels aus. Die aufblühenden Industriestädte hatten keine Mitglieder im Unterhaus. 1815 hatte die Grafschaft Cornwall mit ihren etwa 400 000 Einwohnern 44 Mitglieder im Unterhaus, London, das mehr als eine Million Einwohner zählte, gerade einmal vier.

Nach Wellingtons Sieg über Napoleon bei Waterloo 1815 dauerte es 70 Jahre, bis das britische parlamentarische System so weit reformiert war, dass Arbeiter das Stimmrecht erhielten. Der Gesetzgeber legte fest, jeder Wahlkreis müsse mindestens 50 000 Stimmberechtigte umfassen und jeder Mann, gleich welcher Konfession, habe das Recht zu wählen. Nach diesen Neuerungen begannen sich die Lebensbedingungen des Durchschnittsbriten zu verbessern, wenn auch nur sehr langsam. Daher verwundert es nicht, dass eine Organisation namens British Communist Party Marx und Engels mit der Abfassung des *Kommunistischen Manifests*, das ihr Programm werden sollte, beauftragte.

Im England des 19. Jahrhunderts waren die neuen Reichen, Kaufleute und Fabrikanten, nicht minder arrogant, habgierig und skrupellos als die alten, und sie hatten auf die Regierung ebenso großen Einfluss wie früher der Adel. So waren es die schwerreichen Anteilseigner der britischen Ostindischen Kompanie – einer Handelskompanie, die Indien im Auftrag ihrer Anteilseigner verwaltete –, die die englische Regierung in einen Krieg mit China trieben. Der Grund? China sollte gezwungen werden, den Verkauf von Opium durch die britische Ostindische Kompanie uneingeschränkt zu dulden. Der erste Krieg wurde von 1839 bis 1842 geführt, der zweite, in dem England von Frankreich unterstützt wurde, von 1859 bis 1860. Bekannt wurden sie als Opiumkriege. Bis zum heutigen Tag empfinden die Chinesen diese Kriege, die die Europäer ausschließlich aus finanziellen Interessen anzettelten, als eine ungeheure, nicht wieder gutzumachende Demütigung.

1857/58 löste die britische Ostindische Kompanie die Meuterei der Sepoy – der indischen Soldaten – aus. Die Handelskompanie verfügte über eigene Streitkräfte, die aus einheimischen Soldaten und britischen Offizieren bestanden. Die Soldaten wurden mit neuen Gewehren ausgestattet. Der Boden der Patronen musste abgebissen werden, um sie gebrauchsfähig zu machen. Doch die Sepoys weigerten sich: Die Patronen waren nämlich mit einer Mischung aus Kuh- und Schweinefett geschmiert. Ein Hindu durfte nichts von einer Kuh, dem heiligen Tier seiner Religion, essen, ein Muslim nichts von einem Schwein, das ihm als unrein galt. Die Soldaten wurden ausgepeitscht, gefoltert, ohne Brot oder Wasser eingekerkert, ihr Lohn wurde einbehalten – was dazu führte, dass ihre Familien zu verhungern drohten. Es kam zu einer Meuterei, in deren Verlauf viele britische Offiziere getötet und mehrere Städte, darunter Delhi, gestürmt wurden. Die britischen Streitkräfte eroberten die Städte zurück und statuierten ein Exempel, indem sie gefangene Sepoys vor Geschützmündungen banden und die Geschütze dann abfeuerten. Die einzige positive Folge dieser Meuterei war die Auflösung der Ostindischen Kompanie. Ihre Rechte wurden der britischen Krone übertragen und Indien künftig von einem Vizekönig regiert.

Gingen die Amerikaner besser mit anderen Nationen um? Der amerikanische Kommodore Matthew Perry erreichte die Zulassung amerikanischer Schiffe für japanische Häfen und erzwang damit Japans Öffnung für den westlichen Handel. In Rekordgeschwindigkeit industrialisierten die Japaner ihre Wirtschaft und modernisierten ihre Streitkräfte. 1904/05 gewannen sie den Krieg gegen Russland, zerstörten die russische Fernostflotte und nahmen Korea ein. Zum ersten Mal seit Jahrhunderten triumphierte eine asiatische Nation über eine europäische Großmacht. Die durch Commodore Perry erlittene Demütigung haben die Japaner dennoch bis heute nicht vergessen.

Die Opiumkriege, die Meuterei der Sepoys, Commodore Perrys Druck auf Japan sind extreme Beispiele für die Verachtung der Europäer gegenüber nicht europäischen Nationen.

Die christlichen Kirchen protestierten nur verhalten – schließlich bot die Eroberung fremder Territorien eine gute Gelegenheit zur Christianisierung. Außerdem war auch die Geistlichkeit von jenem chauvinistischen, engstirnigen Patriotismus erfasst worden, den es in England genauso gab wie im Deutschland Bismarcks oder in Frankreich. *Patriotards* nannte man dort die Anhänger dieses übersteigerten Nationalismus. Die vom britischen Komponisten Sir Edward Elgar vertonten Verse Arthur Christopher Bensons (1862–1925), Sohn des Erzbischofs von Canterbury, sind ein gutes Beispiel für den glühenden englischen Patriotismus jener Zeit:

Land of hope and Glory, mother of the free,
How shall we extol thee, who are born of thee?
Wider still and wider, shall thy bounds be set;
God who made thee mighty, make thee mightier yet.

(Land der Hoffnung und des Ruhmes, Mutter aller Freien, wir, deine Kinder, können dich gar nicht genug preisen. Mögen sich deine Grenzen weiter und immer weiter ausdehnen; möge Gott, der dir die Macht gab, dich noch mächtiger machen.)

Im 19. Jahrhundert schienen tatsächlich nicht wenige Briten davon überzeugt zu sein, dass Englands Macht von Gott gegeben war. Die Kolonien machten so manchen zum Milliardär, und diese Leute waren wichtiger und wertvoller als andere – das ist heute noch so. Gesetze und Steuergesetze werden nicht selten auf die Bedürfnisse der Superreichen zugeschnitten. Ihr Einfluss auf die Art und Weise, wie westliche Staaten geführt werden, ist immens und vergleichbar mit dem Einfluss eines über eine große Privatarmee verfügenden Adligen früherer Zeiten. Ein Beispiel für einen milliardenschweren König, der alle Reichen in Verruf brachte, ist Leopold II. von Belgien.

Ende des 19. Jahrhunderts eroberte er den Kongo, erklärte ihn zu seinem Privateigentum und errichtete eine Schreckensherrschaft. Die Eingeborenen wurden gezwungen, Elfenbein, später Kautschuk zu beschaffen. Während die Männer den Milchsaft von den Bäumen abzapften, wurden ihre Familien so lange als Geiseln genommen. Hatten sie ihr Soll nicht erfüllt, hackten Leopolds Söldner ihnen die Hände ab – zu ihrer Verteidigung gaben sie an, die Hände erst abgehackt zu haben, nachdem sie die Arbeiter getötet hätten. Sie führten nämlich so eine Art Buchhaltung: Die Gewehrkugeln, die an sie ausgegeben wurden, durften nicht vergeudet werden – für jede Kugel mussten sie eine Hand zurückbringen.[5]

Die europäischen großen Akquisitoren (und ihre nordamerikanischen Pendants) behandelten die Armen im eigenen Land fast mit der gleichen Brutalität wie die Bewohner ihrer überseeischen Kolonien. Das kam durch Untersuchungen, die das britische Parlament in Auftrag gab, ans Tageslicht. Ein Achtjähriger, der in einer Fabrik arbeitete, hatte um fünf Uhr morgens an seinem Arbeitsplatz zu sein. Wer zu spät kam, bezog eine Tracht Prügel. Gearbeitet wurde bis 21 Uhr. Wer vor Erschöpfung nicht mehr konnte, wurde mit dem Riemen gezüchtigt. Ständig war irgendwo das Weinen eines Kindes zu hören.[6]

Manche Fabriken besaßen sogar »Leibeigene«. So ist der Fall eines Jungen namens Peter Smart bekannt, dessen Dienste von der Mutter für sechs Jahre und umgerechnet 100 Pfund an die Fabrik verkauft worden waren. Bei einer Arbeitszeit von sechs Tagen in der Woche, also insgesamt 1872 Tagen, verdiente das Kind fünf Pence pro Tag. Seine Mutter hatte das Geld dringend gebraucht, weil sie noch weitere kleinere Kinder zu versorgen hatte. Diese kleinen Leibeigenen wurden nachts in der Fabrik eingesperrt. Einigen gelang die Flucht, aber wenn sie wieder eingefangen wurden, wurden sie ausgepeitscht.

In den Zechen herrschten noch katastrophalere Zustände. Die zwölfjährige Isabella Reed schleppte auf dem Rücken etwa 115 Pfund Kohle durch die Stollen zum Schacht, bis zu 500 Meter weit – und das 25 bis 30 Mal am Tag. Ein anderes Mädchen zog einen Kohlenkarren über eine Strecke von anderthalb Kilometern oder mehr. Wenn die Kleine zu langsam war, wurde sie geschlagen. Die Männer im Stollen waren alle nackt, manche wurden zudringlich, wie das Mädchen aussagte. Der Arbeitstag begann um fünf Uhr früh und endete 16 Stunden später, und das sechs Tage, manchmal sieben, in der Woche. Es versteht sich von selbst, dass diese Kinder nicht zur Schule gingen. Viele Autoren haben das Elend und die Verzweiflung in den Zechen in ihren Werken beschrieben, so auch der Franzose Émile Zola in seinem Roman *Germinal*.

Die großen Akquisitoren, denen die Gruben gehörten, fanden diese Zustände völlig normal. Einer von ihnen, Thomas Wilson, empörte sich vor einem parlamentarischen Ausschuss in London darüber, dass sich die Regierung in die Art und Weise, wie er seine Arbeiter behandelte, einmischen wolle. Das käme einer unglaublichen Beleidigung gleich und sei eine Ungerechtigkeit. Er wehre sich ganz entschieden dagegen, Zechenbesitzer als Arbeitgeber von Kindern für deren Ausbildung verantwortlich zu machen.

In den USA war die Situation ein wenig besser, weil Fabrikarbeiter oder Bergleute die Möglichkeit hatten, ihre Arbeit aufzugeben und irgendwo ein Stück Land zu besiedeln (das man den Indianern gestohlen hatte) und zu bestellen.

Die Kritik der Reformer an den Gruben- und Fabrikbesitzern gefiel diesen gar nicht. Hatte nicht Calvin gepredigt, die Reichen seien deshalb reich, weil Gott sie dafür ausersehen habe? Besonders schockierte es sie, dass die Angriffe auch von einem calvinistischen Adligen kamen, Lord Ashley, dem späteren Earl of Shaftesbury. Fand sich denn niemand, der gewillt war, die Reichen zu verteidigen?

Doch – der Soziologe Herbert Spencer (1820–1903). Er wurde Held und Prophet des Großkapitals. Es war Spencer, nicht Darwin, der die Formel vom »Überleben des Tüchtigsten« und der »natürlichen Auslese« prägte. Nur der Angepasste könne überleben, der Nichtangepasste, »Minderwertige«, müsse zum Wohl der Rasse ausgemerzt werden. Folglich stehe den Kindern der Minderwertigen auch nicht das Recht einer kostenlosen Ausbildung zu. Die Kinder der Tüchtigen hingegen, die sich eine gute Ausbildung leisten könnten, sollten diese auch erhalten. Es sei ein Naturgesetz, dass der Starke den Schwachen zur Seite stoße und ihn verhungern lasse, wenn er sich nicht selbst ernähren könne. Die Starken, Einfallsreichen, Tüchtigen hätten das ausschließliche Recht auf die Früchte ihrer Arbeit. Sie zu besteuern sei unmoralisch. Deshalb sollte sich die Regierung auf die einfache Pflicht beschränken, Person und Eigentum zu schützen.[7]

Dies war die Heilsbotschaft des heiligen Spencer. Und die großen Akquisitoren lauschten verzückt. Sie waren nicht nur – nach ihrer Auslegung der Briefe des Paulus an die Römer – prädestiniert für ihren Reichtum, nein, Darwins Evolution hätte ohne sie, die Starken, die die Schwachen rücksichtslos niedertrampelten, nie stattgefunden. Vom gleichen Geist zeugt ein

Telegramm von John D. Rockefeller an die Detektivagentur Pinkerton, mit dem er 1893 seine Zufriedenheit darüber zum Ausdruck brachte, dass deren Leute Streikende niedergeschossen hatten.[8] Und die kanadischen Eisenbahnbarone ließen die gefährlichsten Arbeiten von chinesischen Zwangsarbeitern ausführen.

Die Bildung von Gewerkschaften war ein wichtiger Schritt hin zu einer Veränderung in der Beziehung zwischen dem Kapital und der Arbeiterschaft. Doch auch die Gewerkschaften züchteten eine eigene Spezies großer Akquisitoren heran, die gut vom Geld ihrer Mitglieder lebten und im 20. Jahrhundert in kriminelle Machenschaften verstrickt waren. Es gab aber auch vorbildliche Arbeiterführer wie den Amerikaner Walter Reuther (1907–1970) und vorbildliche Unternehmer wie die Familie Cadbury in England. Im England des 19. Jahrhunderts wurde die Situation der Arbeiter vor allem dank einer Reihe von Reformen, die von Männern wie dem Earl of Shaftesbury durchgesetzt wurden, entscheidend verbessert. Mit der Einführung des Wahlrechts für alle Männer, also auch für die Arbeiter, wurde diesen ein wirkungsvolles Druckmittel in die Hand gegeben.

In der *Pax Britannica* wurde aber noch mehr erreicht: die Abschaffung der Sklaverei in allen britischen Besitzungen. Dies war die größte – und darüber hinaus eine ziemlich kostspielige – Befreiungsbewegung der Geschichte.

In England entwickelte sich ein öffentlicher Dienst und in Indien mit britischer Unterstützung die bevölkerungsreichste Demokratie der Welt. Dass sich in einer reaktionären, repressiven Gesellschaftsordnung wie dem Brahmanismus eine Demokratie nach britischem Vorbild entwickeln konnte, war nicht zuletzt das Verdienst jener jungen Regierungsbeamten, die nach einem Studium in Oxford oder Cambridge nach Indien gingen und sich bei der Ausübung ihres Amtes von ihrem Gerechtigkeitssinn und ihrer Unbestechlichkeit leiten ließen. Für die in England ausgebildeten indischen Juristen, Politiker und ein verfassungstreues Offizierskorps war die Demokratisierung ein unglaublicher Erfolg. Keine andere ehemalige Kolonialmacht kann sich einer solchen Leistung rühmen.

Vergessen wir nicht die anderen drei englischen Abkömmlinge Australien, Kanada und Neuseeland. Das britische Parlaments- und Rechtssystem wurde den dortigen Gegebenheiten angepasst, sodass sich eigenständige, fortschrittliche Demokratien entwickeln konnten, die in zwei Weltkriegen erfolgreich Diktaturen bekämpften. Es sind wohlhabende Nationen, die ihre multiethnischen und multikulturellen Probleme größtenteils friedlich zu lösen und das den Ureinwohnern zugefügte Unrecht wieder gutzumachen versuchen.

Das britische System durchlief ebenfalls einen Entwicklungsprozess und wurde weltweit Vorbild für konstitutionelle Monarchien. Die Rechte des Oberhauses wurden auf friedlichem Weg beschnitten, Eduard VIII., dessen Gedankengut ein gewisses Gefahrenpotenzial barg, dankte vor dem Zweiten Weltkrieg ab. Dies alles ereignete sich in einem Staat, der erstaunlich seriöse Zeitungen hervorgebracht hat – *Observer*, *Guardian*, *The Times*, *The Scotsman*. Überall auf der Welt werden sie kopiert. Sie entstanden aus der gleichen Tradition der Meinungsfreiheit heraus wie die staatliche Rundfunkgesellschaft BBC, die nie ein Instrument der Regierung war.

15

DAS JAHRHUNDERT DER WELTKRIEGE

(20. Jahrhundert)

Fassen wir das 20. Jahrhundert in einem kurzen Absatz zusammen: zwei Weltkriege; ein kalter Krieg; viele kleinere bewaffnete Auseinandersetzungen; eine Weltwirtschaftskrise; zwei unmenschliche Regime – das Naziregime und der Kommunismus – und ihr Niedergang; Dekolonisierung; Massenmorde; Kampfflugzeuge; Atomwaffen; bemannte und unbemannte Raumfahrt; Spionagesatelliten; Transistoren, Computer und Automatisierung; Antibiotika; die Anfänge der Gentherapie, aber auch Aids, Drogenabhängigkeit und arzneimittelresistente Krankheitserreger; Auto, Flugzeug, Internet bringen mehr Menschen denn je zusammen; eine Flut amerikanischer Filme, Fernsehsendungen und Musikstücke, die in Teilen der Welt als ernsthafte Bedrohung der eigenen Kultur betrachtet wird; multinationale Kapitalisten, die sich dem Regelwerk von Nationalstaaten nicht mehr unterwerfen wollen.

1905, nach der Niederlage gegen Japan, brach in Russland eine Revolution aus, die von zaristischen Truppen blutig niedergeschlagen wurde. Zwar wurde danach eine Volksvertretung, die Duma, gegründet, die Macht der kaiserlichen Beamten und des Adels jedoch in keiner Weise beschnitten. Das ließ nichts Gutes ahnen für die Zukunft.

Auf dem Balkan hatten Bulgarien, Griechenland, Montenegro und Serbien 1912 die Türken aus Makedonien vertrieben, das zu der Zeit die gleichen Grenzen wie im 4. Jahrhundert

v. Chr. hatte und sich über Teile des heutigen Bulgarien, Griechenland, Jugoslawien und Albanien erstreckte. Seine Einwohner waren griechische Albaner, Bulgaren und Slawen, die seit dem 7. Jahrhundert n. Chr. dort siedelten. 1913 stritten Serbien und Griechenland mit Bulgarien über die Aufteilung Makedoniens.

Im 19. Jahrhundert hatten nationale Bestrebungen dazu geführt, dass verschiedene Volksgruppen die Herrschaft fremder Könige abschüttelten. Dieser Prozess setzte sich in den Balkankriegen fort, die der Auftakt zum Ersten Weltkrieg waren. Das unabhängige Königreich Serbien (es hatte sich im 19. Jahrhundert von der Türkenherrschaft befreit) strebte die Bildung eines slawischen Staates an, der auch die von Slawen besiedelten Gebiete Österreich-Ungarns mit einschließen sollte. 1914 wurde der österreichisch-ungarische Thronfolger Franz Ferdinand in Sarajewo von einem serbischen Nationalisten ermordet. Österreich-Ungarn erklärte Serbien den Krieg. Russland und Frankreich ergriffen Partei für Serbien, Deutschland, Bulgarien und die Türkei für Österreich-Ungarn. Als deutsche Truppen in Belgien einmarschierten, um von dort Frankreich anzugreifen und sich, wenn es ausgeschaltet wäre, auf den Krieg gegen Russland zu konzentrieren, griff auch England aufseiten Russlands und Frankreichs in den Krieg ein.

Österreich-Ungarns Motiv für den Krieg war das eines großen Akquisitors: Es wollte seine slawischen Besitzungen nicht verlieren. Dazu gehörten Böhmen, Mähren, Galizien, die Bukowina, die Slowakei, Transsylvanien, Bosnien-Herzegowina, Slowenien, Kroatien, Dalmatien – diese Gebiete machten zusammen mehr als die Hälfte des österreichisch-ungarischen Reichs aus. Die Deutschen wollten verhindern, dass die Russen die Österreicher besiegten und ihren Machtbereich in Richtung Mitteleuropa ausdehnten. Türken und Bulgaren wollten sich die in den Balkankriegen verlorenen Gebiete zurückerobern.

Die Franzosen witterten eine günstige Gelegenheit, Rache zu nehmen für die Niederlage von 1870/71 und sich Elsass-Lothringen wieder einzuverleiben. Die Briten mischten sich ein, weil sie sich vertraglich verpflichtet hatten, die Neutralität Belgiens zu gewährleisten. Außerdem würden sie es gar nicht gern sehen, wenn die gegenüberliegende Seite des Ärmelkanals von den Deutschen kontrolliert würde.

Es gab im Ersten Weltkrieg einige brillante militärische Leistungen. Der deutsche General Ludendorff schlug die Russen. Die Briten brachten die Araber mit einem minimalen Aufgebot an Streitkräften dazu, sich gegen die Türken zu erheben. Diese wiederum erwiesen sich unter ihrem Obersten Mustafa Kemal als bessere Strategen als ihre westlichen Alliierten auf der Halbinsel Gallipoli am Westufer der Dardanellen. Die Österreicher brachten den Italienern bei Caporetto eine vernichtende Niederlage bei. Es kam aber auch zu furchtbaren Massakern. So wurden die christlichen Armenier, die in den türkischen Kaukasusregionen lebten und den Anschluss an das christliche russische Reich suchten, von den Türken regelrecht abgeschlachtet. Wie viele dem Blutbad zum Opfer fielen, ist strittig. Die Angaben schwanken zwischen 500 000 und 1,5 Millionen Menschen.[1]

Rückblickend betrachtet, bestand dieser Krieg ansonsten aus geistlosen Aktionen. Entlang der Front, die sich von der belgischen Nordseeküste bis zur Schweizer Grenze erstreckte und an der sich deutsche Truppen auf der einen und britisch-französische auf der anderen Seite gegenüberstanden, waren Schützengräben ausgehoben worden. Das Land dazwischen wurde als Niemandsland bezeichnet. Nachts nahmen die Briten und Franzosen die Deutschen unter heftigen Artilleriebeschuss, der aber wirkungslos blieb, weil die deutschen Maschinengewehrstellungen zu gut eingegraben waren. Nach dem Artilleriefeuer sprangen Briten und Franzosen aus den Schützengräben und rannten durch das Niemandsland gegen die feindlichen Stellungen. Sie kamen nicht weit: Die deutschen Maschinengewehre mähten sie nieder. Die Überlebenden kehrten in die Gräben zurück. Und ein paar Nächte später wiederholte sich das Ganze, nur waren es dieses Mal die Deutschen, die hirnlos ins gegnerische Feuer rannten und umkamen. Abertausende starben bei jedem einzelnen dieser Angriffe. Offiziere überlebten ihre Versetzung an die Front höchstens ein paar Tage: Diese jungen Männer mussten ihre Mannschaften durch das Niemandsland ins feindliche Feuer führen.

Insgesamt 8 427 015 Soldaten fielen oder erlagen ihren Verwundungen[2] (allein Verdun forderte 700 000 Opfer, die Schlacht an der Somme sogar 1,2 Millionen). Das schwere Maschinengewehr eignete sich vorzüglich zur Verteidigung. Ein adäquates Gegenmittel, wie der Panzer es sein würde, stand noch nicht zur Verfügung. Zwar waren die technischen Kenntnisse vorhanden und einige Panzer sogar schon gebaut worden, aber sie waren noch nicht ausgereift, zu langsam und von ungenügender Reichweite. Panzer wurden im Wesentlichen zur Unterstützung der Infanterie eingesetzt. Erst im Zweiten Weltkrieg erkannte man ihre Bedeutung als eigenständige Waffengattung – eine mechanisierte Kavallerie, die eine Verteidigungslinie durchbrechen, Gräben überwinden und dem Feind in den Rücken fallen konnte.

An der Ostfront meuterten die übel zugerichteten russischen Truppen gegen ihre unfähigen zaristischen Generäle. In Russland brach die Revolution aus, die Kommunisten kamen an die Macht und schlossen einen Separatfrieden mit dem deutschen Reich. Dieses erklärte den uneingeschränkten U-Boot-Krieg in der Hoffnung, England auszuhungern. Als auch amerikanische Schiffe versenkt wurden, traten die USA im April 1917 in den Krieg ein. Die Aussicht, gegen frische US-Truppen kämpfen zu müssen, bewegte die erschöpften Deutschen, einen Waffenstillstand zu schließen. Er wurde am 11.11.1918 um elf Uhr im Wald von Compiègne unterzeichnet.

Dieser Krieg war taktisch und strategisch ein Armutszeugnis für die Befehlshaber. Obwohl die Generäle auf beiden Seiten um die durchschlagende Wirkung des Maschinengewehrs wussten, hatten sie an der veralteten Taktik der Infanterieoffensive festgehalten. Die britischen Truppen gaben ihrem Befehlshaber, Feldmarschall Douglas Haig, zu Recht den Namen *butcher* Haig – Schlachter Haig. Sieger würde jene Seite sein, die noch einen einzigen Soldaten übrig hätte, während die andere keinen mehr hatte, hatte er einmal gesagt. Nach Kriegsende wurde er übrigens zum Earl erhoben und erhielt 500 000 Goldsovereigns für seine Dienste.

Nach dem Waffenstillstand griffen die westlichen Siegermächte Russland an, um Lenins kommunistische Regierung zu stürzen. Sie wurden von Bauern und Soldaten zurückgeschlagen, die ihr Land verteidigten, weil Lenin ihnen einen Anteil an den riesigen Adelsbesitzungen versprochen hatte. Er löste sein Versprechen nie ein. Dennoch gewann der Kommunismus an politischem Einfluss. Viel zu lange waren breite, verarmte Schichten der Bevölkerung von den Reichen ausgebeutet und misshandelt worden. Der Kommunismus war die Quittung dafür. In gewisser Weise war seine Doktrin eine abgewandelte Form der christlichen Lehre, der freilich die Barmherzigkeit Christi fehlte, die im Kern aber widerspiegelte, was Jesus ebenso wie Jesaja über die Reichen gesagt hatte.

Die Griechen marschierten in der Türkei ein, wurden aber – zusammen mit Hunderttausenden ehemaliger griechischer Untertanen des Osmanischen Reichs – ins Meer geworfen. Den Türken war lediglich Kleinasien geblieben – Armenien, den Irak, Syrien, den Libanon, Jordanien, Palästina, die arabische Halbinsel hatten sie verloren. Aus dem Osmanischen Reich wurde eine türkische Republik. Österreich-Ungarn wurde auseinander gerissen und büßte seine slawischen Gebiete ein. Böhmen, Mähren und die Slowakei bildeten den unabhängigen Staat Tschechoslowakei. Slowenien, Kroatien, Bosnien-Herzegowina und Dalmatien wurden dem serbischen Königreich angegliedert, das sich jetzt Königreich der Serben, Kroaten und Slowenen nannte und ab 1929 Jugoslawien. Montenegro und der slawisch sprechende Teil von Makedonien gehörten ebenfalls dazu. Deutschland hatte der Krieg eine Einschränkung der Militärhoheit, Gebietsverluste, auch den Verlust seiner Kolonien in Afrika und im Pazifik sowie immens hohe Reparationszahlungen, die es wirtschaftlich enorm schwächten, eingebracht. Die den Verlierern auferlegten Bedingungen zeugten von einem eklatanten Mangel an staatsmännischer Weitsicht – besiegte Gegner sollen nicht glauben dürfen, dass sie die Dinge nur durch einen neuen Krieg wieder ins Lot bringen können. Denn unter anderem war es das, was Hitler 14 Jahre später an die Macht verhalf.

Unter den Siegermächten, insbesondere zwischen England und den USA, kam es zu Spannungen. Wer würde den Seehandel, die Weltwirtschaft kontrollieren? Sollten US-Gesellschaften Zugriff auf die riesigen Ölreserven in jenen Regionen des Nahen Ostens bekommen, die die Briten mithilfe der Araber den Türken abgenommen hatten? Eine Zeit lang griffen sich die Sieger gegenseitig unter die Arme, sogar dann noch, als 1920 mit Warren G. Harding ein Isolationist und Mann der Wirtschaft zum Präsidenten der USA gewählt wurde und mit ihm viele seiner Gefolgsleute im Kongress Einzug hielten. In den USA herrschte Hochkonjunktur und der Glaube an den Aktienmarkt war unerschütterlich. Jeder, so schien es, bekam ein Bankdarlehen ohne irgendwelche Sicherheiten und kaufte Aktien. Die steigenden Preise bescherten manch einem ein Vermögen.

1929 beruhte der Wert von mindestens 40 Prozent der an den Börsen gehandelten Aktien bestenfalls auf Wunschdenken. Das Federal Reserve Board, die US-Zentralbank, betrachtete die Lage mit Sorge. Durch eine Zinserhöhung, die das Geld für Investoren teurer machen sollte, versuchte es den Markt abzukühlen. Reagierten die Anleger beunruhigt, weil das Federal Reserve Board beunruhigt war? Wie auch immer – am 18. Oktober 1929 begann die Talfahrt der Börsen, die am 25., dem »Schwarzen Freitag«, mit dem Crash an der Wall Street ihren katastrophalen Höhepunkt erreichte. Es war, als ob plötzlich alle diese Menschen, die einmütig geglaubt hatten, die Kurse würden immer weiter steigen, jetzt auf einmal genauso einmütig glaubten, sie würden immer weiter fallen.[3] Drei Jahre später betrugen die Aktienwerte nur noch 20 Prozent dessen, was sie 1929 wert gewesen waren. 11 000 US-Banken mussten wegen Insolvenz schließen. Unzählige Kleinanleger verloren ihr gesamtes Vermögen und konsumierten immer weniger. Die Produktionsmenge sank 1932 im Vergleich zu jener des Jahres 1929 auf 54 Prozent. Ein Viertel aller Arbeitsplätze in den USA ging verloren.

Überall auf der Welt wurden Einfuhrverbote verhängt, um die nationale Wirtschaft und die eigenen Arbeitsplätze zu schützen. Der Welthandel betrug 1932 gerade noch die Hälfte des Wertes von 1929. In exportintensiven Branchen wurden massenweise Stellen gestrichen. Die USA importierten keine europäischen Waren mehr und investierten nichts mehr in die dortigen Märkte. Die Europäer, auch die Briten, die in den USA Darlehen zur Finanzierung des Ersten Weltkriegs aufgenommen hatten, verdienten keine Dollar mehr, um ihre Schulden zurückzahlen zu können. Die Deutschen hatten die Last der Reparationszahlungen zu tragen. Und die so genannte freie Marktwirtschaft hatte keinerlei Rezepte zur Regulierung der Situation anzubieten. Der Wirtschafts-Nobelpreisträger von 1974 Friedrich von Hayek hat einmal behauptet, dass es keine Weltwirtschaftskrise gegeben hätte, wenn die US-Zentralbank nicht eingegriffen hätte.

1932 wurde Franklin Delano Roosevelt zum Präsidenten der USA gewählt. Um die Wirtschaft anzukurbeln, förderte er in großem Umfang staatliche Bauprojekte und andere öffentliche Arbeitsbeschaffungsmaßnahmen – ein Weg, den bereits sein Vorgänger Herbert Hoover beschritten hatte.[4] Die Arbeitslosigkeit ging daraufhin von 25 auf 15 Prozent zurück, doch das reichte bei weitem nicht aus. An dieser Situation sollte sich nichts ändern, bis Hitler 1939 den Zweiten Weltkrieg begann.

Als Führer der NSDAP, der stärksten Funktion im Reichstag, wurde Hitler am 30. Januar 1933 von Reichspräsident von Hindenburg zum Reichskanzler ernannt. Seinen Aufstieg hatte er vor allem der Weltwirtschaftskrise und der damit verbundenen Massenarbeitslosigkeit zu verdanken, gegen die bislang kein brauchbares Rezept gefunden worden war. Im März desselben Jahres wurde der nationalsozialistischen Regierung durch ein Ermächtigungsgesetz die gesamte Staatsgewalt übertragen. Binnen kürzester Zeit hatte Hitler die Demokratie abgeschafft und ein totalitäres Regime errichtet, das mit seiner kleinen Führungsspitze, die über die breite Masse herrschte, gleichsam eine perfide Parodie des platonischen Staates darstellte. Reichsbankpräsident und Wirtschaftsminister Hjalmar Schacht hatte das Land bis 1936 aus der Wirtschaftskrise herausgeführt – eine unerhörte, unerreichte Leistung. Der Rest ist bekannt. Hitler war ein großer Akquisitor mit einer ungezügelten Gier nach mehr Land, »Lebensraum«, wie er es nannte, für sein Volk. Die Bedingungen des Versailler Vertrags, der den Ersten Weltkrieg beendet hatte, missachtend, stellte er die Reparationszahlungen ein, rüstete auf und jagte England und Frankreich eine solche Angst ein, dass sie ihm gegenüber eine Beschwichtigungspolitik verfolgten. Vergebens: Er schluckte Österreich (1938) und die Tschechoslowakei (1939). Dann griff die deutsche Wehrmacht am 1. September 1939 Polen an. Großbritannien und Frankreich erklärten Deutschland daraufhin am 3. September den Krieg. Am 17. September rückte die Rote Armee in Ostpolen ein, das polnische Gebiet wurde zwischen Hitler und Stalin aufgeteilt.

In den folgenden Monaten passierte zunächst nicht viel. Im April und Mai 1940 jedoch besetzte Hitler in einem Blitzkrieg Holland, Belgien, Dänemark, Norwegen und Frankreich. Die deutsche Generalität hatte ihre Lektion aus dem Ersten Weltkrieg gelernt: Sie walzten die altmodischen gegnerischen Verteidigungsanlagen mit Panzern nieder oder umgingen sie, und sie brachten den britisch-französischen Nachschub mit Sturzkampfflugzeugen zum Erliegen.

In England wurde Winston Churchill Premierminister. Seine Redekunst und sein mitreißender Schwung gaben den Briten auch in Stunden tiefster Verzweiflung die Kraft durchzuhalten. Obgleich den Deutschen zahlenmäßig unterlegen, gewann die Royal Air Force den Luftkrieg, der die Invasion der britischen Insel hätte einleiten sollen. US-Präsident Roosevelt rühmte die USA zwar als »Arsenal der Demokratien«, doch es waren die Briten, die durch ihren unermüdlichen Widerstand zu Land, zu Luft und zur See die freie Welt retteten.

Mussolini griff an der Seite Deutschlands in den Krieg ein. Der italienische Angriff auf Griechenland im Oktober 1940 scheiterte jedoch, genau wie die Offensive gegen Ägypten von der ehemals türkischen Cyrenaika (im heutigen Libyen) aus, die seit 1911 zu Italien gehörte. Obwohl die Italiener achtmal so viele Soldaten im Einsatz hatten, errangen die Briten mit ihren Panzern beachtliche Erfolge. 135 000 von 300 000 italienischen Soldaten gerieten in britische Gefangenschaft.

1941 überrannten die Deutschen Jugoslawien und Griechenland und griffen am 22. Juni die Sowjetunion an. Hitler machte den gleichen verhängnisvollen Fehler wie Napoleon.

Unterdessen hatte sich Japan, das 1937 in China einmarschiert war, mit Deutschland verbündet. Im Sommer 1941 eroberte es das französische Süd-Indochina. Roosevelt fror daraufhin alle japanischen Gelder in den USA ein und verhängte ein Embargo über alle Öl- und Kriegsmateriallieferungen nach

Japan. Da begingen die Japaner einen folgenschweren Fehler: Am 7. Dezember 1941 griffen sie die US-Flotte in Pearl Harbor an und vernichteten die meisten Schlachtschiffe oder beschädigten sie schwer. Damit hatten sie den amerikanischen Riesen geweckt. 1941 sollte sich als Schicksalsjahr erweisen.

Deutschland und Japan errangen weitere Siege. Die Japaner kontrollierten den größten Teil Südostasiens. Die Deutschen standen bereits vor Moskau und den sowjetischen Ölfeldern, als sie doch noch gestoppt wurden, was angesichts des Chaos und des Elends in Stalins Reich fast an ein Wunder grenzte. Stalin, ebenfalls ein großer Akquisitor, dessen Opfer in die Millionen gehen, hatte zum Beispiel (obgleich selbst Georgier) die Demokratische Republik Georgien 1921 von der Roten Armee besetzen und Tausende hinrichten lassen; 1922 wurde das Land als Georgische SSR der Sowjetunion eingegliedert. Nach dem Krieg eignete er sich noch mehr Land an. Er kollektivierte die sowjetische Agrarwirtschaft, die daraufhin nicht mehr imstande war, das Volk zu ernähren – Hungersnöte waren die Folge. Jede Form wirtschaftlicher Aktivität wurde verstaatlicht. Das Gesetz von Angebot und Nachfrage wurde von seiner Planwirtschaft völlig außer Acht gelassen. Die Planwirtschaft könne Wunder vollbringen, witzelten die Russen: Im Laden gebe es nichts zu kaufen, was man brauche, aber alles, was man nicht brauche. Mangelnde Loyalität diente Stalin als Vorwand für die Ermordung von Millionen Menschen. Noch vor dem Zweiten Weltkrieg hatte er erfolgreiche Militärbefehlshaber, die sich im Ersten Weltkrieg im Kampf gegen die Deutschen ausgezeichnet hatten, hinrichten lassen.

Dennoch leisteten die Russen der deutschen Offensive erbitterten Widerstand. Russische Panzer wurden die leistungsfähigsten der Welt: Sie hatten eine größere Reichweite und Feuerkraft, waren schneller, besser gepanzert und weniger störanfällig als jeder andere Panzer. Am 31. Januar und 2. Februar 1943 kapitulierte die deutsche Armee vor Stalingrad. Die bevorstehende Niederlage Hitlers kündigte sich an. In der Panzerschlacht bei Kursk – der größten in der Geschichte – am 5. Juli 1943 wurden die Deutschen von den Sowjets völlig aufgerieben. Der russische Vormarsch nach Berlin begann.

Weitere entscheidende Siege konnten die Alliierten in der Schlacht um Midway vom 3.–7. Juni 1942 und bei der Rückeroberung der japanisch besetzten Gebiete im Pazifik verbuchen. Mit Unterstützung der Amerikaner und der Kanadier gewannen die Briten den U-Boot-Krieg im Atlantik.

Dann waren da noch die Schlacht um das nordafrikanische El-Alamein, die Landung der Alliierten in Nordafrika, Italien, Südfrankreich und schließlich am 6. Juni 1944 der D-Day, die Landung der Amerikaner, Briten und Kanadier in der Normandie. Die Amerikaner hatten sich für die unwegsamsten Strände mit den steilsten Felsküsten entschieden. Durch vermintes Gelände und im Maschinengewehrfeuer drangen sie vor. In großen Schlachten wurden die Deutschen auf eigenen Boden zurückgedrängt. Im Mai 1945 kapitulierte das Deutsche Reich.

Hitler hatte kurz zuvor Selbstmord verübt. Er ging in die Geschichte ein als ein Ungeheuer, das eine Tötungsmaschinerie in Gang setzte, Menschen in so genannten Badehäusern vergaste und in riesigen Krematorien verbrannte. Insgesamt sechs Millionen fielen dem Holocaust zum Opfer. Am 20. Januar 1942 waren die Vorbereitungen für die »Endlösung« abgeschlossen worden – für die Ausrottung der europäischen Juden, unter ihnen auch jene, die im Ersten Weltkrieg tapfer für Deutschland gekämpft hatten. Aber nicht nur Juden, auch Zigeuner und geistig oder körperlich Behinderte wurden der »rassischen Reinheit« wegen, wie Platon sie bereits forderte, ermordet.

Vom militärischen Standpunkt aus betrachtet, stellten die Deutschen hervorragende kämpferische Qualitäten, Tapferkeit, taktisches und strategisches Geschick und Ausdauer unter Beweis. Gegen Kriegsende kämpften sie trotz der aussichtslosen Lage entschlossen weiter. Die deutsche Zivilbevölkerung sorgte auch im Bombenhagel dafür, dass der Nachschub an die Front nicht abriss. Bei Kriegsende hatte die Industrieproduktion den höchsten Stand ihrer Geschichte erreicht – die Fabriken waren unter die Erde verlagert worden. Doch der Ehrenkodex, der den deutschen Offizieren stets so wichtig gewesen war, war unwiderruflich beschmutzt worden – durch den Holocaust, durch die Erschießung von Überlebenden, die sich von torpedierten Schiffen gerettet hatten, durch den Massenmord an polnischen Offizieren in Gefangenschaft und an Frauen und Kindern von Widerstandskämpfern (wie etwa jenen 245 Frauen und 207 Kindern, die im französischen Oradour-sur-Glane bei lebendigem Leib verbrannt wurden).

Ein blutiger Krieg. Auf beiden Seiten geschahen schreckliche Dinge. Alliierte Bombergeschwader warfen Brandbomben in einem Kreis über ihrem Ziel ab, sodass der Sauerstoff in dem Flammeninferno schlagartig verpuffte und die Zivilisten, die in Bunkern Schutz gesucht hatten, erstickten. Sowjets plünderten und vergewaltigten auf deutschem Boden, wie die Deutschen es auf russischem Boden getan hatten. Auch nach dem Krieg mussten sich hungernde Frauen für ein bisschen Essen an die Soldaten der Siegermächte verkaufen.

Über 14 Millionen Angehörige der europäischen Streitkräfte auf beiden Seiten fielen; die Zahl der Toten unter der Zivilbevölkerung wird auf 27 Millionen geschätzt. Die US-Streitkräfte verloren 259 000 Mann.

Japan kapitulierte im August 1945, nachdem amerikanische Atombomben Hiroschima und Nagasaki ausgelöscht hatten. US-Präsident Truman hatte den Einsatz mit dem Argument gerechtfertigt, andernfalls wären eine Million amerikanische Soldaten bei der Besetzung Japans gestorben. Dem könnte man entgegenhalten, dass bereits über die Kapitulation verhandelt wurde, als die Bomben fielen. Dennoch kämpften die Japaner weiter. Die Zahl der japanischen Kriegsopfer beläuft sich auf 1,8 Millionen, davon etwa 600 000 Zivilisten. Insgesamt wird die Gesamtzahl der Opfer des Zweiten Weltkriegs auf rund 55 Millionen Tote geschätzt.

Bewaffnete Konflikte und Massaker gab es aber auch weiterhin. Die Rote Armee richtete ein Blutbad unter Ukrainern an, die der Kollaboration mit den Deutschen beschuldigt wurden. Bereits vor dem Zweiten Weltkrieg hatte Stalins Regime Millionen Opfer gefordert, insgesamt dürften es nicht viel weniger als 50 Millionen sein, schätzt Norman Davies.[5] Ausgerüstet mit sowjetischen Waffen, kämpften Mao Tse-tungs kommunistische Streitkräfte gegen die »nationalistischen« Tschiang Kai-scheks, der sich daraufhin nach Taiwan zurückzog. Von 1946 an versuchten kommunistische Guerillatruppen Griechenland ins kommunistische Lager zu ziehen; erst 1949 wurden sie besiegt. Die Sowjets verhängten von Juni 1948 bis Mai 1949 eine Blockade über West-Berlin. Nur durch massive amerikanische Unterstützung in Form einer Luftbrücke vermochte die Bevölkerung der Stadt zu überleben. Nordkorea, das die Sowjetunion und später China hinter sich wusste, besetzte 1950 Südkorea. UN-Truppen unter US-amerikanischer Führung kämpften drei Jahre lang erbittert, um den kapitalistischen Süden zu befreien.

Die Arbeiteraufstände in der Deutschen Demokratischen Republik (1953) wurden von den Sowjettruppen ebenso brutal niedergeworfen wie die Unruhen in Ungarn (1956), der Tschechoslowakei (1968) und Polen (1956, 1970).

Die fähigsten Wissenschaftler, Techniker und Wirtschaftsleute in der Sowjetunion wurden von den Streitkräften und der Rüstungsindustrie vereinnahmt. Andere Wirtschaftszweige wurden sträflich vernachlässigt. Die politische Führung war korrupt. Betriebsleiter fälschten die Bücher, um die Erfüllung diverser

Fünfjahrespläne vorzutäuschen. »Sie bezahlen uns nicht viel, aber dafür arbeiten wir auch nicht viel«, pflegten russische Arbeiter zu sagen. Die Agrarproduktion war niedriger als vor dem Ersten Weltkrieg. Diese Misswirtschaft hatte zur Folge, dass die Sowjetunion beim Wettrüsten nicht mehr mithalten konnte.

Die Ursachen für diese katastrophalen Zustände lagen in der politischen Führung begründet. Das Politbüro wurde von großen Akquisitoren beherrscht, die ihre eigenen Nachfolger bestimmten, und diese, die Jüngeren, krochen unterwürfig vor den Älteren, bevor sie sie zu guter Letzt verrieten. Das waren keine Staatsmänner, sondern Leute, die es verstanden, an die Macht zu gelangen und sie zu behalten. Leonid Breschnew zum Beispiel hatte seinen Aufstieg Nikita Chruschtschow zu verdanken, dem er die Stiefel leckte. 1964 machte Chruschtschow Breschnew zu seiner Nummer zwei. Drei Monate später stürzte die Nummer zwei die Nummer eins.

Breschnew leitete die Geschicke der UdSSR von 1964 bis 1982. Er besaß eine ungewöhnlich große Sammlung diverser Rolls-Royces. Seine Tochter wurde von den Führungskräften der Staatsbetriebe mit Diamanten behängt, weil sie sich dadurch das Wohlwollen des Vaters zu erschmeicheln hofften. Die Korruption reichte von ganz oben bis nach ganz unten. Richter standen nicht im Dienst der Gerechtigkeit, sondern der kommunistischen Regierung. Das ganze System sprach dem kommunistischen Motto, »jeder nach seinen Fähigkeiten, jedem nach seinen Bedürfnissen«, Hohn.

Der Kommunismus lief überdies der menschlichen Natur zuwider, denn es liegt im Wesen des Menschen, seine Situation verbessern, Besitz erwerben, für seine Leistung belohnt werden zu wollen, und zwar mit Geld.[6] Die Landwirtschaft ist ein gutes Beispiel dafür, wie wichtig Profit ist. Wer in den großen Kolchosen arbeitete, bekam ein Stück Land zugeteilt, das er selbst bestellen und den Ertrag verkaufen durfte. Es kam vor, dass der

Gesamtertrag aller kleinen Privatparzellen die Produktionsleistung der gesamten Kolchose übertraf. Korruption, mangelnde Effizienz, Missachtung des menschlichen Wunsches nach wirtschaftlichem Wohlstand, die erdrückende Last des Wettrüstens mit den USA – dies sind nur einige Gründe für den Zusammenbruch der Sowjetunion.

Ende der 1980er-Jahre glaubte Michail Gorbatschow, sein Land schrittweise und friedlich vom Polizeistaat in ein System nach dem Vorbild des skandinavischen Sozialismus umwandeln zu können. Es sollte eine kapitalistische freie Marktwirtschaft geben, aber auch ein staatliches Gesundheits-, Erziehungs- und Rentensystem. Es sollte ein gewähltes Parlament geben, das auch gesetzgebende Funktion hatte. Die nichtrussischen Teilrepubliken der UdSSR sollten allmählich und friedlich in die Unabhängigkeit entlassen werden.

Es funktionierte nicht. Es konnte gar nicht funktionieren, weil niemand da war, der wusste, wie Demokratie funktioniert. Sie kannten nur die Diktatur. Es war auch niemand da, der etwas von freier Marktwirtschaft verstand – sie kannten nur die korrupte staatliche Wirtschaft. Und die Teilrepubliken waren nicht an einer schrittweisen Entlassung in die Unabhängigkeit interessiert – Balten, Ukrainer, Kasachen und viele andere wollten die russische Fremdherrschaft sofort abschütteln.

Ehemalige Vasallenstaaten fielen von der UdSSR ab, die Berliner Mauer fiel, sowjetische Gliedstaaten erlangten die Unabhängigkeit. In Russland selbst brachen Systeme zusammen, bevor sie ersetzt werden konnten. Es gab kein Handelsrecht, es hatte nie eines gegeben. Es gab auch kein Eigentumsrecht, weil alles dem Staat gehört hatte. Militär und Bürokratie sahen ihre Welten einstürzen. Findige kriminelle Schwarzmarkthändler schafften den Sprung zum erfolgreichen kriminellen Kapitalisten. Offiziere und Wissenschaftler verkauften Waffen und Geheimnisse ins Ausland, um ihr schwindendes Einkommen aufzubessern. Zu guter Letzt wurde ein Mann, der beim Geheimdienst Karriere gemacht hatte, durch Manipulation des Systems zum Präsidenten gewählt – Wladimir Putin. Während dieses Buch geschrieben wird, versucht er sein Land mit der Freiheit vertraut zu machen. Das kann dauern, denn die Russen sind zwar ein begabtes Volk, das große Wissenschaftler, Künstler und Schriftsteller hervorgebracht hat. Aber im Umgang mit der Freiheit fehlt ihnen die Erfahrung.

Es gibt noch einen anderen – nun den einzigen – Riesen, der sich kommunistisch nennt, nämlich China. Im 19. Jahrhundert begann die Herrschaft der Kaiser zu zerfallen. In den Opiumkriegen war das Land von westlichen Mächten gedemütigt worden. Danach trieben Kriegsherren ihr Unwesen. Einer, Tschiang Kai-schek, konnte sich eine Zeit lang an der Macht halten und bot den japanischen Invasoren die Stirn. Doch 1949 wurde er von Mao Tse-tung und seinen Anhängern vom Festland verjagt.

1950 wurden die UN-Truppen unter US-amerikanischem Oberbefehl von »chinesischen Freiwilligen« an der Besetzung Nordkoreas gehindert. Sie konnten die UN-Truppen dort aufhalten, wo der Konflikt begonnen hatte – am 38. Breitengrad. Diese Leistung war umso beeindruckender, als die UN-Truppen die absolute Luft- und Seeherrschaft hatten. Während der Kubakrise 1962 (davon mehr im nächsten Kapitel) griff China Indien an. Die Kubakrise war jedoch schnell beigelegt, und US-Präsident John F. Kennedy sicherte Indien seine Unterstützung zu. Daraufhin zog China seine Truppen zurück, die im Nordosten Indiens auf den Befehl zum Angriff gewartet hatten, dort, wo die fruchtbare Tiefebene Assam mit ihren reichen Erdölvorkommen lockte.

Mao versuchte mehrmals, unsinnige Reformen durchzusetzen – auch mit brutaler Gewalt. Selbst kleine Bauern wurden enteignet, Intellektuelle in Umerziehungslager gesteckt, Dorfgemeinschaften gezwungen, in winzigen Hochöfen eine Art Stahl herzustellen. Seine beiden größten Kampagnen, der »Große Sprung nach vorn« und die so genannte Kulturrevolution, führten zu Hungersnöten und Millionen Toten – die Zahlen schwanken zwischen 23 und 35 Millionen. Nur Stalin hat vielleicht noch mehr Menschen seines eigenen Volkes umgebracht. Mao äußerte einmal öffentlich, dass er einen Nuklearkrieg nicht als besonders bedrohlich empfinde: »Die halbe Menschheit würde vielleicht ausgelöscht werden, aber die andere Hälfte wäre ja immer noch da.« Mao war unberechenbar.[7] Als er starb, kam, nach einer ganzen Reihe von Nachfolgern, Deng Xiaoping an die Macht, der die Unsicherheit beendete, die freie Marktwirtschaft in geringem Umfang zuließ und dadurch ausländische Investoren nach China lockte. Die fleißigen Chinesen mit ihren so vielen begabten und brillanten Leuten vollbrachten ein wahres Wirtschaftswunder – keine Wirtschaft kann höhere Wachstumsraten vorweisen. Obwohl nur zehn Prozent des Landes landwirtschaftliche Nutzfläche sind, muss niemand hungern.

Wer in China einen Vasallenstaat der Sowjetunion sah, irrte. Die Beziehungen zwischen beiden Nationen verschlechterten sich bereits in den 1950er-Jahren drastisch. 1960 kam es dann zum offiziellen Bruch. Die Sowjetunion stellte ihre finanziellen Hilfen ein, andere Ostblockstaaten folgten. China wurde von seinen früheren ideologischen Verbündeten geächtet.

Nach der in Europa üblichen Definition ist China weder kommunistisch noch sozialistisch. Europäische Sozialisten sind Demokraten, die freie Wahlen zulassen und zurücktreten, wenn sie verlieren. (Manche Amerikaner werfen den demokratischen Sozialismus mit dem sowjetischen Kommunismus in einen Topf, was natürlich völlig falsch ist. Kommunismus ist unvereinbar mit Demokratie. Ein kommunistisches Regime wird seine Macht niemals freiwillig aufgeben.) China ist eine Autokratie. Wie in Platons Staat konzentriert sich alle Macht in den Händen einer kleinen Gruppe, die sich als der breiten Masse überlegen fühlt. In absehbarer Zukunft hat die Demokratie in China keine Chance. Von den Herrschenden versteht niemand etwas von Freiheit. Studenten, die sie auf dem Tiananmen-Platz forderten, wurden erschossen. Ausländische Regierungen halten sich mit Kritik zurück, weil China ein gigantischer Absatzmarkt ist.

Chinas wichtigster Brennstoff ist Kohle, die die Atmosphäre enorm verschmutzt. Die teuren Rieseltürme zur Verminderung dieses Schadstoffausstoßes kann sich das Land nicht leisten. Es gibt 1,2 Milliarden Chinesen. Kann der Westen mit gutem Gewissen von ihnen verlangen, zum Schutz der Erdatmosphäre ihre Kohlekraftwerke stillzulegen? Es seien die reichen westlichen Nationen gewesen, die die Verschmutzung der Atmosphäre verursacht hätten und noch heute verursachen, und deshalb hätten sie keinerlei moralisches Recht, China zur Drosselung seines Bevölkerungswachstums aufzufordern, argumentieren die Chinesen.

16

DAS GLOBALE DORF

(Der Weg ins 21. Jahrhundert)

In einem Dorf weiß immer jeder, was der andere macht; man weiß zu viel über einander, man wird zu stark von dem, was der andere macht, betroffen. Genauso verhält es sich im globalen Dorf, auch wenn der andere auf der entgegengesetzten Seite des Erdballs lebt. Durch Telefon, Telegraf, Radio, Kino, Fernsehen und Flugverkehr ist die Welt im Lauf des 20. Jahrhunderts immer näher zusammengerückt. Entscheidenden Anteil daran hatte die Erfindung des Transistors 1947 in den New Yorker Bell Telephone Laboratories durch die drei amerikanischen Physiker John Bardeen, Walter H. Brattain und William B. Shockley. Die Folge waren immer kleinere Chips, handtellergroße Handys, intelligente Bomben (solche, die ihr Ziel von allein finden), Spionage- und Nachrichtensatelliten, mit deren Hilfe weltweit sofortige finanzielle Transaktionen durchgeführt, Nachrichten übermittelt, Veranstaltungen, Propaganda und Werbung gesendet werden können.

Die USA sind Hauptproduzent einer Unterhaltungsindustrie, deren Produktionen ein internationales Publikum ansprechen. Sie sind auch Hauptlieferant von Nachrichten, die in der ganzen Welt empfangen werden (zum Beispiel durch den Sender CNN); sie sind Trendsetter in Sachen Mode und Musik und Basis für mehr multinationale Konzerne als jede andere Nation. Nicht nur die Amerikaner selbst, auch viele andere Staaten sehen in den USA entweder die Supermacht, die als Einzige weltweit Konflikte zu lösen imstande ist – oder aber ganz im Gegenteil die Macht, die Ursache all dieser Konflikte ist.

Heutzutage treffen multinationale Konzerne Entscheidungen, die früher von Nationalstaaten getroffen wurden. Ein amerikanischer Konzernriese kauft eine Tochterfirma im Ausland. Forschung und Management werden künftig von der amerikanischen Muttergesellschaft bereitgestellt. Für diesen Service muss die Tochterfirma eine Summe entrichten, die ihrem Gewinn entspricht; folglich wird dieser Gewinn in die USA transferiert. Große Gesellschaften in anderen reichen Nationen machen es nicht anders – das ist eine durchaus übliche Geschäftspraktik. Jedes große Unternehmen expandiert weltweit. Und so weit es irgend möglich ist, wird es dorthin gehen, wo die Steuern am niedrigsten, die Arbeitskräfte am billigsten, die Umwelt- und Arbeitsrechtgesetze am schwächsten sind. Schluss ist dort, wo Chaos (die Kehrseite ungezügelter Habgier und hemmungsloser Expansion) das Geschäft unprofitabel macht. Das bedeutet, Billiglohnländer mit einer entsprechend günstigen Rechtsprechung sind so lange genehm, wie die Kostenersparnis nicht von unsicherer Gesetzeslage, protestierenden Arbeitern und korrupten Behörden aufgefressen wird.

In westlichen Demokratien müssen immer mehr Menschen mit jenen im Osten und Süden, die wenig zu verlieren haben, um Arbeitsplätze konkurrieren. Der Wohlstand wird dadurch zwar ein wenig besser verteilt, aber das Meiste landet in den Händen der großen Akquisitoren. Niedrigere Einkommen und damit geringere Steuereinnahmen werden die westlichen Länder möglicherweise zu drastischen Einschnitten in ihre Sozialsysteme zwingen. Proteste in den reichen Ländern sind die Folge – meistens von jungen Leuten, die sich gegen die Gewinnsucht der Multis, ihren Egoismus und die Globalisierung wenden.

Eine ausländische Firma, für die demokratische Grundsätze nicht zu gelten scheinen, wirft in Staaten, die sich noch unsicher auf dem Boden der Demokratie bewegen und die Verwirklichung des Prinzips »alle Macht dem Volk« anstreben, die Frage auf, ob Demokratie nicht bloß ein großer Schwindel ist. Selbst in einer demokratischen Gesellschaftsordnung haben nicht alle die gleichen Rechte oder die gleiche Chance, an die Macht zu gelangen, Privilegien zu erwerben. Manche haben den Eindruck, ihre Stimme gelte nichts, ihre persönlichen Interessen würden den Forderungen multinationaler Konzerne geopfert, die den Wahlkampf gefügiger Politiker sponsern. Manche werden auch in einer Demokratie aufgrund ihrer Rasse und ethnischen Herkunft benachteiligt, insbesondere in der demokratischen Supermacht USA. Solche Probleme sind nicht leicht zu lösen, es braucht lange, sie zu bewältigen, aber nur Sekundenbruchteile, um die ganze Welt davon zu informieren. Wie sollen arme Nationen auf dem Weg zur Demokratie ihre eigenen, auf uralten religiösen und ethnischen Ressentiments beruhenden Probleme lösen, wenn nicht einmal die reichen und mächtigen Nationen dazu in der Lage zu sein scheinen?

Irland

Das irische Problem ist uralt. Die gälische Grüne Insel wurde im 12. Jahrhundert von der anglo-normannischen Armee Heinrichs II. von England erobert und die bis dahin eigenständige Kirche Irlands in die allgemeine römisch-katholische Kirche eingegliedert. 1649 wurde Irland ein weiteres Mal von Oliver Cromwell besetzt, dem Calvinisten, der Karl I. von England enthaupten ließ. 1690 schlug der Protestant Wilhelm III. von Oranien die irischen Katholiken in der Schlacht an der Boyne. Und so weiter, und so fort.

Cromwell und Wilhelm III. entlohnten ihre protestantischen Soldaten und Offiziere mit Land, das sie den katholischen Einwohnern weggenommen hatten. Auch die von Heinrich VIII. gegründete Kirche von England eignete sich große Ländereien an. Die Kirche von Irland, wie der irische Ableger der englischen Kirche hieß, bekam wunderschöne Gotteshäuser, die aber meistens leer waren. Der irische Schriftsteller Jonathan Swift war Dekan der St.-Patrick's-Kathedrale in Dublin. Bei seinem ersten Gottesdienst sah er sich einem einzigen Gläubigen gegenüber. Er sagte: »Mein lieber Roger, die Heilige Schrift bewegt uns beide, dich ebenso wie mich.«[1]

Als die Protestanten immer mehr Land in Besitz nahmen, wanderten immer mehr gälische Iren aus. Sie schlossen sich fremden Armeen an, ließen sich in England, später auch in den USA nieder. Wer blieb, erhielt kaum je Lohn von seinem protestantischen Grundherrn. Stattdessen bekam er ein kleines Stück Land, auf dem er sich eine armselige Hütte hinstellen und ein bisschen Gemüse, hauptsächlich Kartoffeln, anbauen konnte, um seine Familie zu ernähren.

1846 wurden die Kartoffelpflanzen von einem Pilz befallen und gingen ein. Eine Hungersnot brach aus. Zudem konnten die Bauern ihren Grundherren keinen Pachtzins in Form einer anständigen Ernte abliefern. Also wurden sie von ihrem Land verjagt und die Hütten abgerissen, damit sich niemand anderes dort einnistete.

Zuflucht boten nur die Armenhäuser. Dort wurden die Männer von den Frauen und die jüngeren Kinder von ihren Familien getrennt. Seuchen forderten zahllose Opfer. Einige Grundherren waren immerhin so »barmherzig«, Land für die Erweiterung der Friedhöfe zur Verfügung zu stellen.

Im Internet findet man eine Fülle von Materialien aus unterschiedlichsten Quellen über die verheerende Hungersnot. Der folgende Auszug stammt aus einem Artikel des englischen protestantischen Journalisten Alexander Somerville im *Manchester Examiner* vom 5. März 1847:

Er war kein alter Mann. Er war noch nicht einmal 40 Jahre alt. Seine Wangen waren eingefallen und seine Haut war fahl wie die eines Menschen, der bereits den Tod in sich trägt. Ich sah diesen armen Mann und seine arme Familie. Die Mutter und der Säugling bis zum Skelett abgemagert; ein bis zum Skelett abgemagerter hochgewachsener Junge; vier bis zum Skelett abgemagerte Mädchen und der bis zum Skelett abgemagerte Vater. Jeder hatte am Tag gut 200 Gramm Hafermehl zum Essen, das war alles. Sie hatten nichts zum Feuermachen, genauso wenig wie die anderen Arbeiterfamilien, bis auf das Wenige, das sie brauchten, um Haferbrei aus dem Mehl zu kochen – sie konnten sich kein Brennmaterial leisten.

Hunderttausende kamen um. Zwei Millionen wanderten aus, den Albtraum der Hungersnot mit sich in die neue Heimat nehmend, wo eine Generation ihn an die nächste weitergab. So etwas Grauenvolles vergisst man nicht. In Irland kam es zu Unruhen und Aufständen. Katholiken konnten lange Zeit nicht wählen oder öffentliche Ämter bekleiden. 1881 verabschiedete das englische Parlament ein Gesetz, das den Pächtern ihren Besitz und einen gerechten Pachtzins sowie das Recht zum Verkauf ihres Pachtguts garantierte. Die Protestanten scharten im heutigen Nordirland die Mehrheit der Bevölkerung hinter sich, die Katholiken in anderen Teilen der Insel. Zufrieden waren Letztere jedoch nicht. 1921 wurde das südliche Irland unabhängig. Nordirland mit seiner protestantischen Mehrheit und katholischen Minderheit – aus beiden gingen Militante und Terroristen hervor – gehörte weiterhin zu Großbritannien. Durch Manipulation bei der Aufteilung der Wahlbezirke gelang es den nordirischen Protestanten, mehr Sitze zu bekommen, als ihnen zustanden.

Die seit Jahrhunderten in Nordirland ansässigen Protestanten meinen ein Anrecht darauf zu haben, bleiben zu dürfen, und sie wollen keine Minderheit in einem vereinten Irland sein. Die Katholiken indes streben ein vereintes Irland an. Gibt es eine Kompromisslösung, die beiden Seiten gerecht wird?

Die Entwicklungen in jüngster Zeit lassen hoffen. Bedeutende amerikanische Unternehmen haben sowohl in Nordirland als auch in der Irischen Republik Niederlassungen gegründet. Irland ist Mitglied der Europäischen Union geworden, die seine Landwirtschaft subventioniert. Wirtschaftlich geht es Nordirland und der Republik Irland besser denn je. Folglich spielt Grundbesitz nicht mehr die gleiche Rolle wie früher. Die irischen Frauen, katholische wie protestantische, haben an Einfluss gewonnen und machen sich für den Frieden stark. US-Präsidenten und amerikanische Politiker wie der frühere Senator George J. Mitchell, der in Belfast Friedensverhandlungen zwischen Katholiken und Protestanten leitete, haben hart und mit Einfühlungsvermögen an der Lösung des Nordirlandkonflikts gearbeitet. Britische Regierungen sowohl der Torys als auch der Labour Party haben nichts unversucht gelassen, um eine friedliche Regelung zu finden. Dennoch ist der alte Fanatismus nicht auszurotten.

In den USA und in England leben Katholiken und Protestanten in friedlicher Koexistenz. In Nordirland, das so nahe ist, scheint die Lösung so fern. Doch wenn dem so ist, welche Hoffnung besteht dann für die Beziehungen zwischen dem reichen Westen und dem armen Osten?

Der Balkan

Für das Verständnis der Konflikte auf dem Balkan ist es wichtig, die Geschichte der Serben zu kennen. Zwischen 1358 und 1521 wurde die Balkanhalbinsel von den Türken erobert. Belgrad, die Hauptstadt des serbischen Reichs, fiel zuletzt. Wie sich der

Leser vielleicht erinnert, wurde jeder, der sich zum Islam bekehrte, verschont (so wie es auch der Koran fordert) und erhielt die Bürgerrechte. Jene Serben, heute Bosnier, die zum Islam übertraten, wurden Polizeibeamte, Steuereintreiber, Zollbeamte, Stellvertreter der türkischen Machthaber. Sie nutzten ihre Stellung, um die christlichen Serben zu unterdrücken. Diese haben ihnen das nie vergessen. Hinzu kam, dass die ebenfalls islamisierten Albaner Ansprüche auf Gebiete der christlichen Serben erhoben.

Die Kroaten wurden im 9. Jahrhundert christianisiert. Ihr Reich war erst Ungarn, später Österreich-Ungarn in Personalunion verbunden. Nach dem Ersten Weltkrieg wurden die katholischen Kroaten in den von den Serben dominierten jugoslawischen Staatenbund aufgenommen, was sie jedoch, da sie ihr historisches Eigenbewusstsein zu wahren wünschten, bald in Gegensatz zu den orthodoxen Serben brachte.

1941 errichtete Hitler einen kroatischen Marionettenstaat, der auch Bosnien und Herzegowina einschloss. An der Spitze stand Ante Pavelić, der mit der Ustascha über eine eigene, radikale, ja terroristische Organisation aus Kroaten und Bosniern verfügte. Seinen ethnischen Säuberungen fielen Hunderttausende christlicher Serben und Juden zum Opfer.[2]

Aber alles rächt sich. Als Jugoslawien Anfang der 1990er-Jahre auseinander brach, kam es zu brutalen Übergriffen, Massenvergewaltigungen, weiteren blutigen ethnischen Säuberungen. Kroaten, Bosnier, Serben und Kosovo-Albaner nahmen sich gegenseitig Gebiete ab, die für die einen oder die anderen das Land ihrer Vorfahren waren, Land, das für sie kulturgeschichtlichen Wert besaß. Für die Serben etwa ist das Amselfeld im Kosovo heiliger Boden, ein Stück nationaler Identität: Hier wurden die Serben im Juni 1389 von den Türken geschlagen. (Viele Serben glauben allen Ernstes, *sie* hätten die Schlacht gewonnen.)

Im Kosovokonflikt entschloss sich die NATO zur Intervention. Anfang 1999 flog sie (das heißt in erster Line die USA) Luftangriffe gegen Serbien. Fabriken, Infrastruktur und Kommunikationssysteme, öffentliche Gebäude und Donaubrücken wurden zerstört. Die serbischen Streitkräfte hingegen hatten praktisch keine Verluste oder Schäden zu vermelden, wie bei ihrem Rückzug aus dem Kosovo deutlich wurde. Die angeblich zerstörten serbischen Panzer rollten munter weiter.

In zwei Weltkriegen waren die Serben Verbündete der Briten, Franzosen und Amerikaner gewesen. Jugoslawien hatte nach dem Zweiten Weltkrieg als erster sowjetischer Vasallenstaat hinter dem Eisernen Vorhang (ein übrigens von Winston Churchill geprägter Begriff) Moskau die Stirn geboten. Die Mehrheit der serbischen Bevölkerung hatte sich keines Verbrechens gegen die Kosovo-Albaner, die Kroaten oder Bosnier schuldig gemacht. Dennoch war die serbische Wirtschaft von der NATO zerstört worden.

Der Westen muss sich etwas anderes als Luftangriffe einfallen lassen, um Diktatoren wie den Serbenführer Milosević zu stürzen. Warum sein eigenes Volk ihn nicht absetzte? Weil es seine Feindseligkeit gegenüber Kroaten, Bosniern und Albanern teilte. Ethnische Ressentiments sind hartnäckig. Es ist eine Ironie des Schicksals, dass die NATO Anfang 2001 ausgerechnet die serbische Armee um Unterstützung bat, als es die Eskalation eines Konflikts zwischen der Republik Makedonien und ihrer albanischen Minderheit zu verhindern galt.

Lateinamerika

Die USA betrachten Lateinamerika als ihren Hinterhof. Zwar beteuern die Amerikaner, sie wünschten sich dort demokratische Regierungen nach dem Vorbild ihrer eigenen – unterstützt haben sie jedoch zwielichtige Militärdiktatoren wie Trujillo und Batista, um nur zwei zu nennen, die zudem nicht selten auf der Gehaltsliste von US-Konzernen standen.

Anfang der 1950er-Jahre führte der guatemaltekische Präsident Arbenz Guzmán eine Bodenreform durch, mit der große, brachliegende Flächen in den Besitz armer Bauern überführt werden sollten. Außerdem sollten große Gesellschaften, auch ausländische, höher besteuert werden. Besonders betroffen von diesen Maßnahmen war die amerikanische United Fruit Company. Im Juni 1954 wurde Guzmán mithilfe der CIA gestürzt. Für die Armen im Land änderte sich nichts. Aber US-Investoren wurden attraktive Zugeständnisse gemacht.

In Kuba wurde 1959 das Regime Batista von Fidel Castro gestürzt. Castro enteignete US-Bürger, darunter Mafiosi, die Hotels und Spielkasinos besaßen. Er baute das Schulwesen neu auf und richtete ein kostenloses Gesundheitswesen ein, das erstaunlich gut funktioniert. Die Verstaatlichung amerikanischen Eigentums führte 1960 zum Abbruch der diplomatischen und der Handelsbeziehungen mit den USA. Kuba lehnte sich danach eng an die Sowjetunion an.

Das CIA und das Pentagon bereiteten 1961 eine Invasion Kubas durch Exilkubaner vor. John F. Kennedy, der sein Amt gerade erst angetreten hatte, wurde von CIA und Pentagon bewusst falsch informiert, damit er das Unternehmen billigte. Es endete in der Schweinebucht mit einem Desaster für die USA. Castros antiamerikanische Reden fielen danach noch eine Spur schärfer aus.

Am 14. Oktober 1962 wurde von einem US-Spionageflugzeug aus die Lieferung sowjetischer Raketen an Kuba beobachtet. Sie hatten eine Reichweite, mit der größere US-Städte hätten getroffen werden können. Kennedy verhängte eine Blockade gegenüber Kuba. 13 Tage später begann der Rücktransport der Raketen in die Sowjetunion. Zum Ausgleich zogen die USA einige Monate später ihre Jupiter-Mittelstreckenraketen aus der nördlichen Türkei zurück. Castro hatte einen gewaltigen Fehler gemacht: Er hatte dem amerikanischen Riesen das Nuklearmesser an die Kehle gesetzt. Die kubanische Bevölkerung muss seitdem mit dem US-Embargo dafür büßen. Nach dem Zusammenbruch des Sowjetreichs hätten die USA mit der Wiederherstellung der Handelsbeziehungen zu Kuba eigentlich nichts zu verlieren. Dennoch ist dies nicht geschehen – vielleicht, weil Castro noch immer gern verbale Attacken gegen die Amerikaner reitet.

Vietnam

Die charismatischste Figur im Vietnamkrieg war Ho Chi-minh. Der Name, den er im Zweiten Weltkrieg annahm, bedeutet »der nach Erkenntnis Strebende«. Eigentlich hieß er Nguyen Sinh Cung. Ho bekämpfte die französische Kolonialmacht – aber nicht nur sie: Er war gegen jede Form von Fremdherrschaft. Er hing keiner bestimmten Ideologie an, kam jedoch aus einer Gesellschaft, die weder die Freiheitsrechte des Einzelnen über alles stellte noch die absolute Verbindlichkeit von Gesetzen für alle Bürger. In der Zeit zwischen den Weltkriegen lernte er bei einem Besuch in Moskau auf Einladung der russischen Parteiführung Lenins antiimperialistische Doktrin kennen (die dieser in der Sowjetunion jedoch nicht umgesetzt hatte). Als die Japaner im Zweiten Weltkrieg Vietnam besetzten, arbeitete er mit dem amerikanischen Office of Strategic Services, dem Vorläufer der CIA, zusammen und kämpfte gegen die Besatzer, die das Land 1945 räumen mussten. Ho rief daraufhin die Demokratische Republik Vietnam aus, in Worten, die an jene der amerikanischen Unabhängigkeitserklärung erinnern: »Alle Menschen sind gleich geschaffen und haben ein Recht auf Leben, Freiheit und Glück.«

Die Franzosen versuchten Vietnam zurückzuerobern und erneut zu kolonisieren. 1950 erhielten sie Unterstützung von den Amerikanern, weil Washington fürchtete, Hô werde sich im Falles seines Sieges dem kommunistischen Block anschließen. 1954 mussten sich die Franzosen geschlagen geben. Vietnam wurde auf der Genfer Indochinakonferenz am 17. Breitengrad geteilt. Man stellte Wahlen in Aussicht: Das Volk sollte abstimmen, ob das Land wieder vereint werden sollte oder nicht. Hô Chi Minh wurde Präsident Nordvietnams. Er ging oft rücksichtslos vor, wie alle vietnamesischen Herrscher das getan hatten. Die wechselnden und keineswegs weniger brutalen Regierungen der Republik Südvietnam wurden von den USA gestützt.

Als Washington die zugesicherten Wahlen verhinderte, verwandelten nordvietnamesische Guerillakämpfer, die Vietcong, den Süden des Landes in ein Schlachtfeld. Die USA warfen immer mehr Truppen in die Schlacht. Die Guerillataktik der Vietcong bewies, dass selbst eine moderne Supermacht mit allen ihren Möglichkeiten – Flächenbombardierung, Einsatz von Chemiewaffen, absolute Luft- und Seeherrschaft – nichts auszurichten vermochte gegen Partisanen, die sich im Dschungel, in Stollen, in den Bergen versteckten, aus dem Hinterhalt schossen, das Gelände verminten oder es mit primitiven Fallen bestückten.[3] Die USA zogen sich aus Vietnam zurück, nachdem der Krieg 58 000 Soldaten das Leben gekostet hatte. Ihre Namen sind auf einer Mauer aus schwarzem Stein in Washington, D. C. eingraviert.

1,4 Millionen vietnamesische Kämpfer und unzählige Zivilisten waren umgekommen. Das wieder vereinte Land kämpfte anschließend gegen die Chinesen und brachte in einem weiteren Krieg Pol Pot zu Fall, den kambodschanischen Regierungschef und Massenmörder: Sein kommunistisches Regime hatte zwei Millionen Kambodschaner auf dem Gewissen.

Aus heutiger Sicht steht fest, dass die USA sich irrten: Vietnam hätte sich weder der Sowjetunion noch China angeschlossen. Ein ebenso großer Irrtum war es, Hô daran zu hindern, gegen die westlichen Kolonialherren zu kämpfen. Das hat dem Ruf Amerikas, das sich doch gern als Befreier kolonisierter Völker ausgab, schwer geschadet.

Vietnam nennt sich heute Sozialistische Republik, wobei »sozialistisch« nicht im Sinne etwa des schwedischen Sozialismus verstanden werden darf. Vietnam ist aber auch nicht kommunistisch. Es ist schlicht eine Diktatur. Vietnam kämpfte für die Befreiung von Fremdherrschaft, nicht für die demokratische Freiheit des Individuums.

Warum ist Vietnam nicht dem Beispiel der amerikanischen Kolonien gefolgt und nach der Unabhängigkeit eine Demokratie nach westlichem Vorbild geworden? Die Bewohner der amerikanischen Kolonien begehrten größtenteils gegen ihre ehemaligen Landsleute auf, das heißt gegen die Briten. Sie wollten von gewählten Vertretern in den Kolonien regiert werden, nicht von einem König, der weit weg war. Für die Amerikaner begann der Weg in die Unabhängigkeit mit dem traditionellen britischen Rechtssystem samt der richterlichen Gewalt, alle diese bereits vorhandenen Gesetze anzuwenden. Obgleich England selbst zu diesem Zeitpunkt noch keine wahre Demokratie war, hatte es in seinen nordamerikanischen Kolonien für die Einsetzung jener Institutionen gesorgt, die letztendlich zur vollkommenen Entfaltung des demokratischen Systems führten.

Südkorea, Singapur und Malaysia, ebenfalls ehemalige Kolonien, haben sich rasant zu modernen, fortschrittlichen Staaten entwickelt, ohne allerdings die Demokratie nach westlichem Vorbild zu übernehmen. Erste Priorität war der technologische und wirtschaftliche Fortschritt. Lee Kuan Yew, Singapurs Ministerpräsident von 1959 bis 1990, war ein mehr oder weniger gütiger Autokrat (so etwas gibt es), kein Demokrat. Unter seiner Regierung entwickelte sich Singapur, am Pro-Kopf-Einkommen gemessen, zu einem der reichsten Länder der Welt. Wirtschaftswachstum darf freilich nicht das einzige Kriterium für die Beurteilung einer Gesellschaft sein. Wie viel Freiheit genießen die Menschen? Gibt es Gerechtigkeit für alle? Kann ein schlechter Regierungschef abgesetzt werden, ohne dass Unruhen oder Repressalien befürchtet werden müssen? Welche Stellung nehmen die Frauen ein? Wie ist es um Korruption bestellt? Wird die Errichtung einer Demokratie irgendwann vorrangiges Ziel sein? Wollen wir es hoffen.

Afrika

Schwarzafrikaner wurden von ihren Kolonialherren noch schlechter behandelt als Asiaten. Jahrhundertelang wurden sie von anderen Afrikanern und von arabischen Händlern gejagt, gefangen genommen und als Sklaven verkauft. Sie lebten in Stammesverbänden und galten den Europäern als Menschen mit geringerem Wert. Als die afrikanischen Kolonien nach dem Zweiten Weltkrieg in die Unabhängigkeit entlassen wurden, mussten sie sich von heute auf morgen im 20. Jahrhundert zurechtfinden. Ihre Kolonialherren hatten ihnen nicht beigebracht, wie man ein Land regiert. Keiner von ihnen hatte Erfahrung darin, persönliche Freiheit und Administration miteinander zu verbinden.

Somalia und Äthiopien stritten sich um Land. Die Sowjetunion unterstützte erst Somalia, dann Äthiopien. Einander befehdende Stammesfürsten teilten Somalia untereinander auf. Dürreperioden verschlimmerten die Situation noch. 1,5 Millionen Somalis verhungerten. Hilfslieferungen erreichten sie nicht, weil sie vorher gestohlen wurden. 1992 entsandten die USA, Kanada und andere Nationen Truppen, die die Verteilung der Hilfsgüter überwachen sollten. Die gut bewaffneten, gut organisierten weißen Soldaten scheiterten an dieser Aufgabe. Es spielte keine Rolle, dass sie nur helfen wollten. Einige wurden vor laufenden Fernsehkameras vom wütenden Mob buchstäblich zerrissen. Im März 1994 zogen sich die Amerikaner zurück. Nie wieder wollten sie ihre Soldaten in eine solche Lage bringen. Die Europäer kamen zu dem gleichen Schluss.

In den ehemaligen belgischen Kolonien Ruanda und Burundi kommt es seit den 1960er-Jahren zu blutigen Auseinandersetzungen zwischen den Hutu und den Tutsi. 1994 erreichten die Massaker ein nie gekanntes Ausmaß. Hunderttausende wurden ermordet, manche regelrecht zerstückelt. Nach Schätzungen der UNO flüchteten zwei Millionen Menschen in den Nachbarstaat Zaire, der heute wieder Kongo heißt.

Leid und Gewalt war auch das Schicksal anderer ehemaliger Kolonien in Afrika: Kongo, Angola, Uganda, Mosambik, Sudan, Südafrika, Nigeria, Tschad, Sierra Leone und die Zentralafrikanische Republik. Letztere hatte einmal einen Kaiser – Bokassa –, der angeblich ein Kannibale war. Der damalige französische Staatspräsident Giscard d'Estaing ließ sich in den 1970er-Jahren Diamanten von ihm schenken.

Wer diese Beispiele als Beweis für die geistige Unterlegenheit der Schwarzafrikaner wertet, sollte sich an die von Weißen begangenen Massaker erinnern: die Kreuzzüge, die Ausrottung der amerikanischen Ureinwohner, den Holocaust. Und er sollte bedenken, dass der ostafrikanische Staat Tansania einen bemerkenswert fähigen und aufrichtigen Regierungschef hatte – Julius Nyerere, der das Land 1961 in die Unabhängigkeit führte, ab 1962 Staatspräsident war und 1985 zurücktrat.

Wir sollten auch Nelson Mandela nicht vergessen, jenen hochgebildeten, intelligenten, toleranten schwarzen Anwalt, den das rassistische weiße Südafrika 27 Jahre inhaftiert hatte, ohne ihn zerbrechen oder verbittern zu können. Bevor er sich von der politischen Bühne zurückzog, setzte er der weißen Vorherrschaft ein Ende.

Muslime und Juden

Palästina wurde nach dem Ersten Weltkrieg von den Briten regiert, die es den Türken abgenommen hatten. Europäische Juden, die Land von Muslimen erworben hatten, ließen sich dort nieder. In der Folge kam es zwischen Muslimen und Juden immer wieder zu bewaffneten Auseinandersetzungen. Man kann darüber streiten, ob die Briten die Zuwanderung von Juden vor dem Zweiten Weltkrieg nicht hätten eindämmen sollen. Der Holocaust war den Juden jedenfalls Beweis dafür, dass sie in Europa nie wieder wirklich sicher sein würden. Sie waren von Franzosen, Italienern, Polen, Ungarn, Rumänen, Spaniern, Kroaten, Bosniern, Ukrainern an die Nazis verkauft worden und wurden in Russland verfolgt. Sie wollten einen eigenen Staat. Erinnern wir uns, dass zu Beginn des Zweiten Weltkriegs ein Schiff voller Juden auf der Flucht vor Hitler durch die Meere kreuzte. Kein Land war bereit, sie aufzunehmen, auch England, die USA, Frankreich und Kanada nicht. Holland schon. Einen Tag später marschierten die Nazis in Holland ein. Die Juden, die auf dem Schiff gewesen waren, endeten in der Gaskammer. Nach dem Holocaust sehnten sich die Juden nach einer Zuflucht. Gab es einen besseren Ort dafür als jenes Land, das Abraham von Gott versprochen worden war?

Muslimische Palästinenser sagten (und sagen heute noch): »Warum sollen wir Muslime unser Land den Juden zum Ausgleich dafür, dass sie von europäischen Christen verfolgt wurden, geben? Wir haben die Juden nie verfolgt. Warum sollen wir für die Sünden der Europäer bezahlen?«

Nach dem Zweiten Weltkrieg hatten die Briten genug davon, ständig zwischen den Juden und den Muslimen zu stehen. Also teilten die Vereinten Nationen das Land 1947 willkürlich zwischen ihnen auf. 1948 riefen die Juden den Staat Israel aus. Sofort wurden sie von ihren muslimischen Nachbarn angegriffen, doch die Israelis, obwohl zahlenmäßig weit unterlegen, siegten. Ein Offizier der geschlagenen ägyptischen Armee, Gamal Abd el-Nasser, machte seiner Regierung schwere Vorwürfe, weil er sich im Kampf gegen die Juden allein gelassen fühlte.

Acht Jahre später – Nasser hatte inzwischen mit einigen anderen Offizieren den begriffsstutzigen König Faruk gestürzt und war Regierungschef – bat er die USA um finanzielle Hilfe für den Bau eines gewaltigen Staudamms am Nil bei Assuan. Er hatte aber auch mit der kommunistischen Tschechoslowakei ein Abkommen über den Kauf von Waffen unterzeichnet. Daraufhin stellten die USA ihre Unterstützung für den Bau des Staudamms ein.

Nasser revanchierte sich, indem er die britisch-französische Gesellschaft, welcher der Suezkanal gehörte, verstaatlichte und den Kanal für alle Schiffe von und nach Israel sperren ließ. Mit den aus dem Schiffsverkehr eingenommenen Geldern werde er den Staudamm finanzieren, erklärte er. Briten, Franzosen und Israelis sandten Truppen und eroberten den Kanal zurück. Auf Weisung Washingtons mussten sie ihn an Ägypten zurückgeben.

Das hätte den USA einen guten Ruf als Freund ehemaliger Kolonien und Protektorate wie Ägypten einbringen müssen. Doch die USA waren auch mit Israel, England und Frankreich befreundet. Der Freund meines Feindes ist mein Feind, heißt ein arabisches Sprichwort. Nasser hatte Ägypten zu einem sozialistischen Einparteienstaat erklärt und sich mit einer Mehrheit von 98 Prozent zum Präsidenten wählen lassen.

Weder Washington noch Moskau erkannten, dass Nasser kein Sozialist, sondern ein muslimischer Alleinherrscher war, Kopf einer Junta, ein großer Akquisitor, der die USA gegen die UdSSR ausspielte, um von beiden mehr finanzielle Unterstützung und Waffen zu bekommen. Sein Ziel war, die Führerrolle in der arabischen Welt zu übernehmen und Israel zu vernichten.

Noch zwei Mal, 1967 und 1973, wurde Israel von seinen arabischen Nachbarn angegriffen. Beide Male gewann es überlegen. 1982 marschierten die Israelis im Libanon ein, um muslimische Guerillastützpunkte zu zerstören, was ihnen aber, trotz des hohen Schadens, den sie anrichteten, nicht gelang. Die israelischen Siege stellen für die Araber eine ungeheure Demütigung dar. Sie machen die Hilfe der israelfreundlichen Amerikaner für ihre Niederlage verantwortlich.

Wie kann eine für die Juden akzeptable, gerechte Lösung aussehen, die den Palästinensern gegenüber nicht ungerecht ist? Oder umgekehrt: Wie kann eine für die Palästinenser akzeptable, gerechte Lösung aussehen, die den Juden gegenüber nicht ungerecht ist? »Akzeptabel« bezieht sich auf den religiösen Aspekt dieser schwierigen Frage. Sowohl Muslime als auch Juden sind bereit, ihr Leben für ein winziges Stück von Jerusalem zu opfern, das den Eiferern beider Religionen als Allerheiligstes gilt. Dies ist das Haupthindernis für den Frieden in Palästina. Das zweite große Hindernis ist das so genannte Recht auf Rückkehr – also das Recht jener, die aus Israel flohen, und ihrer Nachkommen, in das Land ihrer Vorfahren zurückzukehren. Inzwischen geben selbst israelische Historiker zu, dass die israelische Armee bewusst zu Einschüchterungsmaßnahmen griff, um eine Massenflucht der Palästinenser auszulösen. Die verlassenen Dörfer wurden dem Erdboden gleichgemacht. Sollte dieses Recht auf Rückkehr gewährt werden, würde in Israel eine muslimische Mehrheit leben. Das würden die Juden niemals akzeptieren.

Eine »mögliche«, viel diskutierte Lösung ist folgende:

> Die Israelis ziehen sich aus dem Westjordanland zurück, jenem Gebiet, das sie 1967 von Jordanien eroberten, geben alle ihre dortigen Siedlungen auf und ziehen sich auch aus dem Gazastreifen zurück. Möglicherweise würden die Paläs-

tinenser auf ihr Recht auf Rückkehr verzichten, wenn sie im Westjordanland und im Gazastreifen ihren eigenen unabhängigen Staat errichten dürften und darüber hinaus vom Westen massive finanzielle Hilfe für den Aufbau ihres Landes bekämen. Dann würde Frieden einkehren und die Israelis würden nicht länger muslimische Terroranschläge zu fürchten haben.

Wäre Washington willens, die Gelder für einen muslimischen palästinensischen Staat bereitzustellen? Würden andere islamische Staaten im Nahen Osten diese Lösung mittragen? Zumindest *ein* großes Problem wäre für die USA damit gelöst – der arabisch-jüdische Konflikt im Heiligen Land.

Anderswo sorgen noch genug Muslime dafür, dass die USA Probleme haben. Der inzwischen verstorbene iranische Ayatollah Khomeini nannte die USA den »großen Satan«, weil ihre Kultur alles repräsentiert, was der islamischen Gesellschaft und Religion verhasst ist. Durch die länderübergreifende Macht der Medien kommen Muslime, insbesondere die jungen, mit der US-Kultur in Berührung, was dazu führt, dass sie die islamische Ordnung infrage stellen.

Leute wie Osama Bin Laden, der saudische Multimillionär und Topterrorist – und nicht der einzige islamische Topterrorist –, sowie ganz gewöhnliche islamische Fundamentalisten (von denen es eine Menge gibt) sehen in den USA den Hauptfeind der islamischen Lebensart. Leute wie Bin Laden finden immer Männer, die sich Dynamit um den Leib binden und sich mit einer US-Botschaft, einem Kriegsschiff, einem Flugzeug, das sie in einen New Yorker Wolkenkratzer steuern, in die Luft sprengen – in der Gewissheit, in das Paradies sexueller Freuden einzugehen, wo sie auf ewig jung bleiben und von wunderschönen jungen Frauen verwöhnt werden (wir sind in Kapitel 5 ausführlich darauf eingegangen).

Einige arabische Regierungen haben genug vom Krieg. Ägypten hat einen Friedensvertrag mit Israel unterzeichnet. Jordanien ist immer bereit, einen arabisch-israelischen Frieden zu stiften. Die Syrer hingegen bestehen auf der Rückgabe der Golanhöhen. Ein Drittel der israelischen Wasserversorgung kommt von dort. Wird Israel darauf vertrauen, dass Syrien den Hahn nicht zudreht?

Iraks Saddam Hussein war verständlicherweise ein Feind der Israelis, hatten diese doch im Juni 1981 eine irakische Anlage zur Herstellung von Atombomben zerstört. Die Möglichkeit, den Arabern mit dem Einsatz von Nuklearwaffen zu drohen, ist Israels Gewähr dafür, von seinen muslimischen Nachbarn in Ruhe gelassen zu werden. Deshalb wird es nie zulassen, dass ein islamischer Nachbarstaat Atomwaffen herstellt.

Saddam Hussein kam 1968 als Führer der Baath-Partei an die Macht (Baath bedeutet »Wiedergeburt«). Er war ein blutrünstiger Despot, der keinen Hehl aus seinem Ehrgeiz machte, die arabische Welt unter seiner Führung einen zu wollen. Das hatte schon Nasser vorgehabt, und auch er hatte es nicht geschafft. Die islamischen Staaten sind nicht wild auf einen Zusammenschluss, und schon gar nicht wollten sie ihn unter einem Despoten wie Saddam Hussein.

1972 verstaatlichte er die irakische Ölindustrie. Die Ayatollahs, die 1979 im Iran die Macht übernahmen, wollten mit Saddam nichts zu tun haben: Seine religiöse Haltung war ihnen zu lasch. Ihren Umsturzplänen kam Saddam zuvor – er besetzte die iranischen Ölfelder.

Nach acht Jahren Krieg waren die Streitkräfte beider Staaten wieder am Ausgangspunkt angelangt. Die Amerikaner stützten Saddams Regime, das sie dem iranischen vorzogen: Radikalislamische Studenten hatten die US-Botschaft in Teheran besetzt und fast 70 Botschaftsangestellte als Geiseln genommen, um die Auslieferung des Schahs zu erpressen. Später war es die UdSSR, die Saddam mit Panzern, Raketen und anderen Waffen belieferte.

1990 besetzte Saddam das kleine Kuwait, das über reiche Ölvorkommen verfügt. Eine mit einem UN-Mandat ausgestattete Koalitionsarmee unter amerikanischem Oberbefehl vernichtete die irakischen Streitkräfte. US-Präsident George Bush senior verkündete am 28. Februar 1991 einen Waffenstillstand. Saddam Hussein blieb an der Macht.

Warum sind die Amerikaner, die 540 000 Mann stationiert hatten, nicht im Irak einmarschiert und haben den Diktator schon damals gestürzt? Ein Grund war der, dass man keine weiteren Verluste riskieren wollte. Aufseiten der USA waren 281 Soldaten gefallen, 458 verwundet worden. Die Bilanz auf irakischer Seite: 100 000 Gefallene, 300 000 Verwundete, 150 000 waren desertiert, 60 000 gefangen genommen worden; die Angaben hinsichtlich der Zahl der Opfer unter der Zivilbevölkerung schwanken.

Könige, Emire und Scheichs der Region beobachteten Saddams Expansionsdrang (auf ihre Kosten) mit Argwohn, doch ihre Untertanen hegten eine gewisse Sympathie, ja sogar Bewunderung für ihn. Saddam überstand den Krieg und ein UN-Embargo; er führte die UN-Waffeninspektoren im Irak an der Nase herum und blieb trotz erneuter US-Luftbombardements 1998 und 2001 an der Macht. Mit einem Wort: Er wurde zum Vorbild für jeden islamischen Gläubigen, der in den USA die treibende Kraft hinter der Globalisierung, den Feind der islamischen Kultur, sieht.

Es schien den Durchschnittsmuslim nicht zu stören, dass Saddam ein despotischer Alleinherrscher war. Im Islam ist kein Platz für ein westlich-demokratisches Weltbild. Die Islamistenführer sind nie Demokraten gewesen. Zunächst, vom 7. Jahrhundert an, waren sie Kalifen, Nachfolger des Propheten Mohammed, und als solche geistliche und weltliche Führer der Muslime. Das Kalifat wurde von den Arabern an die Türken weitergereicht und erst 1924 abgeschafft. Obwohl eine Republik mit einem Parlament, wurde die Türkei von militärischen Machthabern, wie die ersten Kalifen sie waren, regiert. Der Versuch, dem türkischen Staat ein säkulares, westliches Gepräge zu geben, scheint zum Scheitern verurteilt: Die islamischen Fundamentalisten gewinnen an Einfluss.

In absehbarer Zukunft wird der islamische Fundamentalismus sicher nicht abklingen. Die Muslime fühlen sich vom reichen, demokratischen, modernen Westen verachtet und suchen Trost in den Lehren des Islam, die unter anderem jedem, der im Kampf gegen die vermeintlich Ungläubigen stirbt, Eingang ins Paradies verheißen. Die ärmeren muslimischen Schichten im Mittleren und Nahen Osten werden mit palästinensischer Propaganda überflutet, in der sogar die alte Verleumdung von einem Plan zur Errichtung der jüdischen Weltherrschaft wieder aufgegriffen wird. Diese so genannten Protokolle der Weisen von Zion sind nachweislich eine Fälschung und dienten wiederholt zur Begründung von antisemitischen Maßnahmen.

Ein Großteil der Bevölkerung armer Länder sind Muslime. Sie haben offensichtlich das Gefühl, dass sie dem reichen Westen gleichgültig sind und dass dieser den armen Muslimen Land wegnahm, um es den Juden zu geben. Diese Muslime sind aufmerksame Zuhörer der Mullahs, die ihre Macht und ihren Einfluss einbüßen würden, wenn ihre Schäfchen sich von ihrer Religion abwendeten. (Im Mittelalter kämpften die »Mullahs« der katholischen und orthodoxen Kirchen mit der gleichen Verbissenheit um den Erhalt ihrer Autorität.) Osama Bin Laden sprach genau diese Gefühle an, als er die amerikanischen Angriffe auf Afghanistan 2001 einen Krieg zwischen Gläubigen und Ungläubigen nannte. Der französische Staatspräsident

Jacques Chirac sagte am 15. Oktober 2001, man könne nicht von einem ideologischen Konflikt zwischen dem säkularen Westen und den islamischen Staaten sprechen. Warten wir es ab. Sollte es aber zu einem solchen Konflikt kommen, dann wird er nicht zuletzt auf den Groll der Muslime über den Verlust ihres früheren Einflusses (den Europäer und Amerikaner zu verantworten haben) und auf die Tatsache zurückzuführen sein, dass der Westen seinen Wohlstand auf dem Öl aufbaute, das er zu lächerlich niedrigen Preisen von islamischen Staaten kaufte.

Hätten die USA im 20. Jahrhundert ihre Beziehungen zu schwächeren, ärmeren Ländern, insbesondere jenen im Osten, anders, besser gestalten können? Keine der Kernfragen im Ost-West-Konflikt, die sich nach dem Zweiten Weltkrieg stellten, ist geklärt worden. Das hat in der Vergangenheit aber auch keine andere Nation geschafft, weder das Britische noch das Deutsche Reich, weder das Österreichisch-Ungarische noch das Russische. Weder das Osmanische noch das Byzantinische oder das Römische Reich. Weder die Babylonier noch die Assyrer oder die Perser. Auch nicht die Ägypter. Das Scheitern der USA ist deshalb so offenkundig geworden, weil die ganze Welt Zeuge wurde – durch die Medien. Für manche Menschen stellen die multinationalen Konzerne eine Bedrohung dar, weil sie sich arrogant über den Willen des Volkes hinwegzusetzen scheinen. Das mag wohl stimmen, aber die schwerreichen Manager, die diese Unternehmen leiten, unterscheiden sich in nichts von den skrupellosen Großkapitalisten, Großgrundbesitzern und anderen großen Akquisitoren früherer Jahrhunderte.

Werden die USA den Terrorismus besiegen? Zukunftsprognosen gehören nicht zu den Aufgaben des Historikers. Um eine künftige Entwicklung einschätzen zu können, sollte man einen Blick auf die Vergangenheit werfen und sich dann gewisse Fragen stellen.

Es ist den USA nicht gelungen, die Drogeneinfuhr in die Staaten und die Überflutung des amerikanischen Marktes mit Kokain, Heroin und Crack zu unterbinden.

Die INS (Immigration and Naturalization Service, die Einwanderungsbehörde) schätzt die Zahl der illegalen Einwanderer in den USA auf sechs Millionen.

Wenn es nicht gelungen ist, die Grenzen für illegale Einwanderer und Drogenhändler dichtzumachen, wie sollen dann Terroristen an der Einreise ins Land gehindert werden, wo sie jahrelang ein unauffälliges Leben führen, ehe sie sich in menschliche Bomben verwandeln?

Andererseits sind Terroristen lediglich die moderne, technisch hochgerüstete Version der Piraten und Postkutschenräuber früherer Zeiten. Noch hat jeder Staat diese Verbrecher überlebt. 356 v. Chr. wurde das Artemision in Ephesos, eines der Sieben Weltwunder, von Herostratos niedergebrannt. Der Tempel wurde wieder aufgebaut. 1871 steckten die Aufständischen der Pariser Kommune den Tuilerienpalast in Brand. Er wurde wieder aufgebaut. Was die Terroristen am 11. September 2001 zerstört haben, wird wieder aufgebaut werden – das lässt sich mit Sicherheit voraussagen.

NACHWORT

Im 5. Jahrhundert v. Chr. stellte der bedeutende griechische Geschichtsschreiber Thukydides fest, es liege in der Natur des Menschen, in der Zukunft genauso zu handeln wie in der Vergangenheit.[1] Haben die letzten 2 500 Jahre bewiesen, dass er Recht hat?

Wir haben in diesem Buch die Konflikte zwischen der Gesellschaft und den großen Akquisitoren untersucht, wobei Erstere Regeln aufstellt, um Letzteren Einhalt zu gebieten. Neun solcher Regelwerke haben wir uns näher angesehen, nämlich jene von Moses, Solon, Platon, Jesus, Laotse, Konfuzius, den Brahmanen, Buddha und Mohammed. Haben ihre Leitlinien Wirkung gezeigt? Haben sie dazu beigetragen, dass humane Eigenschaften wie Mitgefühl, Nachsicht, Toleranz und Respekt für andere heute häufiger anzutreffen sind als in unserer blutrünstigen, von Habgier und Expansionsdrang bestimmten Vergangenheit?

Bei der Antwort auf diese Frage müssen zwei Aspekte berücksichtigt werden: die Beziehung des Staatsbürgers zu seinem Staat und dessen Beziehungen zu anderen Staaten.

Was Ersteres betrifft, so haben die demokratischen Prinzipien Solons in einigen fortschrittlichen Staaten zur Verbesserung der Situation des Einzelnen beigetragen. Mitgefühl und Toleranz sind durch eine entsprechende Gesetzgebung in die Praxis umgesetzt worden. Respekt für andere wird durch die

Rechtsprechung gewährleistet. Doch selbst in fortschrittlichen Staaten herrscht, auch bei gleicher körperlicher und geistiger Qualifikation, keine Chancengleichheit. Herkunft, Hautfarbe, eingeschränkte Rechte können Nachteile sein, ererbter Wohlstand oder gutes Aussehen dagegen Vorteile. In nichtdemokratischen Staaten gestaltet sich die Situation für die Menschen noch schwieriger, insbesondere dann, wenn sie gegen die staatliche Autorität oder Doktrin opponieren.

Was die zwischenstaatlichen Beziehungen anbelangt – dazu gehören auch bewaffnete Konflikte –, so gaben die bedeutenden Lehrer – oder jene, die sich als ihre Vertreter betrachten – nur wenige Regeln vor.

Für Jesus waren alle Menschen gleich, ungeachtet ihrer Volkszugehörigkeit. Er sagte, wir sollten unsere Feinde lieben, was Krieg ausschließen würde. Die in seinem Namen gegründeten Kirchen haben jedoch nie etwas zur Vermeidung kriegerischer Auseinandersetzungen getan.

Buddha, der ebenfalls alle Menschen als gleich ansah, sprach sich gegen Krieg aus. Dennoch – um nur ein Beispiel zu nennen – gelang den Japanern, einer kämpferischen Nation, die Verschmelzung von Buddhismus und ihrer traditionellen, von kriegerischen Elementen geprägten Religion, dem Schintoismus.

Laotse sagte, Beziehungen zwischen einzelnen Staaten sollten vermieden werden. Nichtsdestoweniger musste es zu seiner Zeit Kriege gegeben haben: Die herrschende Han-Dynastie unterwarf andere ethnische Gruppen und lehrte sie ihre Schrift. So kommt es, dass die Chinesen zwar eine gemeinsame geschriebene Sprache haben, das einzelne Wort aber auf mindestens 17 verschiedene Arten ausgesprochen wird.

Konfuzius würde Krieg als etwas angesehen haben, das dem reibungslosen Ablauf des Staatsapparats hinderlich ist. Als hoher Beamter indes würde er die Streitkräfte äußerst kompetent verwaltet haben.

Solon, der in seinem Regelwerk nicht auf zwischenstaatliche Beziehungen einging, akzeptierte Krieg. Er drängte zum Beispiel auf die Eroberung der Insel Salamis. Der Staat werde für die Kinder sorgen, deren Väter im Krieg gefallen seien, sagte er.

Platon ging noch weiter: Er schuf eine Soldatenkaste, genau wie später der Brahmanismus.

Moses ging sogar noch ein Stück weiter. Er befahl dem Volk Israel, das Land zu erobern, das Abraham von Gott versprochen worden war. Die Vorstellung vom Dschihad, dem heiligen, von Gott gebilligten Krieg, taucht also zum ersten Mal im Alten Testament auf.

Der Islam schlug die gleiche Richtung ein. Er ist eindeutig eine Religion, die Kampf und Krieg befürwortet. Mohammed sagte aber auch, dass jeder, der bereit sei, sich zum Islam zu bekehren, verschont werden müsse.

Es hat immer wieder Versuche gegeben, die zwischenstaatlichen Beziehungen zu regeln und den Krieg abzuschaffen – man denke nur an den Völkerbund nach dem Ersten und an die Gründung der Vereinten Nationen nach dem Zweiten Weltkrieg. Letztere haben mit Hilfsprojekten für Kinder, für Hungernde sowie im Kampf gegen Krankheiten Beachtliches geleistet. Die Beziehungen zwischen Staaten wurden dadurch jedoch nicht verbessert und Kriege gibt es nach wie vor. Die UNO dient bestenfalls als Wahrer einer Pattsituation.

Einen kleinen Hoffnungsschimmer gibt es dennoch. Die Europäische Union, selbst ein kollektiver großer Akquisitor, der ärmere Länder durch radikale Importbeschränkungen an der wirtschaftlichen Gesundung hindern kann, hat erkannt, wie notwendig es ist, uralte Feindschaften zu begraben. Jahrhundertelang fielen ihre Mitgliedsstaaten übereinander her, was unter anderem zu zwei Weltkriegen führte. Mittlerweile haben sie ihre Lektion gelernt – und möglicherweise eine Lösung gefunden.

Vielleicht ist diese Lösung zukunftweisend.

ANHANG

Eine ernüchternde Chronologie

Kriege zwischen 1469 und 1679 (siehe Kapitel 10); die mit einem * bezeichneten Kriege fanden alle im Verlauf des Dreißigjährigen Kriegs 1618–1648 statt.

1469–1502	England gegen Schottland und Frankreich
1481–1512	Osmanische Vorstöße auf den Balkan
1494	Spanien gegen Portugal
1494–1498	Einmarsch der Franzosen in Italien
1497–1499	Polens Krieg gegen das Fürstentum Moldau
1499–1500	Einmarsch der Franzosen in Italien
1500–1523	Dänemark gegen Schweden und Norwegen
1500–1501	Einmarsch der Franzosen in Italien
1500–1513	Polen gegen Russland
1502–1503	Spanien gegen Frankreich
1502–1503	Einmarsch der Franzosen in Italien
1508–1510	Einmarsch der Franzosen in Italien
1511–1515	Einmarsch der Franzosen in Italien
1511–1543	England gegen Schottland und Frankreich
1512–1518	England gegen Frankreich
1521–1525	Frankreich gegen Österreich
1521–1547	Osmanisches Reich gegen Österreich
1522–1525	England gegen Frankreich
1526–1529	Frankreich gegen Österreich
1536–1538	Frankreich gegen Österreich
1542–1544	Frankreich gegen Österreich
1544–1546	England gegen Frankreich
1547–1551	Deutsche Religionskriege
1551–1562	Osmanisches Reich gegen Österreich

1555–1559	Frankreich gegen Österreich
1557–1564	England gegen Frankreich
1560–1592	Schweden gegen Russland
1561–1569	Polen gegen Russland
1562–1563	Spanien gegen Nordafrika
1562–1563	Französische Religionskriege
1563–1570	Schweden gegen Dänemark
1564–1630	England gegen Frankreich
1564–1630	England gegen Spanien
1566–1648	Spanien gegen die Niederlande
1567–1568	Französische Religionskriege
1568–1570	Französische Religionskriege
1569–1572	Osmanisches Reich gegen Venedig und christliche Staaten
1571	Osmanisches Reich gegen Spanien und Venedig (Seesieg Venedigs bei Lepanto)
1572–1573	Französische Religionskriege
1573–1581	Osmanisches Reich gegen Österreich
1574–1576	Französische Religionskriege
1577–1582	Polen gegen Russland
1577	Französische Religionskriege
1580	Französische Religionskriege
1585–1587	England gegen die Spanischen Niederlande
1587–1589	Französische Religionskriege
1588	Spanien gegen England (Untergang der spanischen Armada)
1589–1598	Französische Religionskriege
1598–1599	Spanien gegen Frankreich
1598–1603	Englisch-irische Kriege
1598–1611	Schweden gegen Polen
1610–1619	Polen gegen Russland
1611–1613	Schweden gegen Dänemark
1614–1617	Schweden gegen Russland
1617–1629	Schweden gegen Polen
1618–1623	Böhmische Kriege*
1620–1621	Polen gegen das Osmanische Reich
1622–1623	Französische Religionskriege
1622–1626	Spanien gegen Frankreich
1624–1629	Dänische Kriege*
1627–1630	England gegen Frankreich
1627–1631	Spanien gegen Frankreich
1627–1629	Französische Religionskriege
1630–1635	Teilnahme Schwedens am 30-jährigen Krieg*
1632–1634	Polen gegen Russland
1635–1648	Teilnahme Frankreichs am 30-jährigen Krieg*

1642–1646	Englischer Bürgerkrieg
1644–1646	Eingreifen Schottlands im englischen Bürgerkrieg
1647–1651	Eingreifen Schottlands im englischen Bürgerkrieg
1648–1649	Osmanisches Reich gegen Venedig und christliche Staaten
1648–1659	Spanien gegen Frankreich
1651–1654	Englisch-irische Kriege
1652–1654	Englisch-niederländischer Krieg
1654–1667	Polen gegen Russland
1655–1660	Schweden gegen Polen
1657–1660	Schweden gegen Dänemark
1664–1667	Englisch-niederländischer Krieg
1671–1676	Polen gegen das Osmanische Reich
1672–1674	Englisch-niederländischer Krieg
1675–1679	Schweden gegen Dänemark

ANMERKUNGEN UND QUELLEN

Kapitel 1

1 2. Buch Mose (Exodus) 20,1-17; 5. Buch Mose (Deuteronomium) 5, 1-21.
2 3. Buch Mose (Leviticus) 18. Anstatt das Wort für »Genitalien« zu benutzen, gebrauchen die Übersetzer der Septuaginta die verhüllende Bezeichnung *aschemosyne*.
3 5. Buch Mose (Deuteronomium) 20,13.
4 3. Buch Mose (Leviticus) 25,17.
5 *Ebd.*, 25,28.
6 4. Buch Mose (Numeri) 16,31.
7 2. Buch Mose (Exodus) 32,25-8.
8 Buch Jesaja 3,14-15; 5,8; 10,2.
9 4. Buch Mose (Numeri) 31.
10 3. Buch Mose (Leviticus) 19,18.
11 4. Buch Mose (Numeri) 31,7-18.
12 Buch Josua 8,25.
13 1. Buch Mose (Genesis) 12,7.
14 Pharao Amenophis IV. (ca. 1352-1336 v. Chr.), der Gemahl von Nofretete, der sich auch Echnaton nannte, versuchte den Monotheismus in Ägypten einzuführen, scheiterte jedoch am Widerstand der Priester, die ein wirtschaftliches Interesse an den beliebten Festen zu Ehren ihrer Götter hatten.

Kapitel 2

1 Burnet, John, *Greek Philosophy*, London 1914. Burnet fügt hinzu, von den östlichen Völkern könnten sich lediglich die Inder in den Bereichen Naturwissenschaft und Philosophie mit den Griechen messen. Dennoch, so Burnet weiter, seien die ersten philosophischen oder ma-

thematischen Werke erst entstanden, nachdem Alexander der Große im 4. Jh. v. Chr. die griechischen Lehren nach Indien gebracht hatte.
2 Homer z.B. *Ilias*, Buch XXI, Verse 383, 400, 424. Hesiod z.B. *Theogonia*, 166, 736.
3 Siehe Aristoteles, *Der Staat der Athener*, Stuttgart 1993.
4 Die folgenden Abschnitte sind im Wesentlichen eine komprimierte Fassung aus Plutarch, *Große Griechen und Römer: Solon*, Zürich. Auch in: *Plutarchs ausgewählte Biografien*, Stuttgart 1857–1862.
5 Siehe Aristoteles, *Der Staat der Athener*. Ob Athens Handelspartner wohl von der Abwertung der Währung wussten? Ich habe noch keine historischen Belege dafür gefunden.
6 Griechische Demokratie wird ausführlich diskutiert in: W. G. Forrest, *The Emergence of Greek Democracy*, New York 1966.

Kapitel 3

1 Paul Shorey, *Plato. The Republic*, Cambridge, Massachusetts 1963.
2 Im 8. Kapitel bezeichnet Augustinus Platon als den bedeutendsten Philosophen und als jenen, der dem Christentum am nächsten stehe.
3 Bertrand Russell, *Philosophie des Abendlandes*, Zürich 1975/München 1997. In katholischen Philosophenkreisen gibt es erbitterte Kontroversen über die unterschiedlichen Auffassungen von Platon und Aristoteles und somit auch von Augustinus und Thomas von Aquin.
4 Gilbert Ryle, *New Essays on Plato and Aristotle*, New York 1965, S. 7.
5 Karl Raimund Popper schreibt: »Aristoteles werde ich mich nur insofern widmen, als seine Weiterentwicklung von Platons Lehre des Essenziellen in Hegels Historizismus und damit auch in jenem von Marx nachwirkt.« *The Open Society and Its Enemies*, Princeton, University Press 1966, Bd. 2, S. 1. (dt.: *Die offene Gesellschaft und ihre Feinde*, Tübingen 1992).
6 Popper, ebd., Bd. 1, S. 54.
7 Während Aristophanes, ein Zeitgenosse Sokrates', sich in seinen Komödien über diesen lustig machte, zeichnete der Schriftsteller Xenophon, ebenfalls ein Schüler von Sokrates, Erinnerungen an seinen Lehrer auf. In *Philosophie des Abendlandes* bemerkt Bertrand Russell, dass man Xenophons Aussagen für wahr zu halten pflege, weil er nicht schlau genug sei, so etwas zu erfinden. Dieses Argument sei jedoch nicht stichhaltig. Die Wiedergabe einer klugen Rede durch einen Dummen könne niemals exakt sein, weil der Dumme das Gehörte unbewusst in Worte übertrage, die ihm verständlich wären.
8 Platon, *Apologie des Sokrates. Kriton*, Stuttgart 1987, S 23.
9 Platon, *Apologie des Sokrates*, S. 38.

10 Paul Shorey, a.a.O., S. xxxvii. Perikles leitete vor Ausbruch des Peloponnesischen Krieges viele Jahre die Geschicke Athens. Er wird von den meisten bedeutenden Historikern als Musterbeispiel eines demokratischen Führers betrachtet. 15 Jahre lang wurde er jährlich wieder gewählt. Zu seinen Leistungen gehört z.B. ein Bauprogramm, das entlassene Seeleute und Seesoldaten beschäftigte – so entstand u.a. der Parthenon. Perikles wusste auch, wann es Zeit war, Kompromisse einzugehen – er tauschte sogar Land gegen Frieden.
11 416 v. Chr. griff Athen die kleine Insel Melos an, die sich ihre Neutralität bewahren wollte. Die Männer wurden getötet, die Frauen und Kinder versklavt. Euripides thematisierte die Brutalität der athenischen Streitkräfte in seinem Drama *Die Troerinnen*, das angeblich von der Plünderung Trojas handelte. Doch er konnte niemanden damit täuschen. Als einige Athener damit drohten, ihn zu lynchen, verließ er die Stadt.
12 Siehe Platon, *Der Staat*, Stuttgart 1958, 1982.
13 Im Internet wird in verschiedenen Foren die Frage diskutiert, ob Platon ein Verfechter der Gleichberechtigung war.
14 Platon, *Der Staat*, a.a.O., S. 258.
15 Ebd., 8. Buch. (Text ist eine Zusammenfassung mehrerer Abschnitte)
16 Paul Shorey, a.a.O., S. xxxv.
17 Popper, a.a.O., S. 7.

Kapitel 4

1 Matthäus 10,33.
2 Lukas 23,34.
3 Die ersten Evangelien sind auf die Zeit von 44 bis 55 n. Chr. datiert. Andere Datierungen stammen aus den Jahren 45 bis 90 n. Chr.
4 Matthäus 19,24.
5 Will Durant, *The Story of Civilization*, Bd. 3, S. 566 (dt.: *Kulturgeschichte der Menschheit*, Ullstein 1981).
6 Markus 12,17.
7 Jesaja 61,1-7.
8 Ebd. 2,4.
9 Ebd. 11,6.
10 Ebd. 7,14. Es wäre falsch, Jesajas Worte in der Septuaginta dahingehend zu interpretieren, dass eine Jungfrau ohne Befruchtung durch einen Mann schwanger werden könne. Der im Originaltext verwendete Ausdruck ist lediglich eine andere Bezeichnung für »schwanger werden«.
11 Ebd. 53,4-5.
12 Durant, op.cit., Bd. 3, S. 575.
13 Paulus, Brief an die Hebräer, 11,1

Kapitel 5

1. Im Internet kann man z.B. über die Suchmaschine Google die aktuellen Zahlen über die Verbreitung der Weltreligionen abrufen.
2. Jean Antoine Dubois, *Leben und Riten der Inder. Kastenwesen und Hinduglaube in Südindien um 1800*, Bielefeld 2002.
3. Weiterführende Literatur über den Hinduismus und das Kastenwesen findet man im Internet z.B. über die Suchmaschine Google.
4. Eine Übersetzung der *Bhagavadgita* samt Glossar, Links usw. findet man im Internet z.B. unter www.bhagavadgita.de.vu/. Der Text entstand irgendwann zwischen dem 5. Jh. v. Chr. und dem 2. Jh. n. Chr.
5. John Stackhouse, *Out of Poverty and Into Something More Comfortable*, Toronto 2000.
6. Im Internet lassen sich z.B. über die Suchmaschine Google Übersetzungen der Lehren Buddhas finden. Der Buddhismus hat zwar verschiedene Sonderformen mit eigenen philosophischen und ethischen Anschauungen, aber manche Schriften werden von Buddhisten aller Richtungen anerkannt.
7. Sarvepali Radhakrishnan, *Indian Philosophy*, Bd. 1, S. 275 (dt.: *Indische Philosophie*, 1955-56).
8. Jesus drückte es folgendermaßen aus: »So gebet dem Kaiser, was des Kaisers ist, und Gott, was Gottes ist!« (Matthäus 22,21) Mit anderen Worten, man muss die herrschende Macht hinnehmen, und man sollte sich so verhalten, wie Gott es wünscht.
9. James Legge, *The Sacred Books of China: The texts of Taoism.* Oxford University Press, London 1927, Bd. 1, xlix, 2; lxi, 2.
10. Konfuzius, *Gespräche*. Reclam, Stuttgart 1998, S. 51.
11. James Legge, *The Life and Teachings of Confucius.* The Clarendon Press, London 1895, S. 266.
12. Konfuzius, op.cit., S. 13.
13. Ebd., S. 132.
14. Ebd., S. 110.
15. Ebd., S. 71.
16. Ebd., S. 94.
17. Ebd., S. 36.
18. *Der Koran*. Vollständige Ausgabe, Wilhelm Heyne Verlag, München 1992
19. Der englische Autor William Muir berichtet in *The Caliphate, Its Rise and Fall* (London, 1892), dass Omar I. geflickte Kleidung trug, als er vor Jerusalem zu seinen siegreichen Truppen stieß. Als er sah, dass seine Heerführer kostbare Gewänder trugen, bewarf er sie mit Sand und Steinen und machte ihnen Vorwürfe wegen ihrer Prunksucht. Die puritanische Einstellung von Abu Bekr und Omar I. war eher die Ausnahme als die Regel.

Kapitel 6

1 Der Apostel Paulus wurde als Saul in Tarsus geboren, der Heimat bedeutender griechischer stoischer Philosophen. Tarsus hatte über 200 Jahre lang zu einem hellenistischen Reich gehört. Paulus sprach also so gut Griechisch, dass er in Athen öffentliche Reden halten konnte. Ptolemaios II. Philadelphos aus der makedonischen Dynastie, die seit Alexander dem Großen Ägypten beherrschte, ließ die jüdischen Heiligen Schriften ins Griechische übertragen – seine jüdischen Untertanen sprachen zu jener Zeit nur Griechisch.
2 siehe Will Durant, Story of Civilization, S. 368.
3 Nach *Suetonius*. Wilhelm Heinemann, London 1920, Bd. 1, S. 405-497.

Kapitel 7

1 Edward Gibbon, *The Decline and Fall of the Roman Empire*, The Great Books. Encyclopaedia Britannica Inc., New York 1952, Bd. 40, S. 651 (dt.: *Verfall und Untergang des Römischen Reiches*, hrsg. Dero A. Saunders, Nördlingen 1987).
2 Gibbon, a.a.O., S. 649.
3 Der Presbyter Arius (um 280–336) und seine Anhänger waren Christen, lehnten aber die Wesenseinheit Christi mit Gott dem Vater ab.
4 Prokop, *The Secret History*, Michigan 1961 (dt: *Die Anékdota des Prokopios. Geheimgeschichte einer Tyrannis*, Wien ca. 1947). Der Autor hat den Text paraphrasiert und die Auszüge anders angeordnet als die Reihenfolge des Originaltextes.
5 Gibbon, a.a.O., S. 895.
6 Gibbon, a.a.O., S. 658f.

Kapitel 8

1 Gregor von Tours, *The History of the Franks*, Oxford 1927, S. ii, 42; ii, 43; iii, 3; iii, 7; iii, 8; iii, 18; v, 14, 18; vi, 35; x, 3 (dt: *Frankengeschichte*). Der Autor hat den Text paraphrasiert und die Auszüge anders angeordnet als die Reihenfolge des Originaltextes.
2 Gregor von Tours, a.a.O., S. v, 20.
3 Norman Davies, *Europe*, London 1997, S. 253.
4 Ibn Abd-el-Hakem, *History of the Conquest of Spain,* Göttingen 1885, S. 21f.

5 Al Maggari, *Tarik's Address to His Soldiers* (711 n. Chr.) aus: *The Breath of Perfumes* in: Charles F. Horne, Hrsg., *The Sacred Books and Early Literature of the East*, New York 1917, S.241f.
6 Das Heilige Römische Reich wurde im 9. Jh. vom Frankenkönig Karl I., dem Großen, der in Rom zum Kaiser gekrönt wurde, geschaffen. Die Einheit Westeuropas war eine Voraussetzung für die Unabhängigkeit von Byzanz.

Kapitel 9

1 August C. Krey, *The First Crusade: The Accounts of Eyewitnesses and Participants*, Princeton 1921, S. 54ff.
2 Ebd., S. 257-262.
3 Den Wortlaut des päpstlichen Aufrufs kann man nachlesen bei Gibbon, S. 738, Anm. 26.
4 siehe Durant, *The Story of Civilization*, Bd. 4, S. 602. Der Templerorden war ein geistlicher Ritterorden, der an den Kreuzzügen teilgenommen hatte. In Cîteaux befindet sich das Mutterkloster der Zisterzienser, die nach der Benediktinerregel leben und Armut und Schweigen gelobt haben.
5 Villehardouin, *Memoirs, The Fourth Crusade*. J. M. Dent, London 1908 (dt.: *Chroniken des Vierten Kreuzzugs. Die Augenzeugenberichte von Geoffroy de Villehardouin und Robert de Clari*, Pfaffenweiler 1998). Villehardouin leitete die Verhandlungen mit den Venezianern zur Vorbereitung des vierten Kreuzzugs. Den Originalwortlaut von Dandolos Forderungen findet man in Gibbon, a.a.O., S. 739, Anm. 40.
6 Villehardouin, a.a.O., S. 16.
7 Ebd., S. 20f.
8 Ebd., S. 21
9 Ebd.
10 Ebd. S.26f.
11 Ebd. S. 24. Villehardouins Erinnerungen stimmen weitgehend mit den Aufzeichnungen von Robert de Clari überein, ebenfalls Augenzeuge und Chronist des vierten Kreuzzugs.
12 vgl. Robert de Clari in: *Chroniken des Vierten Kreuzzugs*, a.a.O.
13 Villehardouin, a.a.O., S. 20ff.
14 Ebd., ab S. 32
15 vgl. Robert de Clari, a.a.O.
16 Ebd.
17 siehe Villehardouin, a.a.O., S. 54-63

[18] nach: Niketas Choniates, *Chronike diegesis* (mit Anhang *De signis* über die 1204 zerstörten Kunstschätze). Eine reichhaltige Sammlung von Texten aus dieser Zeit kann man im *Internet Medieval Source Book* finden; die meisten Texte wurden ins Englische übersetzt. Eine deutsche Teilübersetzung ist: *Die Kreuzfahrer erobern Konstantinopel.*, Graz 1958.

[19] aus dem *Internet Medieval Source Book*: Gunther de Pairis, *Historia Constantinopolitana*, Kap. xix, aus: Riant, *Exuviae*, 104ff.

[20] Papst Innozenz III., Epistel 136, *Patrologia Latina* 215, 669–702, ins Englische übersetzt von James Brundage in: *The Crusades: A Documentary History*, Milwaukee 1962, S. 208f.

[21] vgl. Durant, a.a.O., S. 549.

[22] Ebd., S. 427.

[23] Gibbon, a.a.O., S. 331.

Kapitel 10

[1] Der Abschnitt über den Hundertjährigen Krieg wurde, in stark komprimierter Form, aus folgenden drei Büchern übernommen: Clifford J. Rogers, *The Wars of Edward Three*, Rochester NY, 1999; J. J. N. Palmer, *Froissart, Historian*, Woodbridge/Suffolk 1981; Auguste Bailly, *La Guerre de Cent Ans*, Paris 1943.

[2] Die Quellen für diesen stark komprimierten Bericht sind: William Prescott, *History of the Conquest of Mexico and the Conquest of Peru*, New York 1935; John Hemming, *The Conquest of the Incas*, London 1970; Clements Markham, *A History of Peru*, New York 1968; Hugh Thomas, *Montezuma and the Fall of Old Mexico*, New York 1993.

[3] Jared Diamond, *Arm und Reich*, Frankfurt/Main 2000.

[4] Ebd.

Kapitel 11

[1] Meine Hauptquelle für Wycliffe ist John Stacey, *John Wyclif and Reform*, New York 1980.

[2] Komprimiert aus Franz Lützow, *The Life and Times of Master John Hus*, London 1909.

[3] Meine Quellen für diesen Abschnitt sind: Emmanuel Rodocanachi, *Histoire de Rome; le pontificat de Jules II, 1503–1513*, Paris 1928; ders., *La première renaissance; Rome au temps de Jules II et Léon X; La Cour pontificale; Les artistes et les gens de lettres; La ville et le peuple; Le sac de Rome en*

1527, Paris 1912; Christine Shaw, *Julius II, the Warrior Pope*, Oxford 1993; Clemente Fusero, *Giulio II.*, Mailand 1965.
4 Mit dem Begriff Simonie wird der Kauf oder Verkauf geistlicher Ämter bezeichnet. Geprägt wurde er nach einer Begebenheit in der Apostelgeschichte. Simon, der gesehen hatte, dass der Heilige Geist in jene fuhr, denen Petrus und Johannes die Hände auflegten, bat die Apostel, ihm auch diese Macht zu verleihen, und bot ihnen Geld dafür an. Da sagte Petrus zu ihm: »Dass du verdammt werdest mit deinem Gelde, darum dass du meinst, Gottes Gabe werde durch Geld erlangt!« (Apostelgeschichte 8, 20)
5 Meine Quellen zu Luther und Calvin sind: Ronald Wallace, *Calvin, Geneva and the Reformation*, Grand Rapids/Michigan, 1988; James G. Kiecker, *Martin Luther and the Long Reformation*, Milwaukee 1992; Charles Beard, *Martin Luther and the Reformation in Germany until the Close of the Diet of Worms*, London 1896; David Curtis Steinmetz, *Luther in Context*, Grand Rapids/Michigan 1995; *Calvin's Theology, Theology Proper, Eschatology*, hrsg. von Richard C. Gamble, New York 1992; Randall C. Zachman, *The Assurance of Faith; Conscience in the Theology of Martin Luther and John Calvin*, Minneapolis 1993.
6 Wer mehr über die Calvinisten in Amerika wissen möchte, dem seien folgende Werke empfohlen: T. H. Breen, *The Character of the Good Ruler. A Study of Puritan Political Ideas in New England 1630–1730*, New York 1974; Jon Butler, *The Huguenots in America*, Cambridge/Mass. 1992.
7 Die folgende Schilderung des Massakers basiert auf: De Thou, *Histoire des choses arrivées de son temps*, Paris 1659, in: J. H. Robinson, *Readings in European History*, Boston 1906.
8 Hier eine Auswahl von Werken über Heinrich IV., den die Franzosen zu Recht »den Großen« nennen: Henry M. Baird, *The Huguenots and Henri of Navarre*, New York 1970; François Bayrou, *Le roi libre*. Flammarion, Paris 1994; Jean Pierre Babelon, *Henri IV.*, Paris 1982. Ferner der Anfang von Michael Carmonas *Richelieu*, Paris 1983.
9 Norman Davies, *Europe*, London 1997, S. 539.
10 Dr. Alfred Kinsey, Autor von *Sexual Behaviour in the Human Female* (Philadelphia 1953, dt.: *Das sexuelle Verhalten der Frau*, Frankfurt am Main 1965), soll einmal gesagt haben, Mannstollheit oder Nymphomanie bedeute nichts anderes als: »Sie hat öfter Sex als ich.«

Kapitel 12

1 Auch hier fasse ich den Inhalt mehrerer Werke zusammen, und zwar: Ronald G. Asch, *The Thirty Years War: the Holy Roman Empire and Eu-*

rope 1618-1648, New York 1997; *The Thirty Years War*, hrsg. von Geoffrey Parker, New York 1993; Sir Edward Cust, *Lives of the Warriors of the Thirty Years's War*, Freeport/New York 1972.

2 Für weitere Informationen über den Expansionsdrang der Europäer siehe Mary Evelyn Townsend, *European Economic Expansion since 1871*, Chicago 1941; A. Supan, *Die territoriale Entwicklung der europäischen Kolonien*, Gotha 1906.

3 John Strachey, *The End of Empire*, New York 1964.

4 Francis Jennings, *Through Revolution to Empire*, New York 2000.

5 Zitiert nach: Erwin Helms, *USA – Staat und Gesellschaft*. Edition Zeitgeschehen, Hannover 1969.

6 Ähnliche Konzeptionen waren bereits von Hobbes, Hume, Locke, Voltaire, Rousseau, Montesquieu entworfen, aber nie in die Praxis umgesetzt worden. Die 13 Kolonien benutzten sie, um die mächtigste Regierung der Welt herauszufordern.

7 Helms, a.a.O.

8 Einige hätten Washington sogar gern als König gesehen, doch das lehnte er mit Hinweis darauf ab, dass alle Macht vom Volk ausgehe und das Volk seinen Auftrag widerrufen könne. Vielleicht ist dies der bedeutendste Beitrag, den er für die Geschichte geleistet hat. Auch die Mitglieder des britischen Unterhauses akzeptierten zu Washingtons Zeit bereits die Absetzbarkeit ihrer Regierungsvertreter, doch der britische Premierminister war meist Angehöriger des Oberhauses, dessen Sitze vererbt wurden. Und der König war noch immer unabsetzbar. Der Untertan der britischen Krone lebte in einer Klassengesellschaft von bedrückender Ungleichheit. Noch bevor sich die Vereinigten Staaten eine demokratische Verfassung gaben, wurde übrigens in der Schweiz eine Form der Demokratie mit Absetzbarkeit der gewählten Volksvertreter praktiziert.

9 Helms, a.a.O.

10 John W. Blassingame, *The Slave Community: Plantation Life in den Antebellum South*, New York 1979.

11 Bruce Catton, *This Hallowed Ground*, New York 1959, S. 15.

12 Ebd., S. 6.

Kapitel 13

1 Journalisten werden gern, in Anspielung auf ihren politischen Einfluss, als der »vierte Stand« bezeichnet, obwohl sie keine bestimmte Bevölkerungsschicht repräsentieren.

2 Die Guillotine war eine Erfindung des Arztes Joseph-Ignace Guillotin. Mit ihr sollten Hinrichtungen möglichst schmerzlos vollzogen werden

können. Und der Tod unter dem Fallbeil war tatsächlich humaner als der Tod durch Vierteilen, Erhängen oder Enthaupten, wobei der Henker manchmal mehrere Male mit dem Beil zuschlagen musste, bis der Kopf endlich abgetrennt war.

3 Es gab Gerüchte, denen zufolge der Junge nicht der Sohn Ludwigs XVI. war. Letzterem musste von seinem Arzt gezeigt werden, was er mit seiner jungen Frau im Bett zu machen hatte. Diese soll sich mit einem kräftigen schwedischen Kammerdiener getröstet haben. Und sie war angeblich nicht die Einzige: Auch der leibliche Vater von Prinz Albert, dem Gemahl der englischen Königin Victoria, soll ein schwedischer Kammerdiener gewesen sein. Deshalb stimmte Lord Melbourne, der britische Premierminister, der Ehe zwischen Königin Victoria und Prinz Albert zu. Als Pferdezüchter wusste Lord Melbourne, wie wichtig frisches Blut war – Königin Victoria soll nämlich einen verkümmerten linken Arm gehabt haben.

4 »*Surtout, Messieurs, pas trop de zèle*« – vor allem nicht zu großen Eifer zeigen, meine Herren, pflegte Talleyrand seinen jungen Untergebenen mit auf den Weg zu geben. Als einmal einer seiner Beamten bei einer Beförderung vor ihm niederkniete und sagte: »Monsieur le Prince, Ihr seid so gütig zu mir. Ich bin bisher nämlich vom Pech verfolgt worden«, entließ Talleyrand den Mann auf der Stelle. »Ich kann keine Leute gebrauchen, die vom Pech verfolgt werden«, meinte er.

5 Hier eine nicht verbürgte Geschichte, eheliche Rechte betreffend: Ein spanisches Kirchengericht habe im 13. Jh. entschieden, dass ein Mann innerhalb von 24 Stunden 27 Mal auf seinem ehelichen Recht bestehen könne, wurde Napoleon berichtet. Daraufhin soll dieser erwidert haben, was die Spanier könnten, könnten die Franzosen schon lange.

6 Nelson hatte seine Frau für Lady Emma Hamilton verlassen, die vor ihrer Heirat mit Lord Hamilton, dem britischen Gesandten in Neapel, eine Hure gewesen war. In einem Brief, den er hinterließ, hatte Nelson darum gebeten, England möge sich um seine »geliebte« Emma kümmern, falls er nicht zurückkehre. England kümmerte sich nicht um die Geliebte aber die skandalöse Liebesaffäre des Admirals mit einer verheirateten Frau schadete weder seiner Beliebtheit noch seiner gesellschaftlichen Stellung. Würden die heute in der US-Navy geltenden Vorschriften im damaligen England gegolten haben, wäre Nelson seines Postens enthoben worden und England hätte die Seeschlacht von Trafalgar vielleicht verloren. Und wenn ähnliche Vorschriften auf die Generäle Eisenhower und Patton angewendet worden wären, würden auch sie im Zweiten Weltkrieg ihre Befehlsgewalt verloren haben.

7 Mehr Informationen sind nachzulesen in: Trevor Nevitt Dupuy, *The Battle of Austerlitz; Napoleon's Greatest Victory*, New York 1968.

8 Claude-François Baron de Méneval, *Memoirs of Napoleon Bonaparte*, New York 1910. Méneval war Napoleons Privatsekretär.
9 Vgl. René Maury, *Napoleon wurde ermordet. Das Geheimnis von Sankt Helena*, Stuttgart 1996.

Kapitel 14

1 Im 20. Jh. vertrauen die Arbeiter Russlands und Chinas den bürgerlichen Gründern der Kommunistischen Parteien, die dann jedoch Diktaturen wie jene Stalins errichten.
2 Dieses auf einer gemeinsamen Sprache beruhende Streben nach nationaler Einheit führte teilweise zu extrem nationalistischen Positionen wie dem Nationalsozialismus, dem Faschismus und damit auch zu den Völkermorden des Zweiten Weltkriegs.
3 Erinnern wir uns: Auch Jesus sagte, es sei leichter, dass ein Kamel durch ein Nadelöhr gehe, als dass ein Reicher ins Reich Gottes komme. (Matthäus 19, 24)
4 Patriotismus sei die letzte Zuflucht des Schurken, sagte Samuel Johnson einmal (James Boswell, *Life of Samuel Johnson LLD*).
5 Adam Hoschschild, *King Leopold's Ghost*, New York 1998.
6 Michael Sadler, *Hansard's Parliamentary Debates*, 8. März 1819. New Series, Bd. 39, S. 901. Lord Ashleys *Mines Commission of 1842*. Parliamentary Papers, 1842, Bd. XV–XVII, Anhang I, S. 252, 258, 439, 461; Anhang II, S. 107, 122, 205. Chadwicks *Inquiry into the Sanitary Conditions of the Labouring Population of Great Britain*, London 1842, S. 369–372.
7 Wer sich eingehend mit Spencers Lehren befassen möchte, dem sei folgende Lektüre empfohlen: David Wiltshire, *The Social and Political Thought of Herbert Spencer*, Oxford 1978.
8 Ron Chernow, *Titan*, New York 1998.

Kapitel 15

1 Nicholas Vassiliades, der Onkel meines Vaters, lebte damals in Konstantinopel (dem heutigen Istanbul) und war Oberst beim türkischen Sanitätskorps. Er war Augenzeuge des Massakers in Armenien. Anhand der Unterlagen des türkischen Militärs schätzte er die Zahl der Toten auf über eine Million Menschen.
2 siehe Norman Davies, *Europe*, London 1997, S. 1328.
3 Eine erstklassige Beschreibung der Ereignisse liefert John Kenneth Galbraith, *The Great Crash*, Boston 1955.

4 Das Rezept der öffentlichen Arbeitsbeschaffung stammt vom britischen Volkswirtschaftler John Maynard Keynes. Doch bereits Jakobs Sohn Joseph hatte eine ähnliche Empfehlung für den Pharao, der von sieben mageren Kühen träumte, die sieben fette Kühe auffraßen. Keiner seiner Berater konnte seinen Traum deuten. Da brachten sie ihm Joseph, der ihm erklärte (hier die neuzeitliche Fassung): »Die Wirtschaft wird sieben Jahre wachsen und sieben Jahre stagnieren. Während der Hochkonjunktur müsst Ihr Steuern erheben und einen Überschuss erwirtschaften, und wenn dann die Flaute einsetzt, müsst Ihr die Überschüsse zur Ankurbelung der Wirtschaft verwenden.« (Genesis 41, 1–37)
5 Davies, a.a.O., S. 964.
6 Bei monotonen, sich ständig wiederholenden Tätigkeiten, wie sie die Arbeit in der Landwirtschaft, im Handel und in der Industrie mit sich bringt, ist Belohnung für Leistung das einzige Motiv für Produktivität.
7 Es gibt zwei neuere, ausgezeichnete Werke zum Thema Mao: Philip Short, *Mao. A Life*, New York 2000; Jonathan Spence, *Mao Zedong*, New York 2000.

Kapitel 16

1 Paul Johnson, *Ireland. A Concise History from the Twelfth Century to the Present*, London 1981, S. 67. Diese ausgezeichnete Darstellung ist bemerkenswert fair.
2 Hervé Laurier, *Assassins au nom de Dieu*, Paris 1951.
3 Jahre später sollte sich Ähnliches in Afghanistan wiederholen: 1979 waren sowjetische Truppen zur Stützung des kommunistischen Regimes dort einmarschiert. Der Guerillakrieg der Afghanen zwang die Sowjets nach zehnjährigem Blutvergießen zum Rückzug.

Nachwort

1 Thukydides, *Geschichte des Peloponnesischen Krieges*, Hrsg. O. Luschnat, 1954.

BIBLIOGRAFIE

Abd-el-Hakem, I., *History of the Conquest of Spain*, Göttingen 1858.
Adam, J., *The Republic of Plato*, Cambridge 1965.
Al-Muqaffa, S. ibn, *History of the Patriarchs of the Coptic Church of Alexandria*, Paris 1904.
Aristoteles, *Metaphysik*, Leipzig 1928.
Der Staat der Athener, Stuttgart 1993.
Armstrong, K., *Buddha*, New York 2001.
Asch, R. G., *The Thirty Years War: the Holy Roman Empire and Europe, 1618–48*, New York 1997.
Ashley, Lord, *Mines Commission of 1842*, Parliamentary Papers, 1842.
Babelon, J.-P., *Henri IV*, Paris 1982.
Bailly, A., *La Guerre de Cent Ans*, Paris 1943.
Bainville, J., *Napoléon*, Paris 1995.
Baird, H. M., *The Huguenots and Henri of Navarre*, New York 1970.
Baladhuri, A., *The Origins of the Islamic State*, New York 1916.
Bambakos, A., *The Battle of Naupaktos*, Athen 1974.
Bayrou, F., *Le roi libre*, Paris 1994.
Beard, Ch., *Martin Luther and the Reformation in Germany until the Close of the Diet of Worms*, London 1896.
Beard, Ch. A. und Beard M.R., *A Basic History of the United States*, New York 1944.
Beeching, J., *The Galleys at Lepanto*, New York 1983.
Belloc, H., *The Campaign of 1812 and the Retreat From Moscow*, New York 1924.
Bernard, J. F., *Talleyrand, a Biography*, New York 1973.
Bertaut, J., *Napoleon in His Own Words*, Chicago 1916.
Blassingame, J. W., *The Slave Community: Plantation Life in the Antebellum South*, New York 1979.
Bodanis, D., *E= mc² A Biography of the World's Most Famous Equation*, Toronto 2000 (dt.: *Bis Einstein kam*, Stuttgart/München, 4. Aufl. 2001).
Boorstin, D. J., *Teacher's guide to A History of the United States*, Lexington, Mass., 1981.

Boswell, J., *Life of Samuel Johnson*, edited by Christopher Hibbert, London 1979 (dt.: *Dr. Samuel Johnson. Leben und Meinungen*, Zürich 2002).

Breen, T. H., *The Character of the Good Ruler; A Study of Puritan Political Ideas in New England, 1630-1730*, New York 1974.

Brinkley, A., *Liberalism and its Discontents*, Cambridge, Mass., 1998.

Brinkley, A., *The Unfinished Nation: A Concise History of the American People*, New York 1997.

Brogan, D. W., *Proudhon*, London 1934.

Brown, A. C., *'C' The Secret Life of Sir Stewart Menzies, Spymaster to Winston Churchill*, New York 1987 (dt.: *Die unsichtbare Front*, München 1976).

Brown, D., *Bury My Heart at Wounded Knee: An Indian History of the American West*, New York 1970 (dt.: *Begrabt mein Herz an der Biegung des Flusses*, Hamburg 1972).

Brown, H., *The Challenge of Man's Future*, New York 1954.

Bruce, E., *Napoleon and Josephine: An Improbable Marriage*, New York 1995 (dt.: *Napoleon und Josephine. Das grandiose Bild einer Epoche*, Bergisch Gladbach 1999).

Brundage, J., *The Crusades: A Documentary History*, Milwaukee, Marquette University Press, 1962.

Bryant, A., *Makers of the Realm*, London 1951.

Bury, J. P. T., *Thiers, 1797-1877: A Political Life*, Boston & London 1986.

ders. *Napoleon III and the Second Empire*, New York 1968.

Burnet, J., *Greek Philosophy*, London 1914.

Butler, J., *The Huguenots in America*, Cambridge, Mass., 1992.

Cantu, C., *Cortés and the Fall of the Aztec Empire*, Los Angeles 1966.

Carlyle, Th., *The French Revolution*, New York 1974.

Carmona, M., *Richelieu*, Paris 1983.

Carrol, J., *Constantine's Sword, The Church and the Jews*, Boston 2001.

Catton, B., *This Hallowed Ground*, New York 1998.

ders. *A Stillness at Appomatox*, New York 1957

Chadwick's *Inquiry into the Sanitary Conditions of the Labouring Population of Great Britain*, London 1842.

Chalmers, Lord, (Hrsg.), *The Buddha's Teachings*, Cambridge, Mass., 1932.

Chandler, D. (Hrsg.), *Napoleon's Marshals*, New York 1987.

Chernow, R., *Titan*, New York 1998.

Choniates (Coniata), N., *Die Kreuzfahrer erobern Konstantinopel*, Graz 1958.

Churchill, W. S., *A History of the English Speaking People*, Bd. 3., New York 1957.

ders. *History of the Second World War*, London 1950-52 (dt.: *Memoiren/Der Zweite Weltkrieg*, Bern 1950).

Couchoud, P.-L. und J.P. (Hrsg.), *Talleyrand-Périgord, Charles Maurice de, Prince de Bénévent, 1754–1838, Mémoires*, Paris 1982.
Crankshaw, E., *Bismarck*, London/New York 1981 (dt.: *Bismarck. Eine Biographie*, München 1998).
ders. *The Fall of the House of Habsburg*, London/New York 1963.
Cust, Sir E., *Lives of the Warriors of the Thirty Years' War*, New York 1972.
Dard, E., *Napoleon and Talleyrand*, übersetzt von Christopher R. Turner, New York 1937.
Davies, N., *Europe*, London 1997.
Davis, J. A. und Ginsborg, P., *Society and Politics in the Age of the Risorgimento*, New York 1991.
Degler, C. N., *Neither Black Nor White: Slavery and Race Relations in Brazil and the United States*, New York 1971.
Deutscher, I., *Stalin, A Political Biography*, London 1950.
Diamond, J., *Guns, Germs and Steel*, New York 1999 (dt.: *Arm und Reich*, Frankfurt am Main 2000).
Dodd, W., *The Factory System Illustrated in a Series of Letters to the Right Hon. Lord Ashley ...* London 1968.
Donner, F., *The Early Arab Conquests*, Princeton, N. J., 1981.
Draper, Th., *A Struggle for Power: The American Revolution*, New York 1996.
Dubois, J. A., *Hindu Manners, Customs, and Ceremonies*, Oxford (dt.: *Leben und Riten der Inder. Kastenwesen und Hinduglaube in Südindien um 1800*, Bielefeld 2002).
Dupuy, T. N., *The Battle of Austerlitz; Napoleon's Greatest Victory*, New York 1968.
Durant, W., *The Story of Civilization*, New York 1980 (dt.: *Kulturgeschichte der Menschheit*, 20 Bd.e,).
Edwards, S., *The Communards of Paris, 1871*, London 1973.
Engerman, S. L. und Genovese, E.D., *Race and Slavery in the Western Hemisphere*, Princeton, N. J., 1979.
Farb, P., *Man's Rise to Civilization*, New York 1968.
Fay, B., *Louis XVI ou la fin d'un monde*, Paris 1965.
Foote, S., *The Civil War, a Narrative*, New York 1974.
Forrest, W. G., *The Emergence of Greek Democracy*, New York 1966.
Frame, R., *Colonial Ireland*, Dublin 1981.
Fregosi, P., *Dreams of Empire: Napoleon and the First World War, 1792 to 1815*, London 1989.
Furneaux (Hrsg.), *The Annals of Tacitus*, Oxford 1907.
Fusero, C., *Giulio II*, Mailand 1965.
Galbraith, J. K., *The Great Crash, 1929*, Boston 1955 (dt.: *Der große Crash 1929*, München 1955).
Gamble, R. C. (Hrsg.) *Calvin's Theology, Theology Proper, Eschatology*, New York 1992.

Gibbon, E., *The Decline and Fall of the Roman Empire; The Great Books*, New York 1952 (dt.: *Verfall und Untergang des Römischen Reiches*, Nördlingen 1987).
Gregor von Tours, *Zehn Bücher fränkischer Geschichte*, Darmstadt 1967.
Gunther, J., *Inside Africa*, London 1955 (dt.: Afrika von innen, Zürich 1957).
Halecki, O., *A History of Poland*, New York 1992 (dt.: *Die Polen*, in: *Die Welt der Slawen*, Frankfurt 1960).
ders. *Inside South Africa*, London/New York 1967.
Hamilton-Williams, D., *One Hundred Days: The Fall of Napoleon: The Final Betrayal*, New York 1994.
Hammond, N. G. L., *A History of Greece*, Oxford 1959.
Hemming, J., *The Conquest of the Incas*, London/New York 1983.
Hesiod, *Theogonia, Hesiodi carmina* in: *Sämtliche Werke*, übers. von T. v. Scheffer, 1947.
Hirth, F., *Ancient History of China*, New York 1923.
Hofstadter, R., *The American Political Tradition and the Men Who Made It*, New York 1954.
Höhne, H., *Canaris. Patriot im Zwielicht*, München 1976.
Homer, *Ilias*, übers. von T. v. Scheffler, Neuausgabe 1958.
Horne, Ch. F. (Hrsg.), *The Sacred Books and Early Literature of the East, Bd. Vi, Medieval Arabia*, New York 1917.
Hoschschild, A., *King Leopold's Ghost*, New York 1998.
Hume, D., *The History of England: From the Invasion of Julius Caesar to the Revolution in 1688*, Indianapolis, Ind., 1983–85.
Hutton, J. H., *Caste in India*, Cambridge 1951.
Innes, H., *The Conquistadors*, London/New York 1969.
Jennings, F., *The Creation of America*, New York 2000.
Jennings, F., *Through Revolution to Empire*, New York 2000.
Johnson, P., *Ireland: A Concise History from the Twelfth Century to the Present*, London 1981.
Kee, R., *The Green Flag*, London 1976.
Keegan, J., *A History of Warfare*, London 1993 (dt.: *Die Kultur des Krieges*, Berlin 1995).
Kennedy, Th. C., *Charles A. Beard and American Foreign Policy*, Gainesville 1975.
Kiecker, J. G., *Martin Luther and the Long Reformation*, Milwaukee 1992.
Kinsey, A., *Sexual Behaviour in the Human Female*, 1932 (dt.: *Das sexuelle Verhalten der Frau*, Frankfurt am Main 1965).
Kirk, G. S. und Raven, J.E., *The Presocratic Philosophers*, Cambridge 1966.
Konfuzius, *Gespräche*, Stuttgart 1982, 1998.
Krey, A. C., *The First Crusade: The Accounts of Eyewitnesses and Participants*, Princeton, N. J., 1921.

Lacouture, J., *De Gaulle*, Paris 1984.
Lacroix, P., *Les Femmes de la Révolution*, Paris 1854.
Laurier, H., *Assassins au nom de Dieu*, Paris 1951.
Lee, J. J., *Ireland 1912–1985: Politics and Society*, Cambridge 1989.
Legge, J., *The Sacred Books of China: The Texts of Taoism*, London 1927.
ders. *The Chinese Classics Translated into English, vol. 1 The Life and Teachings of Confucius*, London 1895.
Levy, B.-H., *La Barbarie à Visage humain*, Paris 1977.
Lockhardt, J., *Spanish Peru, 1532–1560. A Colonial Society*, Madison 1968.
Lützow, F., *The Life and Times of Master John Hus*, London 1909.
McCraw. Th. K. (Hrsg.), *Creating Modern Capitalism: How Entrepreneurs, Companies, and Countries Triumphed in Three Industrial Revolutions*, Cambridge, Mass., 1997.
McNamara, R. S., *In Retrospect: The Tragedy and Lessons of Vietnam*, New York 1995 (dt.: *Vietnam. Das Trauma einer Weltmacht*, München 1997).
McNeill, J. R., *Something New Under the Sun*, New York 2000.
McQuaig, L., *Behind Closed Doors*, Markham, Ont., 1987.
Madariaga, S. de, *Hernan Cortés, Conqueror of Mexico*, Buenos Aires 1941.
Manchester, W., *The Last Lion. Alone 1932–1940*, London/New York 1983.
Markham, C., *A History of Peru*, New York 1968.
Mascaro, J., *The Bhagavad Gita*, Baltimore 1962.
Meneval, C.-F., Baron de, *Memoirs of Napoléon Bonaparte*, New York 1910.
Michelet, J., *History of the French Revolution*, Chicago 1967.
Mokyr, J., *Why Ireland Starved: A Quantitative and Analytical History of the Irish Economy 1800–1850*, London 1983.
Montgomery, D. H., *Leading Facts of American History*, Boston 1990.
Moorehead, A., *The Russian Revolution*, New York 1958 (dt.: *Roter Oktober*, München 1958).
Morner, M., *Race Mixture in the History of Latin America*, Boston 1967.
Muir, W., *The Caliphate, Its Rise and Fall*, London: The Religious Tract Society, 1892.
Munro, D. C., '*The Fourth Crusade*', *Translations and Reprints from the Original Sources of European History*, Bdl. 3:1, Philadelphia 1986.
Nietzsche, F., *Le Gai Savoir*, Paris 1967 (dt.: *Die fröhliche Wissenschaft*, 1882).
Oakes, J., *The Ruling Race: A History of American Slave Holders*, New York 1982.
Palmer, J. J. N., *Froissart, Historian*, Woodbridge 1981.
Parker, G. (Hrsg.), *The Thirty Years' War*, New York 1993 (dt.: *Der Dreißigjährige Krieg*, Campus-Verlag, 1987).
Platon, *Der Staat*, Stuttgart 1958, 1982.
Die Apologie des Sokrates. Kriton, Stuttgart 1987.
Plutarch, *Solon* in: *Große Griechen und Römer*, Zürich.

Ponting, C., *Armageddon: the reality behind the distortions, myths, lies, and illusions of World War II*, New York 1995.
Popper, Karl, *The Open Society and Its Enemies*, Princeton, N. J., 1966 (dt.: *Die offene Gesellschaft und ihre Feinde*, Tübingen 1992).
Power, J. J., 'The Famine and its Aftermath', (Dissertation) 2000.
Prescott, W., *History of the Conquest of Mexico and the Conquest of Peru*, New York 1935.
Prokopios, *Die Anekdota des Prokopios*. Geheimgeschichte einer Tyrannis, Wien, ca. 1947.
Radhakrishnan, S., *Indian Philosophy*, Bd. 1 (dt.: *Indische Philosophie*, 1955-56).
Rawlinson, H. G., *India*, London 1952.
Riehn, Richard K., *1812, Napoleon's Russian Campaign*, New York 1990.
Rowse, A. L., *The England of Elizabeth*, London 1953.
Robinson, J. H., *Readings in European History*, Boston 1906.
Rodocanachi, E., *Histoire de Rome; le pontificat de Jules II, 1503–1513*, Paris 1928.
ders. *La première renaissance; Rome au temps de Jules II et Léon X; la cour pontificale; les artistes et les gens de lettres; la ville et le peuple; le sac de Rome en 1527*, Paris 1912.
Rogers, C. J., *The Wars of Edward Three*, Rochester, N.Y., 1999.
Russell, B., *A History of Western Philosophy*, London 1989 (dt.: *Philosophie des Abendlandes*, München 1997).
Ryle, G., *New Essays on Plato and Aristotle*, New York 1965.
Sadler, M., *Hansard's Parliamentary Debates*, 8 März 1819. New Series, Bd. 39.
Salmon, E. T., *A History of the Roman World*, London 1968.
Schlesinger, A. M., *The Birth of the Nation; a Portrait of the American People on the Eve of Independence*, New York 1968.
Schom, A., *Napoleon Bonaparte*, New York 1997.
Schwartz, S. B., *Sugar Plantations in the Formation of Brazilian Societies: Bahia, 1550–1835*, New York 1985.
ders. *Implicit Understandings: Observing, Reporting and Reflecting on the Encounters Between Europeans and Other Peoples in the Early Modern Era*, New York 1994.
Shaw, C., *Julius II, the Warrior Pope*, Oxford 1993.
Shiller, R. J., *Irrational Exuberance*, Princeton, N. J., 2000.
Shorey, P. (Hrsg.), Plato, *The Republic*, Cambridge, Mass., 1963.
Short, P., *Mao, a Life*, New York 2000.
Simpson, F. A., *Louis Napoleon & the Recovery of France*, Westport, Conn., 1975.
Spence, J. D., *Treason by the Book*, New York 2001.
ders. *Mao Zedong*, New York 2000 (dt.: *Mao*, Düsseldorf 2003).

Stacey, J., *John Wyclif and Reform*, New York 1980.
Stackhouse, J., *Out of Poverty and Into Something More Comfortable*, Toronto 2000.
Steinmeta, D. C., *Luther in Context*, Grand Rapids, MI, 1995.
Stern, F. R., *Gold and Iron: Bismarck, Bleichröder, and the Building of the German Empire*, New York 1979 (dt.: *Gold und Eisen. Bismarck und sein Bankier Bleichröder*, Reinbek 1999).
Stewart, J. B., *Opinion and Reform in Hume's Political Philosophy*, Princeton, N. J., 1992.
Steven, S., *The Poles*, New York 1982.
Strachey, J., *The End of Empire*, New York 1964.
Strouse, J., *Morgan*, New York 1999.
Suetonius, Das Leben der Caesaren, Stuttgart 1978.
Supan, A., *Die territoriale Entwicklung der Euroasischen Kolonien*, Gotha 1906.
Tabari, A., *The Book of Religion and Empire*, Übersetzung eines Textes aus dem 9. Jh., New York 1922.
Tacitus, *Annalen*, Heidelberg 1963.
Taylor, E. *The Fall of the Dynasties*, New York 1963.
Thomas, H. *Montezuma, Cortés and the Fall of Old Mexico*, New York 1993 (dt.: *Die Eroberung Mexikos. Cortés und Montezuma*, Frankfurt/Main 1998).
Thukydides, *Geschichte des Peloponnesischen Krieges*, hrsg. O. Luschnat, 1954.
Tocqueville, A. de, *L'ancien Régime et la révolution*, Paris 1967.
ders. *Democracy in America*, New York 1990.
Townsend, M. E., *European Economic Expansion since 1871*, Chicago 1941.
Tuchman, B., *A Distant Mirror*, New York 1979 (dt.: *Der ferne Spiegel. Das dramatische 14. Jahrhundert*, München 1980).
Villehardouin, *Memoirs, The Fourth Crusade*, London 1908 (dt.: *Chroniken des Vierten Kreuzzugs. Die Augenzeugenberichte von Geoffroy de Villehardouin und Robert de Clari*, Pfaffenweiler 1998).
Wallace, R., *Calvin, Geneva and the Reformation*, Grand Rapids, MI, 1988.
Wehler, H. U., *Das deutsche Kaiserreich 1871–1918*, Göttingen 1994
West, R., *The Meaning of Treason*, London 2000.
Wiltshire, D., *The Social and Political thought of Herbert Spencer*, Oxford 1978.
Wimmer, J., *The 1683 Siege of Vienna*, Warschau 1983 (dt.: *Der Sieg bei Wien 1683*, Wien-Warschau 1983).
Wood, M., *Legacy – the Search for Ancient Cultures*, New York 1994.
Woodhouse, C. M., *The Greek War of Independence: Its Historical Setting*, New York 1975.
Zachman, Randall C., *The Assurance of Faith; Conscience in the Theology of Martin Luther and John Calvin*, Minneapolis 1993.

Zola, Émil, *Germinal*, Zürich 2002.
Zuckerman, L., *Potato*, New York 1998; London 1999.
Zweig, Stefan, *Joseph Fouché, Bildnis eines politischen Menschen*, Frankfurt/Main, 2002.

REGISTER

Abraham 21, 72, 238, 249
Abu Bekr, Kalif 73
Akademie (akademeia) 36
Acte (Geliebte Kaiser Neros) 88f.
Adam, James 44, 265
Afrika 24, 56, 93f., 101ff., 111, 161f., 169, 211, 216, 236f., 268
Agrippina 13, 78, 80ff., 84-93, 100, 157
Aguiliers, Raimund von 118
Ahenobarbus, Gnaeus Domitius 82
Albert von Aachen 116f.
Albert von Mainz, Erzbischof 148
Alkibiades 40
Alexander der Große 79, 183, 254, 257
Alexander I., Zar 184
Alexander VI., Papst 147f.
Alexios, Kaiser von Byzanz 116, 121f.
Alexios V. Murzuphlos 122
Almagro, Diego de 138, 140f.
Alphabet, griechisches 23
Altaische Sprachfamilie 78, 110
Amerika, Entdeckung von 132
Anarchismus 191ff.
Ancietus 90
Anekdota (Die Geheimgeschichte) von Prokopios 95, 257, 270

Anjou, Franz, Herzog von 155
Antisemitismus 50, 244
  siehe auch Juden
Anytos 41
Arabische Muslime 107, 109
Arbeiter 26, 45, 58, 182, 191-194, 196ff., 201-204, 218f., 225, 228, 262
  Bedingungen der Arbeiterklasse 191f., 204
  siehe auch Gewerkschaften
Arbenz Guzmán, Präsident 232
Archon, Solon ernannt zum 27
Archytas 37
Areipagus 29f.
Aristophanes 254
Aristoteles 37f., 254, 265
Arm und Reich (Diamond) 142, 259, 267
Artillerie 180, 182, 208
Atahualpa, Herrscher 138ff.
Augustinus 37, 149, 254
Ayatollah Khomeini 241
Azteken, Cortez und 133, 135ff., 142

Balboa, Vasco Núñez de 138
Balkan 94, 111, 113f., 125, 174, 195, 206f., 229, 250
Bardeen, John 224

273

Bartholomäusnacht 154, 157
Basanios 99
Batista, Fulgencio 144, 232
BBC (British Broadcasting Corporation) 205
Befreiungstheologie 145
Bekehrungen, religiöse 137, 156
Belisar 94
Benjamin (koptischer Patriarch) 109
Benson, Arthur Christopher 200
Besitzrechte
   Grundbesitz 28, 103, 133, 165, 185, 229
   Eigentum 98, 181
Béthune, Maximilien de 156
Bias von Priene 26
Bibel, nach Moses 16
Bildung als Allgemeingut, Förderung von 151
Bin Laden, Osama 241, 244
Bismarck, Otto von 193f., 200, 267, 271
Bokassa, Kaiser 237
Borgia, Cesare 148
Borgia, Lucrezia 148
Bouillon, Gottfried von, Herzog von Lothringen 116f.
Boule, die 30, 34
bürgerliche Revolution 192f.
Brahmanismus 12, 56f., 204, 249
Bramante 148
Brattain, Walter 224
Breschnew, Leonid 219
Britannicus (Sohn des Kaisers Claudius) 84, 86f., 89
Britisches Weltreich 163, 245
Brooks, Preston 170
Brown, John 170
Buddha 12, 56, 61-64, 247f., 256, 265f.

Buddhisten 56, 64, 258
Bürger, Status des 29ff., 34, 39, 41, 43, 45, 48, 162, 168, 172
Bürgerrechte 31f., 172, 174, 230
Burnet, John 24, 253, 266
Burrus, Afranius 87ff.
Bush, George senior 243
Buzes 99
Byzantinisches Reich 38, 93f., 102, 108ff., 114, 122, 125f., 245

Cadbury, Unternehmerfamilie 204
Caesonia (Frau von Caligula) 82
Caligula 81-84
Calvin, Johann 146f., 149ff., 203, 259f., 297, 271
Calvinisten 131, 150, 152f., 158, 163, 172, 203, 226, 260
Castro, Fidel 232f.
caudillo, Regime des 144
Cervantes, Miguel de 112
Chaerea, Cassius 83
Charmides 39ff.
Childebert (Sohn von König Chlodwig) 104f.
Chilon 26
Chilperich, König 104f.
China 65f., 69, 198, 214, 218, 221ff., 234f., 253, 262, 268f.
Chirac, Jacques 245
Chlodomer (Sohn von König Chlodwig) 104
Choniates (Coniata), Niketas 122, 258, 266
Christliche Kirche 17, 49ff., 115, 200
Christentum 49, 53, 103, 106, 135, 137, 139, 254
   im Byzantinischen Reich 55
   Verbreitung des 151

274

Christen
 als Verbündete der Muslime 112, 127f.
 Mohammed und 70f.
 siehe auch Kreuzzüge
Chruschtschow, Nikita 219
Churchill, Winston 196, 214, 231, 266
Cicero 34
Claudius, Kaiser 80, 84-88
Cleinias 32
Chlothar (Sohn von König Chlodwig) 104f.
Chlodwig, König 103f.
Code Napoléon 182
Coligny, Gaspard de 154f.
Conon 32
Cortez, Hernando 132-137, 139, 142
Couthon, Georges 178
Crispinus, Rufrius 87
Cromwell, Oliver 152, 226

Dandolo, Doge Enrico 119, 125, 258
Darwin, Charles 203
Davies, Norman 106, 110, 157, 218, 257, 260, 263, 267
Demokratie
 Abschaffung durch Hitler 213
 Entwicklung in England 197, 205
 Entwicklung in den USA 25, 166, 169, 197, 214, 226, 235f.
 große Akquisitoren gegen 213, 222f.
 in China 222f.
 in ehemaligen Kolonien 235
 in der ehemaligen UdSSR 220
 nach britischem Vorbild in Indien 60, 204
 nach Solon 22, 30, 34ff., 152, 166, 189, 191, 247
 Platon gegen 38, 43f., 145
 Ungleichheit innerhalb 261
demokratischer Kapitalismus 33
Deng Xiaoping 222
Diamond, Jared 142f., 259, 267
Dionysios 47
Don Juan de Austria 111ff.
Don Quijote (Cervantes) 112
Donner, Frederic 107f., 267
Drakon 27f., 30
Dreißig Tyrannen 40ff.
Dreißigjähriger Krieg 114, 160, 250, 252, 269
Dritter Kreuzzug 118
Drusilla (Schwester von Caligula) 81f.
Dschihad (heiliger Krieg) 20, 72, 115, 249
Dubois, Jean Antoine, Abbé 57, 256, 267
Duma 206
Durant, Will 50, 53, 95, 253, 255, 258, 267
Duvalier, Jean-Claude 144

Eduard III., König von England 130
Eduard IV., König von England 130
Eduard VIII., König von Großbritannien und Nordirland 205
Eigentum
 Enteignung von 32f., 221, 232
Einwanderung 246
Einzelne, der
 Jesus' Verhaltenskodex für 51
 Solons Ansicht über 34
Ekklesia 29f., 32
Elgar, Edward 200

275

Elmer Gantry (Lewis) 152
Engels, Friedrich 192, 198
Enteignung 32f., 221f.
Erbrecht
  bei Caligula 83
  im Koran 73
  im Code Napoléon 182
  bei Solon 34
Erschaffung der Welt, wie von Moses erklärt 21
Erster Kreuzzug 115
Erster Weltkrieg 161f., 194f., 207f., 212–216, 219, 230, 238
Erziehung
  von Kindern 31
  Laotse über 65f.
  Platon über 37, 45f.
  siehe auch Wissen
Estaing, Valéry Giscard d' 237
ethnische Säuberungen 230f.
  siehe auch Holocaust
ethnische Konflikte 178, 205, 226, 231, 248
Eudoxos 37
Euripides 255
Europa, islamische Einfälle in 78, 103, 108, 111, 113
Europäische Union 229, 249
Evagrius 100
Extremismus 34
  siehe auch Fundamentalismus

Familie, Unterstützung der durch Solons Gesetze 31
Faruk, König von Ägypten 239
Ferdinand II., König von Spanien 110
Fernsehen, Auswirkungen des auf Demokratie 30, 224
Franken 103f., 106, 120
Franklin, Benjamin 165

Franzosen in Vietnam 233f.
Französische Revolution 174, 191
  siehe auch bürgerliche Revolution
Frauen
  der Koran über 73f.
  in Platons Idealstaat 45
  Rechte der 94, 182
  siehe auch Agrippina; Theodora (497–548)
Fundamentalismus, islamischer 241, 244

Geografie, griechische 43
Georg III., König von Großbritannien 166
germanische Sprachen 78
germanische Stämme 80, 93, 103f., 109, 115
Germanicus 80f., 89
Gesetze/Gesetzgebung 11, 16, 18, 21ff., 25, 27f., 30–34, 39, 51, 109, 143, 163, 166, 182, 188, 201, 235, 247
  Code Napoléon 182
  Scheidung 94
  siehe auch Regeln
Gespräche (Konfuzius) 67, 256, 268
Geta, Lusius 87
Gewerkschaften 196, 204
Gibbon, Edward 95, 100f., 113, 127, 257f., 268
Glaube 54, 70, 150
  Eroberungen zur Verbreitung des 107, 117, 136, 140, 147, 153
  Bereitschaft, für den Glauben zu sterben 72, 74
Globalisierung 25, 243
Golfkrieg (1991) 243
Gorbatschow, Michail 220
Grant, Ulysses S. 171

Gregor von Tours, Bischof 103, 105, 257, 268
Gregor VII., Papst 126
Gregor XIII., Papst 155
griechische Sprache 79f.
griechisch-orthodoxe Kirche 38, 49, 115f.
  im großen Schisma 115
  über unverzeihliche Sünden 49
  Vorgehen gegen christliche Sekten 127
Griechen 22-25, 38, 44, 50, 52, 79, 109, 122, 124-127, 132, 210, 253f., 269
Großbritannien
  Entwicklung der Demokratie in 197, 205
  industrielle Revolution in 12, 190, 195
  Rolle im Zweiten Weltkrieg 205, 238
große Schisma, das 115
große(r) Akquisitor(en)
  als Förderer und Geldgeber technologischen Fortschritts 235
  arabische Muslime als 107, 109
  Behandlung ärmerer Schichten im eigenen Land durch 201
  Europäische Union als 249
  Familien von 129, 183
  gegen Demokratie 213, 222f.
  Hitler als 48, 194, 213f.
  in China 221
  im Hinduismus 60
  Invasionen durch 232
  Juden als 20, 239f.
  Kreuzritter als 110f., 119f., 126
  Krieg und 13
  Lehnsfürst Wei als 67
  multinationale Konzerne als 11, 206, 224ff., 245
  Napoleon als 178ff., 183-188
  Nasser als 239, 242
  Stalin als 213, 215, 218
  und die Theorie vom Überleben des Tüchtigsten 203
  und die Eroberung des amerikanischen Doppelkontinents 56, 103, 143, 161
»Großer Sprung nach vorn« 222
Grouchy, General 281
Gründerväter in den USA 164
Guardian, The 205
Guillotin, Joseph-Ignace 261
Guise, Herzog von 154, 156
Guruammal, Guruswamy 59
Gutenberg, Johannes 151

Haig, Douglas 210
Halsall, Paul 95
Hamilton, Lady Emma 262
Hammurapi, babylonischer König 16
Han-Dynastie 69, 248
Hancock, John 165
Harding, Warren G. 211
Hautfarbe 59, 145, 169, 171, 248
  siehe auch Kastensystem; Rassismus
heiliger Krieg (Dschihad) 20, 72, 115, 118
Heinrich I., deutscher König 126
Heinrich II., König von Frankreich 153
Heinrich III., König von Frankreich 155f.
Heinrich IV., König von Frankreich 146, 153, 156ff., 160, 260

Heinrich II., König von England 226
Heinrich VII., König von England 130
Heinrich VIII., König von England 131, 227
Heirat
 aus machtpolitischen Gründen 80, 88, 129
 unter Solons Gesetzen 31f.
Heliaia 29f.
hellenistische Reiche 79, 256
Hesiod 25, 254, 268
Hinduismus 57, 60, 256
Hindus 56f.
Hipponicus 32
Hitler, Adolf 38, 48, 179, 187, 194, 211, 213f., 216, 230, 238
Ho Chi-minh 233ff.
Holocaust 216f., 237f., 253
 siehe auch ethnische Säuberung
Homer 25, 46, 254, 268
Human Rights Watch (1999) 58
Hume, David 37, 260, 268, 271
Hundertjährige Krieg 130, 259
Hus, Jan 146, 269

Ibn Al-As, Amr 109
Ibn Nusair, Musa 108
Indien, Demokratie nach britischem Vorbild in 60, 204
indogermanische Sprachfamilie 78ff., 93, 103, 161
industrielle Revolution 12, 190, 195
Inkas 138-142
Innozenz III., Papst 118ff., 124
Institutionen, Bedeutung von 34f., 50f., 153, 194, 197, 235
Irland 131, 177, 226-229
Isaak II., Herrscher von Byzanz 121f.

Isabella I., Königin von Spanien 110
Islam 56, 70–74, 102, 106ff., 110f., 113, 115, 125, 230, 241–245, 249, 265
italische Sprachen 78

Jeanne d'Arc (Jungfrau von Orléans) 129
Jefferson, Thomas 166, 182
Jennings, Francis 165, 260, 268
Jerusalem
 Kreuzzug zur Eroberung von 115, 117f.
 Belagerung von 20, 107
Jesaja 20, 45, 52f., 192, 210, 253, 255
Jesus 12, 49-55, 62, 64ff., 72, 80, 115, 117, 141, 150, 210, 247f., 256, 262
Johann III. Sobieski, König von Polen 113
Johannes (Sohn von Theodora) 100
Johnson, Samuel 262, 266
Josephine (erste Frau von Napoleon) 181, 184, 266
Josua 20, 253
Juden 16f., 19ff., 24, 50f., 70, 72, 79, 98, 116f., 122, 126, 188, 216, 230, 238ff., 244
 Behandlung der durch Kaiser Justinian 98
 Militante 51
 Mohammed und 70
 und die Zehn Gebote 16ff.
 siehe auch Holocaust
Julius II., Papst 147f., 259, 270
Juntas 144, 239
Justinian, Gesetzessammlung von 95

Justinian I., Kaiser 36, 94-101
  Schließung der Akademie
  durch 36

Kant, Immanuel 37
Kara Mustafa 113
Karl I., König von England 152, 163, 226
Karl II., König von Spanien 160
Karl II., König von England 163
Karl IX., König von Frankreich 154f.
Karl V., König von Spanien und Kaiser des Heiligen Römischen Reichs 137ff.
Kastensystem 57f., 60, 63, 256, 267
Katharina von Medici 154, 158
katholische Kirche 38, 149, 153, 156
  während der Kreuzzüge 38
Katholische Liga 154ff.
Kemal, Mustafa 208
Kennedy, John F. 221, 232
Khomeini, Ayatollah Ruhollah 241
King, Martin Luther 172
Klassensystem 59
Klemens VIII., Papst 158
Kleobulos 26
Knabenlese 113
Kolonialismus 162
  siehe auch Vereinigte Staaten von Amerika, calvinistische Kolonien in
Kommune, die Pariser 193, 246
Kommunismus 37, 45, 191, 193, 206, 210, 219, 222
  Ansätze zu bei Platon 37, 45
Kommunistisches Manifest, Das (Engels und Marx) 192, 198

Konföderationsartikel 164
Konfuzius 12, 56, 66-69, 157, 166, 247f., 256, 268
Konstantin der Große 55, 93
Konstantin V., König 127
Konstantinopel 93f., 96, 100, 108, 110f., 114f., 121f., 124-127, 258, 263, 266
Krankheiten und Seuchen 143
Kreuzzüge 38, 103, 115, 126, 237, 258
Kritias 39ff.
Koran 70-74, 230
Kuba 133, 232f.
Kubakrise 221, 232
Kulturrevolution (China) 222
Kutusow, Michail 185

Land/Gebiet
  Aneignung/Besitz von 187
  Enteignung von 21
  Wiedereroberung von 101, 115, 207
Laotse 12, 56, 62, 64ff., 247f.
Lateinamerika 95, 129, 141, 144f., 147, 164, 182, 231
  Beziehungen zu den USA 231f.
  Eroberung von 129
Laurens, Henry 165
Lee Kuan Yew 236
Lenin, Wladimir Iljitsch 210, 233
Leopold II., König von Belgien 201, 262, 268
Lepida, Domitia 87
Lewis, Sinclair 152
Lincoln, Abraham 171
Livilla (Schwester von Caligula) 81
Ludendorff, General 208
Ludwig XIII., König von Frankreich 159

Ludwig XVI., König von Frankreich 175f., 185, 187
Ludwig XVII., Sohn Ludwigs XVI. 177
Ludwig XVIII., König von Frankreich 185
Luque, Hernando de 138
Luther, Martin 146-151, 259f., 265, 268, 271

Macro 81f.
Malinche (Geliebte von Hernando Cortez) 134f.
Manchu-Dynastie 69
Manco Capac II. 140
Mandela, Nelson 237
Mao Tse-tung 218, 221f., 263, 270
Margarete von Valois (la Reine Margot) 154, 156, 158
Marie Antoinette 175
Marie Louise, Prinzessin (zweite Frau von Napoleon) 184
Marx, Karl 192, 198, 254
Meletos 41
Merowech (Sohn von König Chilperich) 104
Messalina 84f.
Messias 53
Meuterei der Sepoy 199f.
Michelangelo 148
Milosević, Slobodan 231
Mirabeau, Graf Honoré Gabriel 174
Mitchell, George J. 229
Mittlerer Osten 118
Mohammed 12, 56, 69ff., 73, 109, 244, 247, 249
Mohammed II. Fatih 125
Monotheismus 22, 26, 253
Montesquieu, Baron de 174, 260

Montezuma, Herrscher 134ff., 141, 259, 271
Moses 12, 16, 18–22, 25, 45, 72, 247, 249
Muir, Sir William 269
Murad I., Sultan 111
Murat, Marschall 178
Musik, Platon über 37f.
Muslime 20, 56, 75, 103, 106f., 109, 113-116, 118, 125, 127, 157, 238, 241, 244f.
und Juden (seit dem Ersten Weltkrieg) 238, 240f.
siehe auch arabische Muslime
Mussolini, Benito 214

Napoleon Bonaparte (Napoleon I.) 178–188, 191f., 195, 197f., 214, 253, 262, 265-268, 270
Napoleon II. 184
Napoleon III. 193, 270
Nasser, Gamal Abd el- 239, 242
NATO (Northern Atlantic Treaty Organization) 231
Navarra, Heinrich von 153-156, später Heinrich IV. von Frankreich, siehe dort
Nelson, Horatio 180, 183, 237, 262
Nero, Kaiser 82, 86-91
Neuilly, Foulques de 119
Ney, Marschall 178
Nobel, Alfred 190
Noriega, Manuel 144
Nuklearmacht 233
Nyerere, Julius 237

Observer, The 205
Octavia (Tochter von Kaiser Claudius) 84, 86ff.,
Omar I., Kalif 73

Opiumkriege 199f., 221
osmanische Eroberungen in Europa 114, 162, 210, 250ff.
Ostindische Kompanie 198f.

Pairis, Gunther von 123, 258
Palästina 19f., 26, 69, 79, 94, 111, 121, 210, 238, 240
Pallas (Geliebter von Agrippina) 85ff., 89
Pariser Bluthochzeit 154
Pascha, Ali 112
Patriotismus 177, 193f., 200, 262
Paulus, Apostel 53ff., 127, 149, 203, 253, 256
Pavelić, Ante 230
Pax Britannica 189, 195, 204
Pax Ottomanica 114
Periandros 26
Perikles 44, 255
Perón, Juan Domingo 144
Perry, Matthew 199f.
»Peterloo«-Massaker 197
Philipp von Schwaben, deutscher König 121
Philipp II., König von Spanien 153, 155
Philipp V., König von Spanien 161
phönizisches Alphabet 23
Pinochet, Augusto 144
Pittakos 26
Pius V., Papst 111
Pius VII., Papst 182
Pizarro, Francisco 132, 137-143
Pizarro, Hernando 139
Platon 12, 35-41, 43-48, 59, 68, 145, 180, 213, 216, 222, 247, 249, 254ff., 269
Politbüro 219
Pol Pot 234

Polytheismus 21, 57
Popper, Sir Karl Raimund 38, 47, 254f., 270
Prädestination 149, 152
Prätorianergarde 83f.
Prokopios 95, 97, 100, 257, 270
Prometheus 189
Proudhon, Pierre Joseph 192, 266
Ptolemaios II. Philadelphos 18, 257
Putin, Wladimir 221

Raimund, Graf von Toulouse, Markgraf der Provence 116
Raffael 148
Rassismus 145, 171f., 216, 237
Rassenhass
  siehe auch Kastensystem;
  Hautfarbe; ethnische Konflikte;
  Rassentrennung
Rassentrennung 172
Ravaillac, François 157
Reformen, solonsche 27, 31f., 34
Regeln/Regelwerk 11ff., 15, 18, 56, 158, 206, 247ff.
  Buddhas 62f., 247
  der Brahmanen 61, 247
  Jesus' 50, 54f., 64, 247
  Konfuzius' 67ff., 247
  Laotses 65f., 247
  Mohammeds 71, 247
  Moses' Zehn Gebote 16ff.
  Platons 36f.
  siehe auch Gesetze/Gesetzgebung
Reichen, die 19, 22, 30, 50, 63, 192, 196, 198, 201, 203, 210
  Enteignung von Grundbesitz der 26, 28, 32f.
Reinkarnation 62
Reuther, Walter 204

Revolution
  bürgerliche (Frankreich) 192f.
  Französische 174, 191
  Russische (1905) 206
  Russische (1917, Oktoberrevolution) 209
Revolutionär, Jesus als 50f.
Richard I. Löwenherz, König von England 188f.
Richard III., König von England 130f.
Robespierre 178
Rockefeller, John D. 204
Roderich, Westgotenkönig in Spanien 108
Romanos IV., byzantinischer Kaiser 110
Römer, Ansicht der über Jesus 51
Römisches Reich 80, 85, 245
Roosevelt, Franklin D. 212, 214
Rosenkriege 130f.
Russell, Bertrand 36f., 47, 254, 270
Russische Revolution (1905) 206
Russische Revolution (1917) 209
Ryle, Gilbert 37, 254, 270

Sabina, Poppaea 90
Sabinus, Cornelius 83
Saddam Hussein 242f.
Saint-Just 178f.
Saladin 118, 183
Sarney, José 144
Schacht, Hjalmar 213
Scheidung
  Gesetzesänderung durch Theodora 94
  im Code Napoléon 182
  Koran über 74
Schuldenerlass durch Solon 32
Scotsman, The 205
semitische Sprachfamilie 78, 94

Seneca 86, 88ff.
September 11., Terroranschläge vom in New York 246
Septuaginta 18, 253, 255
Serbien 197, 206f., 231
Sex
  Buddha über 62
  Solons Gesetze über 47
  Zehn Gebote über 18
Shaftesbury, Earl of 203f.
Shakespeare, William 131
Sherman, William T. 171
Shockley, W. 224
Shorey, Paul 36, 44, 46, 254f., 270
Sieben Weisen 26
Silius, Gaius 84
Sixtus IV., Papst 147
Sklaverei 26, 143
  Abschaffung der 169f., 204
  Platons Ansichten über 38f.
Sokrates 39-43, 50, 254, 269
Solon 12, 22-36, 131, 157, 166, 168, 172, 247, 249, 254, 269
solonsche Demokratie 152, 189, 191
Soult, Marschall 178
Sowjetunion 214f., 218ff., 222, 232, 235f., 239, 243
sozialer Status, *siehe* Kastensystem, Klassensystem
Sozialismus 193, 220, 222, 235
Spanischer Erbfolgekrieg 160
Spencer, Herbert 203, 263, 271
Sprachen
  siehe auch altaische Sprachfamilie; indogermanische Sprachfamilie; englische Sprache; germanische Sprachen; griechische Sprache; italische Sprache; semitische Sprachfamilie

Stackhouse, John 60, 256, 271
Stalin, Josef 48, 179, 187, 213, 215f., 218, 222, 262, 267
Staat, Der (Platon) 38, 43, 45, 255, 269
Steuern 29, 33, 38, 101, 109, 143, 167, 178, 203, 225, 241, 263, 290
  siehe auch Knabenlese
Stroessner, Alfredo 144
Suetonius 257, 271
Suezkanal 239
Sully, Herzog von 155f.
Sumner, Charles 170
Swift, Jonathan 227

Tacitus 80f., 84f., 87, 89f., 151, 267, 271
Talleyrand 175f., 181, 184, 186f., 261, 265, 267
Tao-Te-ching (Laotse) 64f.
Tarik ibn Sijad 108f., 257
Technologie 235
  finanziert durch große Akquisitoren 235
Terreur, La (Schreckensherrschaft) 178
Thales 26
Theaitetos 37
Theodora (497–548 n. Chr., Gemahlin Kaiser Justinians) 93-100
Theodora (842–856 n. Chr., byzantinische Kaiserin) 127
Theuderich (Sohn von König Chlodwig) 104
Theramenes 41
Thomas von Aquin 37, 254
Thukydides 247, 264, 271
Tiberius, Kaiser 81ff.
Times, The 205

Trujillo, Rafael 144, 232
Truman, Harry 217
Tschiang Kai-schek 218, 221
Türken 78, 93, 107, 110, 112ff., 125, 180, 206ff., 210f., 229f., 238, 244

Ungleichheit in Demokratie 261
Unterdrückung
  in China 221, 223
  in Indien 60
  Konfuzius über 65
Urban II., Papst 115
UdSSR *siehe* Sowjetunion

Valverde, Vincente de 139
Vassiliades, Nikolas 263
Vaux, Abt von 120f.
Velázquez, Diego 133, 135f.
Vereinigte Staaten von Amerika (United States of America)
  Beziehungen zu Irland 229
  Beziehungen zu Lateinamerika 182, 231f.
  Boule als Vorläuferin des Kongresses 34
  Bürgerkrieg in 171
  calvinistische Kolonien in 152
  Entwicklung der Demokratie 25, 166, 169, 197, 214, 226, 235f.
  Industrialisierung 170
  September 11., Terroranschläge vom 246
  Spannungen mit Großbritannien 211
  Unabhängigkeitserklärung 164ff., 168, 173, 233
  Verfassung der 164, 167f.
  Vietnamkrieg 233

Vereinte Nationen (United Nations) 237f., 249
Vergebung
 in der christlichen Kirche 49, 54f., 64, 118, 126
 im islamischen Glauben 73
Vierter Kreuzzug 125
Vietnam 161, 233ff., 269
Villehardouin 122, 258, 271
Vokal, erfunden von den Griechen 23
Völkerbund 249

Washington, George 164f., 167, 180, 188, 261
Wohlstand 11, 28, 33, 52, 65, 68, 109, 157, 220, 225, 245, 248
 siehe auch Schuldenerlass; Reichen, die
Wei, Lehnsfürst 67
Wellesley, Arthur (Herzog von Wellington) 184, 186, 198
Weltwirtschaftskrise 206, 212f.
Wilhelm II., deutscher Kaiser 194
Wilhelm III. von Oranien 226
Wilson, Thomas 202
Wirtschaft
 im Kommunismus 215, 218ff., 222
 unter Solons Gesetzen 32f.

Wissen und Kenntnisse 11, 21, 68, 109
 siehe auch Erziehung; Wissenschaft
Wissenschaft
 Entdeckungen der Griechen 23, 25
Wittgenstein, Ludwig 37
Wycliffe, John 146, 259

Xenophanes 25
Xenophon 87, 254
Xeres, Francisco de 139

York, Richard Plantagenet, Herzog von 130

Zehn Gebote 16f.
 als Grundlage für Gesetzgebung 18
 Bestrafung bei Missachtung der 19f.
 Regelung gesetzlicher Feiertage in den 18
 soziale Sicherheit in den 18
 über Sex 18
 und die Juden 17, 19f.
 von Moses erstellt 17
Zonaras, Johannes 100
Zweiter Kreuzzug 118
Zweiter Weltkrieg 162, 197, 205, 209, 213, 215, 218, 231, 233, 236, 238, 245, 249, 262

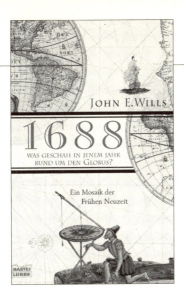

»**Ein Geschichts-Lesebuch von besonderer Güte.**«
Lesart

Was geschah 1688 in China, Afrika, Europa und Amerika? Vor unseren Augen entfaltet John E. Wills ein farbenprächtiges Tableau des Lebens im Jahr 1688. Wir begleiten mit ihm Muslime auf der Pilgerfahrt nach Mekka, spazieren durch die belebten Straßen Amsterdams und segeln nach Batavia. Auf unserem Weg rund um den Globus treffen wir unvergessliche Persönlichkeiten sowie bekannte Herrscher und Wissenschaftler wie Wilhelm von Oranien oder Isaac Newton.
John E. Wills ist mit seinem Buch ein einmaliger, großer Wurf gelungen.

ISBN 3-304-64199-X

Kenneth C. Davis
WAS DACHTE SICH GOTT,
ALS ER DEN MENSCHEN
ERSCHUF?

Alles, was sie über die Bibel wissen sollten,
aber nie erfahren haben

»Dieses Buch ist wie eine Reise durch die biblische Zeit mit einem modernen, intelligenten Reiseführer, der sich in der Geschichte, Psychologie, Religion, Soziologie und Anthro-pologie perfekt auskennt.« Carol Adrienne

Die Bibel ist das meistverkaufte Buch der Welt, doch wer kennt sich wirklich aus mit den verschiedenen Figuren und Gleichnissen des Alten und Neuen Testaments? Der amerikanische Bestsellerautor Kenneth C. Davis hat die Heilige Schrift anhand der neuesten wissenschaftlichen Erkenntnisse geprüft und Antworten auf die noch immer ungewissen Fragen gefunden: Wer hat die Bibel geschrieben, und lesen wir in ihr wirklich Gottes Wort? Gab es im Garten Eden einen Apfelbaum? Stimmt es, dass Gott mit dem Teufel gewettet hat? Hatte Jesus Geschwister? In einer einzigartigen Mischung aus Theologie, Geschichte, Soziologie und Psychologie erklärt uns Davis die Bibel aus heutiger Sicht. Ein Buch, das mit bestehenden Vorurteilen aufräumt und mit beeindruckender Sachkenntnis eines der einflussreichsten Bücher der Menschheitsgeschichte ins dritte Jahrtausend führt.

ISBN 3-404-60476-8

**Kenneth C. Davis ist wieder unterwegs!
Willkommen im Universum!**

Schon in der Antike faszinierte das Universum die Menschen. Und sie begannen, Fragen zu stellen und Antworten zu suchen. Daran hat sich bis heute nichts geändert. Und auch die Faszination ist ungebrochen. Doch nicht jeder versteht die komplexen Zusammenhänge, die Wissenschaftler wie Albert Einstein oder Stephen Hawking erforscht haben. Hier ist das ideale Buch für all jene, die in den Nachthimmel schauen und träumen – davon träumen, endlich einmal zu wissen, was in den unendlichen Weiten um uns herum geschieht ...

ISBN 3-404-60530-6

Irrige Überlieferungen von der Siegfried-Sage über Luthers Thesenanschlag bis zu den Hitler-Tagebüchern

Bernd Ingmar Gutberlet
DIE 50 POPULÄRSTEN
IRRTÜMER DER
DEUTSCHEN GESCHICHTE
224 Seiten, mit Abb.
ISBN 3-404-64211-2

Historische Wahrheit ist ein Trugbild, Geschichte immer auch Dichtung und Deutung. Gutberlet geht fünfzig Irrtümern und Legenden vornehmlich aus der deutschen Geschichte auf den Grund: Gab es überhaupt je Karl den Großen? Gab es ein »Recht der ersten Nacht«? Hat Graf Zeppelin wirklich das erste Luftschiff gebaut? Wo in Europa wurde zuerst Kaffee geschlürft? Wer wollte die deutsche Einheit verhindern?

Ein Potpourri aus 2000 Jahren Geschichte verspricht Erkenntnisgewinn mit Unterhaltungswert.

Bastei Lübbe Taschenbuch